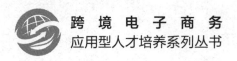

跨境电子商务
应用型人才培养系列丛书

跨境电子商务法律法规

主　编◎张克夫　郭宝丹
副主编◎邹益民　隋东旭　曹春雷

清华大学出版社
北京

内 容 简 介

本书依据最新的跨境电子商务相关法律法规编写而成，将法律法规内容与案例分析相结合，力求体现跨境电子商务相关法律法规的特点。

本书共十一章，主要内容包括电子商务法及其立法情况概述、跨境电子商务平台规则、电子商务合同及其相关法律法规、跨境电子商务支付结算及其相关法律制度、互联网广告及其相关法律法规、跨境电子商务物流及其相关法律法规、知识产权保护及其相关法律法规、跨境电子商务税收及其相关法律法规、电子商务消费者权益保护及其相关法律法规、跨境电子商务海关监管及其相关法律法规、跨境电子商务检验检疫及其相关法律法规。

本书可作为普通高等院校电子商务、法学、经济学、管理学等专业相关课程的教材，也可作为各类与电子商务有关的培训的教材，还可作为电子商务从业人员的自学参考书。

本书封面贴有清华大学出版社防伪标签，无标签者不得销售。
版权所有，侵权必究。举报：010-62782989，beiqinquan@tup.tsinghua.edu.cn。

图书在版编目（CIP）数据

跨境电子商务法律法规 / 张克夫，郭宝丹主编. —北京：清华大学出版社，2021.8（2025.1重印）
（跨境电子商务应用型人才培养系列丛书）
ISBN 978-7-302-58810-8

Ⅰ. ①跨… Ⅱ. ①张… ②郭… Ⅲ. ①电子商务—法规—中国—高等学校—教材 Ⅳ. ①D922.294.4

中国版本图书馆 CIP 数据核字（2021）第 157518 号

责任编辑：邓　婷
封面设计：刘　超
版式设计：文森时代
责任校对：马军令
责任印制：杨　艳

出版发行：清华大学出版社
　　　　　网　　址：https://www.tup.com.cn，https://www.wqxuetang.com
　　　　　地　　址：北京清华大学学研大厦 A 座　　　邮　　编：100084
　　　　　社 总 机：010-83470000　　　　　　　　　邮　　购：010-62786544
　　　　　投稿与读者服务：010-62776969，c-service@tup.tsinghua.edu.cn
　　　　　质量反馈：010-62772015，zhiliang@tup.tsinghua.edu.cn
　　　　　课件下载：https://www.tup.com.cn，010-62788903
印 装 者：三河市科茂嘉荣印务有限公司
经　　销：全国新华书店
开　　本：185mm×260mm　　　印　　张：11.5　　　字　　数：268 千字
版　　次：2021 年 9 月第 1 版　　　　　　　　　　印　　次：2025 年 1 月第 5 次印刷
定　　价：49.80 元

产品编号：089023-01

前 言
Preface

随着我国电子商务领域的迅猛发展,电子商务活动中的纠纷、消费者投诉也迅速增加。在电子商务的发展中,及时立法,严格执法,加强对电子商务平台、网站和网店的管理,保护消费者的合法权益,促进电子商务领域健康发展是电子商务相关法律法规应该解决的问题,也是近年来备受关注的问题。

跨境电子商务是一种新型的贸易方式和业态,具有广阔的市场空间和良好的发展前景。围绕跨境电子商务产业将产生新的庞大经济链,带动国内产业转型升级,也将促生新的经济增长点。跨境电子商务是在世界市场范围内配置资源的重要载体,正处在"风口"。2019年,我国跨境电子商务进口交易额接近6000亿元,较2010年增加16.6倍,年均复合增长率59.71%。2016年,我国跨境电子商务平台企业超过5000家,境内开展跨境电子商务业务的企业超过20万家。

跨境电子商务正处在政策红利释放期:一是中央政府高度重视,将跨境电子商务视为带动产业升级、打造新经济增长点的重要抓手;二是各项支持政策密集出台,营造了支持跨境电子商务发展的良好环境;三是跨境电子商务试点在全国范围内不断拓展,正在积累可复制、可推广的成熟经验。

跨境电子商务是新时期下应运而生的时代产物,具有中间环节少、信息成本低、支付便捷等优势,有利于促进交易效率的显著提高。跨境电子商务融合了跨境和电子商务两个核心要素,通过电子商务平台实现分属不同关境的交易主体的商业活动。

本书结合跨境电子商务相关法律法规的内容构成,以比较完善的体系对跨境电子商务相关法律法规的各个模块进行介绍和分析,使跨境电子商务专业或者跨境电子商务方向的学生可以了解跨境电子商务平台运营的相关法律法规知识,规避知识产权风险,提高风险防范意识。

本书具有以下几个主要特点。

(1)体现法律法规的特殊性。以电子商务法律法规为依据,结合电子商务立法的实践案例阐释相关理论,体现电子商务法律法规的特殊性。

(2)法理明确,通俗易懂。针对电子商务法律法规用语和条文的特殊形式,以朴实的语言简明精练地解释相关条例,力求做到通俗易懂、表达准确。

(3)理论联系实际。通过大量的案例分析将电子商务相关法律的立法依据、法律条文与实践案例相结合,有利于读者全面领会当前电子商务法律法规的相关知识并能够灵活运用。

(4)注重应用能力的提升。每一章分为若干知识点,每一知识点以大量的实务案例为主并辅以"课堂讨论""视野拓展"等内容,每章章末附"思考与练习""经典案例赏析"

等实务训练，便于提高学习者在电子商务活动中的法律法规意识并提升学习者对电子商务法律法规的应用能力。

本书还有随书附带的相关电子教案、多媒体课件、二维码信息、电子试卷、跨境电子商务支付与结算业内最新动态等配套教学资源，将教材建设与课程建设紧密地结合在一起，以培养学生综合能力及实操能力为宗旨，实用性强，理论与实践操作案例相得益彰。

本书由张克夫、郭宝丹老师担任主编，由邹益民、隋东旭、曹春雷老师担任副主编。本书在编写过程中参考了大量文献资料，在此向相关作者表示谢意。由于编者水平有限，时间仓促，不妥之处恳请读者批评指正。

编 者

2021 年 5 月

目 录
Contents

第一章 电子商务法及其立法情况概述 ... 1
  第一节 电子商务法概述 ... 2
    一、电子商务法与电子商务法体系的定义 ... 2
    二、电子商务法的特点 ... 3
    三、电子商务法的作用 ... 4
  第二节 我国跨境电子商务立法情况 ... 6
    一、我国电子商务立法的原则 ... 7
    二、我国电子商务立法的现状 ... 9
  第三节 国外电子商务立法情况 ... 13
    一、联合国的电子商务立法 ... 13
    二、美国的电子商务立法 ... 13
    三、欧盟和欧洲国家的电子商务立法 ... 15
    四、亚洲国家的电子商务立法 ... 16
  思考与练习 ... 17
  经典案例赏析 ... 17

第二章 跨境电子商务平台规则 ... 19
  第一节 跨境电子商务进口平台规则 ... 20
    一、进口跨境电子商务平台概述 ... 20
    二、进口跨境电子商务平台型模式 ... 22
    三、进口跨境电子商务自营型模式 ... 23
    四、进口跨境电子商务平台对比 ... 23
  第二节 跨境电子商务出口平台规则 ... 25
    一、出口跨境电子商务平台概述 ... 25
    二、出口跨境电子商务 B2B 平台 ... 26
    三、出口跨境电子商务 B2C 平台 ... 26
  第三节 跨境电子商务本土平台规则 ... 28
    一、跨境电子商务 B2B 平台 ... 28
    二、跨境电子商务 B2C 平台 ... 29
    三、跨境电子商务 C2C 平台 ... 29
    四、跨境电子商务 G2G 平台 ... 30

五、社交电子商务模式 ... 31
思考与练习 ... 32
经典案例赏析 ... 32

第三章 电子商务合同及其相关法律法规 ... 34
第一节 电子商务合同概述 ... 35
　　一、电子商务合同的概念和特征 ... 36
　　二、电子商务合同的订立与成立 ... 37
　　三、电子商务合同的分类 ... 38
第二节 电子商务合同的生效和认证 ... 39
　　一、电子商务合同的生效 ... 39
　　二、电子签名和电子认证 ... 41
第三节 电子商务合同的履行 ... 43
　　一、电子商务合同履行的含义 ... 43
　　二、电子商务合同履行的原则 ... 43
　　三、电子商务合同履行的方式 ... 44
　　四、电子商务合同履行的地点 ... 44
第四节 电子商务合同的违约 ... 46
　　一、电子商务合同违约责任归责原则 ... 46
　　二、电子商务合同违约责任的特征 ... 47
　　三、电子商务合同违约责任的构成要件 ... 47
　　四、电子商务合同违约的免责事由 ... 48
　　五、电子商务合同违约责任的主要承担方式 ... 48
思考与练习 ... 51
经典案例赏析 ... 51

第四章 跨境电子商务支付结算及其相关法律制度 ... 53
第一节 跨境电子商务支付概述 ... 54
　　一、跨境电子商务支付的概念 ... 55
　　二、跨境电子商务支付的市场政策 ... 55
　　三、我国跨境电子商务支付现状 ... 56
　　四、第三方跨境支付流程 ... 57
第二节 网络银行支付及其相关法律法规 ... 58
　　一、网络银行概述 ... 58
　　二、我国网络银行的相关法律法规 ... 59
第三节 第三方支付结算及其相关法律法规 ... 64
　　一、第三方支付结算的定义 ... 64
　　二、第三方支付结算机构的资格认定 ... 64
　　三、第三方支付结算的业务管理 ... 66

四、第三方支付结算的风险管理 68
　　五、第三方支付结算的客户权益保护 69
　　六、第三方支付结算机构的分类监管 70
思考与练习 72
经典案例赏析 72

第五章　互联网广告及其相关法律法规 73
第一节　互联网广告概述 74
　　一、广告与互联网广告的定义 74
　　二、互联网广告的形式 75
　　三、互联网广告的特点 75
第二节　互联网广告相关法律法规 77
　　一、互联网广告的行政管辖权及其相关法律法规 77
　　二、互联网广告主体及其相关法律法规 78
　　三、互联网广告内容的相关法律法规 80
　　四、电子邮件广告及其相关法律法规 82
　　五、垃圾邮件及其相关法律法规 83
思考与练习 83
经典案例赏析 83

第六章　跨境电子商务物流及其相关法律法规 85
第一节　跨境电子商务物流概述 86
　　一、跨境电子商务物流的含义和特征 86
　　二、跨境电子商务物流的发展现状 87
　　三、跨境电子商务国际物流与传统物流的区别 87
第二节　跨境电子商务物流配送及其相关法律法规 88
　　一、配送的含义、特点与作用 88
　　二、配送类型与相关法律关系 89
第三节　跨境电子商务物流仓储及其相关法律法规 90
　　一、仓储概述 90
　　二、仓储的类型及相关法律关系 92
　　三、仓储活动在现代物流系统中的地位和作用 93
　　四、物流企业在仓储活动中的法律地位 93
第四节　跨境电子商务物流运输及其相关法律法规 95
　　一、运输的含义 95
　　二、运输在物流中的地位和作用 96
　　三、物流企业在运输中的法律地位 96
第五节　跨境电子商务物流风险及其防范措施 97
　　一、跨境电子商务物流风险 97

二、跨境电子商务物流风险的防范措施 98
　思考与练习 99
　经典案例赏析 99

第七章　知识产权保护及其相关法律法规 101
　第一节　知识产权概述 102
　　一、知识产权的定义和类别 102
　　二、电子商务对知识产权的挑战 103
　第二节　域名及其相关法律法规 104
　　一、域名概述 104
　　二、域名注册服务机构的相关法律法规 105
　　三、域名注册和注销的相关法律法规 106
　　四、域名纠纷的相关法律法规 108
　第三节　网络版权及其相关法律法规 110
　　一、网络版权概述 110
　　二、著作权的专有权利 111
　　三、网络著作权的主要法律法规 111
　第四节　计算机软件著作权及其相关法律法规 114
　　一、计算机软件著作权概述 114
　　二、计算机软件著作权的保护期限和使用转让 116
　　三、针对计算机著作权侵权行为的法律法规 117
　思考与练习 119
　经典案例赏析 119

第八章　跨境电子商务税收及其相关法律法规 121
　第一节　跨境电子商务税收概述 122
　　一、跨境电子商务税收的定义 122
　　二、跨境电子商务对税收的影响 123
　　三、跨境电子商务税收的相关观点与做法 125
　第二节　我国跨境电子商务税收政策 127
　　一、我国跨境电子商务税收政策的现状 127
　　二、我国跨境电子商务税收政策的完善 128
　思考与练习 129
　经典案例赏析 129

第九章　电子商务消费者权益保护及其相关法律法规 130
　第一节　电子商务消费者权益保护概述 131
　　一、电子商务消费者概述 131
　　二、电子商务消费者权益保护的难点 132
　第二节　电子商务消费者权益保护的类型 134

一、电子商务消费者安全权及其保护 ... 134
　　二、电子商务消费者知情权及其保护 ... 135
　　三、电子商务消费者选择权及其保护 ... 137
　　四、电子商务消费者公平交易权及其保护 ... 137
　　五、电子商务消费者退货权及其保护 ... 138
　　六、电子商务消费者索赔权及其保护 ... 139
　　七、电子商务消费者个人信息权及其保护 ... 140
　　八、电子商务消费者其他权利及其保护 ... 142
　第三节　电子商务纠纷在线解决方式概述 ... 143
　　一、电子商务争议在线解决方式的含义 ... 143
　　二、电子商务争议在线解决方式的类别 ... 143
　　三、电子商务争议在线解决方式的优点和缺点 ... 144
　思考与练习 ... 146
　经典案例赏析 ... 146

第十章　跨境电子商务海关监管及其相关法律法规 ... 148
　第一节　跨境电子商务海关监管概述 ... 149
　　一、海关监管的基本含义 ... 149
　　二、跨境电子商务海关监管的现状 ... 150
　第二节　跨境电子商务海关监管存在的问题 ... 152
　　一、海关税收征管体系不匹配 ... 152
　　二、海关现行监管方式不适应 ... 153
　　三、海关风险防控体系不完善 ... 154
　第三节　关于跨境电子商务海关监管的建议 ... 155
　　一、创新适应跨境电子商务的税收征管体系 ... 155
　　二、完善适应跨境电子商务的综合监管工作机制 ... 156
　　三、构建适应跨境电子商务的风险防控与效应分析体系 ... 157
　　四、对跨境数字产品实施海关监管 ... 158
　思考与练习 ... 160
　经典案例赏析 ... 160

第十一章　跨境电子商务检验检疫及其相关法律法规 ... 164
　第一节　跨境电子商务检验检疫概述 ... 165
　　一、清单分类管理 ... 165
　　二、备案管理 ... 165
　　三、申报放行、检疫与质量安全风险监测 ... 166
　　四、监督管理 ... 166
　第二节　跨境电子商务检验检疫相关法律法规 ... 167
　　一、逃避进出口商品法定检验、验证的行为 ... 167

二、销售、使用不合格进口商品或出口不合格商品的行为 168
三、违反报检管理规定的行为 168
四、进出口假冒伪劣商品的行为 169
五、擅自调换检验检疫机构抽取的样品或者检验合格的进出口商品的行为 169
六、违反出口商品注册登记管理规定的行为 169
思考与练习 169
经典案例赏析 170

参考文献 171

第一章 电子商务法及其立法情况概述

知识目标

- 了解电子商务的概念及特点。
- 熟悉电子商务涉及的法律问题。
- 了解电子商务与其他法律法规的关系。
- 掌握电子商务的概念、特征、作用和模式。
- 了解联合国和欧盟等国际组织的电子商务立法概况。

关键词

电子商务法　七日无理由退货　经营性互联网信息服务　第三方交易平台

本章思维导图

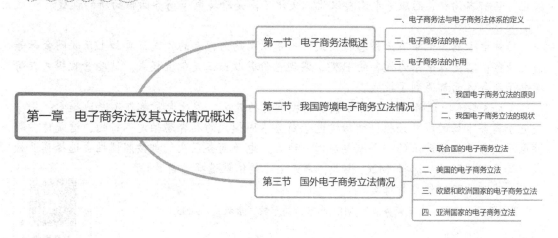

引例

跨境电子商务模式

面向消费者的传统电子商务可用 M2C、B2C、C2C 和特卖等模式简单概括，跨境电子商务模式与之类似，大致也可分为这几类。M2C 吸引海外商家（包括品牌和零售商）入驻，其代表是天猫国际；B2C 负责直采或保税区自营，即将商品先行采购到海外仓和保税区，再售卖给用户，代表玩家是网易考拉；C2C 是买手模式，可以说是共享经济，即人人都可做代购，其开拓者是洋码头；特卖模式在本质上也属于 B2C（自营或供应商压货），只是多了特卖的限时或团购特性，其代表是唯品国际；还有一类是导购类前端平台转型到售中环节的，如小红书的福利社，之后又可采取不同的跨境模式，比较特别的是惠惠购物助手，它采取海外代购模式，帮助用户在 Amazon 等下单，负责支付和物流。要注意的是，有一些做跨境电子商务的平台可能对不同模式均有所涉足，如京东全球购有自营 B2C，也有 M2C。

跨境电子商务与传统电子商务在本质上并没有区别，前者却因"跨境"二字与后者有了完全不同的地方，具体来说主要体现在以下几个方面。

1. 物流

过去十多年，国内电子商务一直在解决的关键问题就是物流仓储，这也彻底改变了我国物流业，而跨境电子商务又将这个问题重新折腾了一遍且难度更大。

2. 政策

政策方面，跨境电子商务主要是多了海关这个全新的变量，进而影响成本、物流速度、退换货服务等。

3. 商家

国际品牌在中国市场本土化方面有着更多的考量因素，如要照顾中国代理商的感受，海外零售集团需要考虑中国实体零售公司的利益。中国商家过去只需要考虑平衡线上与线下的渠道。

4. 信息

信息的变化是很大的，如海外商品介绍、说明书等信息需要汉化，品牌营销信息需要汉化，售前咨询和售后服务也需要汉化。文化不同是跨境电子商务面临的新的挑战。

5. 营收

传统电子商务主要有三种营收模式：一是以网购为代表的模式，再加上互联网金融等衍生业务；二是以京东为代表的 B2C，实现差价营收；三是佣金模式。这些营收模式在跨境电子商务方面都遇到了挑战。

以上这些不同让跨境电子商务成了一块难啃的骨头，因此大家都在不断地摸索。用中国电子商务市场的成熟经验权衡跨境电子商务不同模式的利弊恐怕是不行的，这是许多跨境电子商务平台被淘汰的一个深层原因。现在，电子商务巨头们都按照惯性去选择商业模式，如天猫国际依然选择 M2C 模式，京东全球购依然选择"自营+平台"模式，唯品国际依然主打特卖。

资料来源：王芸. 电子商务法规[M]. 北京：高等教育出版社，2005.

辩证与思考：对于创业者来说，哪种模式更有机会脱颖而出呢？

第一节 电子商务法概述

一、电子商务法与电子商务法体系的定义

（一）电子商务法的定义

电子商务法是调整运用现代电子信息技术手段进行商品、服务、信息和其他交换等商

务活动的法律规范的总称。

下面对电子商务法的定义进行简单的分析。

第一，电子商务法是调整电子商务活动的规范。电子商务法律法规包括各种法律、规则、标准、协议、示范、规定等。为了确定电子商务活动中相关方的权利、义务，调整各方关系，规范电子商务行为，国务院及其部委制定了相应的法规，这在我国电子商务法律法规中占有一定的比例。

第二，电子商务法的调整范围。电子商务活动的所有环节都应该属于电子商务法的调整范围。

第三，电子商务法的定义有广义和狭义之别。广义的电子商务法是指调整电子商务活动中所有关系的规范，而狭义的电子商务法是指调整电子交易关系的规范。

> **课堂讨论：什么是电子商务？**
>
> 电子商务是指以信息网络技术为手段、以商品交换为中心的商务活动，也可理解为在互联网、企业内部网和增值网上以电子交易方式进行交易活动和相关服务的活动，是传统商业活动各环节的电子化、网络化、信息化。以互联网为媒介的商业行为均属于电子商务的范畴。

（二）电子商务法体系的含义

电子商务法是一个国家的法律体系的组成部分，同时它又具有自己的法律体系。电子商务法体系由电子商务基本法、电子商务实体法和电子商务程序法三部分构成。电子商务基本法是指一个国家或地区在电子商务方面具有最高法律效力的法律。电子商务实体法是指从实际内容上规定人们之间的权利与义务的本体及其产生、变更和消灭的法律，如电子交易法、电子签名法、电子商务合同法等。电子商务程序法是指以保证权利和义务得以实施或职权和职责得以履行的有关程序为主的法律，如电子商务诉讼法等。电子商务法体系的三部分内容相互联系、相互制约，电子商务基本法起统御作用，电子商务实体法是构成电子商务法体系的具体法律，电子商务程序法构成诉讼和司法内容，三者构成电子商务法律的统一体。目前，《中华人民共和国电子商务法》（以下简称《电子商务法》）属于电子商务基本法范畴；《中华人民共和国电子签名法》（以下简称《电子签名法》）属于电子商务实体法范畴。

二、电子商务法的特点

与传统商法相比，电子商务法具有国际性、行业惯例性、开放性、兼容性和技术性等特点。

1. 国际性

电子商务法在空间上打破了传统商法的常规，表现出双边、多边乃至全球化。全球性的特点决定了电子商务法的国际性。任何传统法都难以做到像电子商务法这样具有跨国的、全球的特殊性。在电子商务的立法实践中，任何一个国家都不能以本国的特定情况为由而搞特殊，电子商务法必须为全球性的商务统一提供解决方案，充分体现国际性。联合国国际贸易法委员会所制定的《联合国国际贸易法委员会电子商务示范法》（以下简称《电子商务示范法》）和《联合国国际贸易法委员会电子签名示范法》（以下简称《电子签名示范法》）是各国制定电子商务法和电子签名法的基础。

2. 行业惯例性

电子商务法是对电子商务行业或领域的商务活动进行调整的规范，它以行业通行的惯例作为行为的规范，具有行业惯例性。这是因为电子商务领域内的商务活动非常特殊且随着信息技术的发展不断地发展，一般的法律通常不可能为其规定具体的行为规范。有人认为，电子商务法与那些"刚性法"相比应当是"柔性"的，是随着网络、信息技术和电子商务业务的发展不断更新的规范。

3. 开放性

电子商务法是关于电子商务的法律，而电子商务是以数据电文、信息技术和网络为基础的。电子商务活动、数据电文、信息技术和网络在形式上是多样化的，同时又是发展变化的，因此，电子商务法必须是开放的。国际组织和各国在电子商务立法中大量使用开放性条款和功能等价性条款就是这种开放性的体现。

4. 兼容性

电子商务法的兼容性是指电子商务法要能适应数据电文、信息技术、网络等多种信息技术手段和形式。电子商务法的兼容性同时也使电子商务法具有复杂性。电子商务活动比传统商务活动涉及的参与者更多，这使得电子商务交易关系复杂而多变；电子商务交易涉及各种交易、支付等手段，即电子商务的信息技术基础复杂且存在依赖性，所以电子商务相关法律必须是兼容的。

5. 技术性

电子商务法的规范中涉及很多技术内容，并且许多规范都是直接或间接地由技术规范演变而来的，如加密技术、数字签名技术、网络协议技术、网络安全技术、数据电文生成技术和传输技术等，这些都应该做出法律要求。

> 课堂讨论：电子商务法的特点有哪些？
>
> （1）国际性；（2）行业惯例性；（3）技术性；（4）兼容性；（5）开放性。

三、电子商务法的作用

（一）创建电子商务法律环境

电子商务立法是一个国家或地区法律建设的重要组成内容。从电子商务角度来看，电子商务法将电子商务行为置于法律的环境之中。电子商务是一种新的经济形式，其涉及的数据电文、电子交易、电子支付、电子认证、现代物流等新的形式和手段需要有新的法律规范，只有这样，电子商务活动才能有法可依。

第一章 电子商务法及其立法情况概述

（二）保障网络交易安全有序

网络交易是电子商务的主要形式和途径。保障网络交易安全有序的方法有很多种，主要通过技术和法律。电子商务的安全问题是电子商务发展的一个重要影响因素。电子商务安全隐患问题易使人们对电子商务产生怀疑，难以建立交易的信心，从而阻碍电子商务的普及和发展，而电子商务立法就是在法律方面给电子商务提供可靠的保障。

（三）鼓励电子商务长远发展

电子商务立法可以规范电子商务行为，惩治电子商务欺诈行为，解决电子商务争端，鼓励电子商务健康、长远发展。

（四）促进信息技术发展

信息技术是电子商务的基础，同时也是电子商务交易的技术支持。通过电子商务的立法规范信息技术的相关内容，采用科学的技术和法律手段解决信息技术方面出现的新问题有利于电子商务的顺利进行，同时也可促进信息技术的进步和发展。

 案例 1-1

"英雄"归来靠电商，涅槃重生再创辉煌

1931年，周荆庭用1.5万银圆创办华孚金笔厂（后更名为英雄金笔厂）。1958年，"英雄"用6个月研发的"英雄100型"金笔在抗漏、圆滑度、间歇书写等11项指标上媲美美国名牌派克，上海天马电影制片厂还为此拍摄了影片《英雄赶派克》。

1992年和1993年，"英雄股份"先后在A股和B股市场上市，成为上海最早一批上市的企业。1996年，英雄集团的半年财报显示其总资产超过7亿元，净资产达3.72亿元。

但是，从1999年开始，"英雄"的光环逐渐褪去，由于主营业务亏损，它不得不变卖资产，包括上海永生金笔37.57%的股权等，沦落为上海交易所的ST股。2001年，"英雄股份"挂牌不到十年便退市。2003年，海文集团收购了英雄金笔厂并投资3600万元组建了上海英雄金笔有限公司，整合了41件英雄商标，后于2006年将集团名称改为英雄集团。2011年，英雄集团亏损472万元。2012年，其总资产从1996年的7.03亿元降到2498万元，净资产则从3.72亿元降为208万元。2012年11月，英雄集团挂牌以250万元的低价转让上海英雄金笔厂49%的股权。从1999年到2014年的15年间，细心的人们发现，"英雄""消失"了。2015年，"英雄"通过电商渠道在半年时间里实现销售额700多万元，当年营收实现33%的增长。

到目前为止，"英雄"的电商经销商有100多家，包括天猫旗舰店1家、天猫专卖店10多家、专营店90多家、京东直营店1家，唯品会、亚马逊也有"英雄"的网店。2017年，其电商渠道销售额达4000万元，英雄金笔有限公司销售增长22.80%，整个集团销售收入增长10%。

"英雄"曾经在20世纪八九十年代叱咤风云，是身价过亿的民族品牌，它经历了从波

峰到波谷的震荡，在长达 15 年的沉寂之后终于回归，这在很大程度上得益于电子商务的发展。

资料来源：梁周倩．"英雄"归来：一支钢笔沉默的十五年和涅槃重生[EB/OL]．（2018-01-18）．http://www.iwshang.com/Post/Default/Index/pid/254578.html．

第二节　我国跨境电子商务立法情况

1. 跨境电子商务交易规模持续扩大，占进出口贸易额的比例不断提高

当前世界贸易增速趋于收敛，为了开拓市场、提高效益，越来越多的商家开始着力于减少流通环节，降低流通成本，拉近与国外消费者的距离，而跨境电子商务正好为此提供了有利的渠道。2012 年，我国超过美国，成为世界进出口贸易规模最大的国家。同时，跨境电子商务贸易也在快速发展。2016 年，我国跨境电子商务交易额约为 6.5 万亿元，同比增长 35.48%，占进出口贸易总额的 15.89%；跨境电子商务平台企业超过 5000 家，境内通过各类平台开展跨境电子商务的企业超过 20 万家。2020 年，我国跨境电子商务进出口额达 1.69 万亿元，同比增长了 31.1%，其中出口额为 1.12 万亿元，同比增长 40.1%，进口额为 0.57 万亿元，同比增长 16.5%。同时，跨境电子商务监管创新成果从 B2C 推广到 B2B 领域并配套便利通关措施。2020 年，跨境电子商务增长迅猛，通过海关跨境电子商务管理平台验放进出口清单达 24.5 亿票，同比增长 63.3%。2020 年"双 11"期间，全国通过海关跨境电子商务进、出口统一版系统共处理进出口清单 5227 万票，较 2019 年增长 25.5%；处理清单峰值达 3407 票每秒，增长 113.2%，各项指标均创新高。

2. 从进出口结构来看，出口跨境电子商务有望延续快速发展态势

从 2014 年我国跨境电子商务的进出口结构看，我国跨境电子商务中出口占比达到 86.7%，进口占比约为 13.3%。随着网购市场的逐步开放及消费者网购习惯的形成，未来，进口电子商务仍有很大的发展空间，占比也将逐步提升，尤其是以海淘为代表的境外购物方式正受到越来越多国内消费者的青睐，所以跨境电子商务进口份额占比将会保持相对平稳、缓慢的提升速度。

近几年，在跨境电子商务出口方面，出口电子商务零售部分的规模成长得很快。2013 年，我国出口电子商务零售交易额已达 240 亿美元，同比增长 60%。同时，第三方跨境电子商务平台凭借门槛低、覆盖广的特点迅速壮大，其中，阿里速卖通已成为全球最大的跨境电子商务交易平台，eBay、Amazon 也在借助自身平台优势将国内产品销售给海外消费者。随着物流配套的持续升级，尤其是海外仓模式的兴起，出口电子商务在品类升级与区域扩张上正在加快速度，而整个支付体系的进一步打通也将有助于跨境购物的便利化与安全化，从而促进跨境支付业务迎来实质性发展。

3. 以业务模式来看，跨境电子商务以 B2B 业务为主，B2C 模式逐渐兴起

跨境电子商务按照运营模式可分为跨境 B2B 和跨境零售（B2C、C2C），其中，跨境 B2B 在跨境电子商务中居于主导地位。以阿里巴巴与环球资源为代表的 B2B 模式主要是以信息与广告发布为主，凭借收取会员费和营销推广费盈利。这是因为跨境 B2B 单笔交易金

额较大，大多数订单需要进行多次磋商才能达成协议，同时长期稳定订单较多，一般只在线上进行贸易信息的发布与搜索，最终交易在线下完成。而跨境零售直面终端客户，目前在跨境电子商务中的比重较低。从2018年我国跨境电子商务的交易模式看，跨境电子商务B2B交易占比达到72.4%，占据绝对优势，预计2021年我国跨境电子商务中B2B交易占比将达到93%左右。

【视野拓展】
《网络交易监督管理办法》（国家市场监督管理总局令第37号）

一、我国电子商务立法的原则

（一）技术中立原则

电子商务立法的技术中立原则是指政府或立法机构对于各种有关电子商务的技术软件、媒体等采取中立的态度，由实际从事电子商务者和信息服务中介商根据技术发展选择采取新的或与国际社会接轨的技术，政府应当不偏不倚，鼓励新技术的采用和推广。

1．对不同贸易形式中立

对于传统贸易、电子商务贸易或其他贸易活动，电子商务法应该做到一视同仁，不应该限制一种贸易形式而厚待另一种贸易形式。贸易形式或手段不能成为电子商务立法的差别标准。

2．对不同当事人中立

对于参与电子商务的国内外当事人、商家、消费者和中间人，电子商务法应该予以同等对待，不能厚此薄彼。法律的"歧视"将会阻碍电子商务的发展。

3．对不同技术中立

电子商务交易所使用的不同技术是实现电子商务交易的基础，对电子商务交易的实质没有影响。电子商务立法对于注册技术、安全技术、加密技术、支付技术、结算技术和配送技术等不能有任何"歧视"。

4．对不同通信和交易形式中立

不同的通信和交易形式只是电子商务交易的手段，电子商务法对此不应差别对待。多种通信和交易形式的发展与应用是电子商务竞争的表现，也是促进其进一步发展的途径之一。另外，多种通信和交易形式的发展也有利于资源的配置和社会的进步。

5．对不同形式的法律中立

电子商务法应在传统法律的基础上产生和实施，不应该出现不同法律的地位和效力不平等的现象；不能将传统的法律规范的效力置于电子商务法之上，也不能让电子商务法高于传统的法律规范，正确的做法是保持中立。

（二）当事人意思自治原则及市场导向原则

电子商务法应当贯彻当事人意思自治原则和市场导向原则，使当事人可在政府介入程度最低的情况下在网络上自由地买卖商品或服务。该原则可以从以下两个角度来理解。

1．从政策的角度

国家应当采取适当的鼓励措施，促进电子商务交易形式的普及和运用。电子商务需要法律规制，也需要政府管制，但是所有这些强制性规制只是为了给电子商务创造良好的法律环境和制度保障。电子商务还是一种新生事物，许多规范尚需要探索和实践，因此国家应当鼓励和尊重市场导向。在市场准入方面，政府应当降低市场准入门槛；在税收方面，政府应鼓励企业使用电子商务，同时积极寻找课税的新途径和新方法。

2．从法律规范的角度

电子商务法应尽可能地为当事人意思自治原则和市场导向原则留有余地。具体来讲，在交易的某些领域，法律规范仍然强调引导性、任意性，为当事人全面表达与实现自己的意愿预留充分的空间；在法律实施领域坚持自治原则，只要现行法律没有禁止的就是允许的或者不视为违法的；只要法律没有强制规定，那么当事人之间的安排就是合法的。这种态度有利于商家不断地探索电子商务运行的经验和习惯，有利于形成成熟的行为规范。

（三）体系化和必要性原则

1．体系化原则

体系化原则是指任何一个国家的法律要得到较好的实施，一个很关键的要求就是法律之间应当衔接妥当、互相兼容，形成一个完善的法律体系。因此，电子商务法也必须要和其他法律互相兼容、互相协调。如果现行法律对电子商务的发展造成障碍，就需要对现行法律做出修改和完善。从这个角度来看，一个国家在电子商务方面的立法既是新法的建立，同时也是对旧法的改革和完善。

2．必要性原则

必要性原则是指国家对电子商务方面立法应该是必要的，这是因为电子商务的发展难以适应基于传统商务的立法。

（四）功能等同原则

电子商务立法的功能等同原则是指根据针对纸质文件的不同法律要求的作用，使数据通信与相应的具有同等作用的纸质文件一样，享受同等的法律地位和待遇。现行的法律都是以纸质文件为基础而订立的，而电子商务中的各种信息都是存储在磁介质上的，当电子商务出现法律问题，在适用现行的法律时，若因为磁介质信息不同于纸质文件而难以产生与纸质文件同等的法律效力，则会为司法实践带来困难，故在电子商务立法中应实行功能等同原则。这一原则的出现为电子商务适用现行法律扫清了障碍，也为电子商务的发展提供了有力的法律支持，如各国电子商务法规定电子证据与传统书面证据享有同样的法律地位等。

（五）国际协调原则

电子商务立法的国际协调原则是指各国在立法过程中尽量采纳一套国际上可接受的规则，以便排除传统法律中的障碍，为电子商务创造更加安全的法律环境。电子商务是无地域界线或超国界的商业方式，因此，它比传统商业活动更需要采取统一规则。在这方面，联合国国际贸易法委员会制定的《电子商务示范法》率先确立了一些基本规则，为电子商务立法规则的统一奠定了基础。事实上，之后许多国家的立法均采纳了《电子商务示范法》

的基本规则,因此,我国电子商务立法也应当尽量与《电子商务示范法》保持一致,这样有利于我国电子商务规范与世界接轨。与此同时,吸收其他国际组织和发达国家成熟的立法经验既可以避免走弯路,同时也可以减少摩擦和规则冲突,使我国立法在一开始就融入全球电子商务大环境。

(六)保护消费者权益原则

电子商务立法的保护消费者权益原则是指网络交易环境对于消费者的保护力度不能小于其他交易环境对于消费者的保护力度。国家应提供清楚、一致且可预测的法律架构,以促进对网络交易当事人的保护。从各国电子商务立法来看,美国的电子商务立法侧重于具体技术问题的解决,而忽视了对消费者权益的保护,但是由于美国是判例法国家,消费者权益的保护可以得到很好的解决;欧洲国家在电子商务立法时则侧重于对消费者权益的保护,这是由于大部分欧洲国家是大陆法系,其在电子商务立法时对消费者权益的保护加以规定是必要的。我国在电子商务立法时不仅要解决电子商务技术问题,也应当对消费者权益的保护加以规定。

(七)安全原则

电子商务立法的安全原则是指确立保障电子商务交易的安全规范,使电子商务在安全和公平的法律环境下运行。电子商务是在虚拟的环境中进行的在线交易,它给人们带来便利的同时也充满不安全因素。因为在线交易是全球性的、非面对面的,是以电子信息或数据电文为手段的,所以不仅有传统法律环境下的不安全因素,如对方丧失履约能力等,而且还存在特有的风险问题,如交易当事人是否真实存在、资信如何等。安全是电子商务的前提,也是电子商务的重要保障,因此电子商务立法必须遵循安全原则。该原则体现在与数据电文、电子商务合同、电子签名、电子认证和电子支付配送等相关的法律中。

【视野拓展】
《中华人民共和国反不正当竞争法》

二、我国电子商务立法的现状

(一)我国电子商务法立法的过程

1. 立法启动

根据第十二届全国人民代表大会常务委员会的立法规划,"电子商务法"被列入第二类立法项目。第二类立法项目是指需要抓紧工作,在条件成熟时提请全国人民代表大会常务委员会审议的法律草案。2013年12月27日,全国人民代表大会财政经济委员会在人民大会堂召开电子商务法起草组成立暨第一次全体会议,这标志着"电子商务法"立法工作正式启动。

2. 首次审议

2016年12月19日上午,第十二届全国人民代表大会常务委员会第二十五次会议在北京召开,首次审议《中华人民共和国电子商务法(草案)》(以下简称《电子商务法(草案)》)。会上,全国人民代表大会财政经济委员会副主任委员吕祖善做了关于提请审议

《电子商务法(草案)》议案的说明。2016年12月25日,第十二届全国人民代表大会常务委员会第二十五次会议分组审议了《电子商务法(草案)》。

3. 二次审议

2017年10月31日,第十二届全国人民代表大会常务委员会第三十次会议对《电子商务法(草案)》进行了再次审议。全国人民代表大会法律委员会副主任委员李连宁介绍了草案的修改思路:电子商务经营者应当依法办理工商登记,但销售自产农副产品、销售家庭手工业产品、个人利用自己的技能从事依法无须取得许可的便民劳务活动以及依照法律、行政法规不需要进行工商登记的除外;不得以虚假宣传、虚构交易、编造用户评价等方式侵害消费者的知情权;应当明示用户注销的方式和程序;竞价排名的商品或者服务应当显著标明"广告";电子商务平台不得利用服务协议和交易规则等手段对平台内经营者的交易、交易价格等进行不合理限制,不得附加不合理的交易条件或者收取不合理费用;完善电子商务争议处理规范,发生争议时,经营者应当提供原始合同和交易记录,丢失、伪造、篡改、隐匿或拒绝提供的,应当承担相应责任。

4. 三次审议

2018年6月19日,第十三届全国人民代表大会常务委员会第三次会议分组审议了《电子商务法(草案)》三审稿。与会人员认为,为了顺应电子商务的快速发展,促进经济转型升级,建议尽快修改、完善该法,进一步加强消费者权益保护。面对我国快速发展的电子商务领域,不少委员指出了尽快推进电子商务法出台的必要性和紧迫性。

5. 四次审议

2018年8月28日,第十三届全国人民代表大会常务委员会第五次会议就《电子商务法(草案)》四审稿进行了分组审议。会上,委员和代表们就平台押金收取、平台推送服务授权、消费者权益保护等问题的讨论较为集中,但总体意见认为《电子商务法(草案)》已经较为成熟。

【视野拓展】
《中华人民共和国电子商务法》

《中华人民共和国电子商务法》由中华人民共和国第十三届全国人民代表大会常务委员会第五次会议于2018年8月31日通过。

(二)其他电子商务相关法律法规

1. 关于计算机与网络安全的行政法规

我国关于计算机与网络安全的立法工作开始于20世纪80年代。1981年,公安部开始成立计算机安全监察机构并着手制定有关计算机安全方面的法律法规和规章制度。1994年2月,国务院发布《中华人民共和国计算机信息系统安全保护条例》。2000年12月28日,第九届全国人民代表大会常务委员会第十九次会议通过了《全国人民代表大会常务委员会关于维护互联网安全的决定》。2016年11月7日,第十二届全国人民代表大会常务委员会第二十四次会议通过《中华人民共和国网络安全法》,自2017年6月1日起施行。国务院制定公布施行的法律法规有《中华人民共和国计算机信息网络国际联网管理暂行规定》(国务院令第195号)、《中华人民共和国计算机信息网络国际联网管理暂行规定实施办法》《互联网信息服务管理办法》(国务院令第292号)、《中华人民共和国计算机信息系统安全保护条例》(国务院令第147号)、《中华人民共和国电信条例》(国务院令第

291号)、《中华人民共和国认证认可条例》(国务院令第390号)、《国务院办公厅关于促进跨境电子商务健康快速发展的指导意见》(国办发〔2015〕46号)、《中华人民共和国著作权法实施条例》(国务院令第359号)、《计算机软件保护条例》(国务院令第339号)等。

【视野拓展】
《中华人民共和国电子签名法》

2. 涉及电子商务的部门规章

涉及电子商务的部门规章包括《电子认证服务管理办法》(工业和信息化部令第1号)、《电子认证业务规则规范(试行)》、《电子银行业务管理办法》(中国银行业监督管理委员会令2006年第5号)、《非金融机构支付服务管理办法》(中国人民银行令〔2010〕第2号)、《非银行支付机构网络支付业务管理办法》(中国人民银行公告〔2015〕第43号)、《关于跨境电子商务零售出口税收政策的通知》(财税〔2013〕96号)、《证券账户非现场开户实施暂行办法》、《互联网域名管理办法》(工业和信息化部令第43号)、《网络购买商品七日无理由退货暂行办法》(国家工商行政管理总局令第90号)、《侵害消费者权益行为处罚办法》(国家工商行政管理总局令第73号)、《网络交易管理办法》(国家工商行政管理总局令第60号)、《工商行政管理部门处理消费者投诉办法》(国家工商行政管理总局令第62号)等。

3. 涉及电子商务的司法解释

涉及电子商务的司法解释包括《最高人民法院关于审理扰乱电信市场管理秩序案件具体应用法律若干问题的解释》(法释〔2000〕12号)、《最高人民法院关于审理买卖合同纠纷案件适用法律问题的解释》(法释〔2012〕8号)、《最高人民法院关于审理涉及计算机网络域名民事纠纷案件适用法律若干问题的解释》(法释〔2001〕24号)、《最高人民法院关于审理涉及计算机网络著作权纠纷案件适用法律若干问题的解释》(法释〔2000〕48号)和《最高人民法院关于人民法院网络司法拍卖若干问题的规定》(法释〔2016〕18号)等。

(三)地方电子商务法律法规

1. 北京市

北京市工商行政管理局于2000年4月发布的《北京市工商行政管理局网上经营行为登记备案的通告》规定,网络经济组织可通过互联网向北京市工商行政管理局设立的红盾315网站申请登记备案。2000年5月,北京市工商行政管理局发布了《关于对网络广告经营资格进行规范的通告》,同时出台了《关于对利用电子邮件发送商业信息的行为进行规范的通告》。2001年,北京市工商行政管理局办公室出台了《北京市网络广告管理暂行办法》,2002年又出台了《北京市电子商务监督管理暂行办法》;同年,北京市人民政府办公厅发布了《北京市互联网上网服务营业场所管理办法》。此外,北京市工商行政管理局还颁布了《网站名称注册管理暂行办法》《网站名称注册管理暂行办法实施细则》《经营性网站备案登记管理暂行办法》和《经营性网站备案登记管理暂行办法实施细则》等。2018年11月16日,北京市市场监督管理局正式揭牌成立。

2. 其他

具体包括广东省人大常委会发布的《电子交易条例》、广东省市场监督管理局发布的

《广东省食品药品监督管理局关于网络食品监督的管理办法》、浙江省人大常委会发布的《实施〈中华人民共和国消费者权益保护法〉办法》和山东省人大常委会发布的《山东省消费者权益保护条例》等。

案例 1-2

全国首张"无实体网店营业执照"

2009年6月8日,全国首张"无实体网店营业执照"正式办好,而泉州市民林国仕成为第一个吃螃蟹的个体户。6月15日,泉州工商部门相关负责人称,这是全国范围内第一张针对纯网店颁发的营业执照,对于规范互联网商务环境意义重大,今后将鼓励网店主申领。如果纯网店要建实体店,需要到工商部门变更登记。从外表上看,林先生的网店执照和普通的个体工商户营业执照并没有什么区别,但仔细一看有三处不同。

"首先是字号名称,特别强调'网店'二字;其次是经营地址,登记了网址和服务终端即计算机的所在地;第三个不同则是经营范围注明'通过互联网销售'。"泉州市工商局检查支队有关负责人表示,之前对网店的要求是有实体店再到工商部门备案,而这次给没有实体店铺的网店颁发营业执照是贯彻国务院支持海西建设中的先行先试精神,但在监管程序上会更加严格,而且一旦发现网店超越网络交易,将予以重罚。

从泉州市工商局丰泽工商所工作人员手里接过"个体工商户营业执照"时,网店老板林国仕第一次感觉到踏实:"今后终于可以合理合法地在网上做生意了,不用再玩那些虚的。"林先生是永春县人,从2001年开始就在中华网等网络媒体工作,主要负责广告和品牌宣传策划方面的工作。2007年5月,林先生离开打拼6年的上海回到泉州,自己当起老板。"先是在淘宝网等网络上开网店,做了一年多,感觉很不好,竞相压价,质量没有保证,整个网络市场的竞争处于无序状态。"林先生和一些网店同行交流发现,在没有规范的情况下,市场交易很混乱,代表信用的评价等级也存在弄虚作假现象,消费者的权益维护困难重重。

"继续'淘'下去心力交瘁,前景也不好,干脆自己出来做一个网购平台。"林先生随后在泉州做了一个同城购物网。2009年4月,他租用到厦门一家公司的服务器,正式营业,但没过几天他就接到工商部门的调查通知书,称其涉嫌无照经营,有可能受到严惩。但是,林先生没有想到自己"因祸得福"。泉州工商部门酝酿先行先试颁发网店执照,即向没有实体店的网店颁发个体工商户营业执照,就将他列为重点考虑对象,指导他最终办理了全国第一张无实体网店营业执照。6月8日,网店营业执照正式办好,林先生到丰泽工商所领取。得知自己成了全国第一人时,他很吃惊:"还真是没有想到,自己成了首个吃螃蟹的!搞互联网商务8年了,想想还真是新鲜,有点兴奋。"目前,林先生已经把执照挂到了自己的网站上。

资料来源:福建泉州颁发全国首张无实体网店营业执照[EB/OL].(2009-06-17). http://www.chinanews.com/gn/news/2009/06-17/1737814.shtml.

案例 1-3

阿里巴巴清除违规店铺

2017年4月7日,阿里巴巴集团廉正合规部发布处罚公告,宣布永久关闭平台上36家以不正当手段牟取利益的商家店铺。这是该部门连续第三年发布此类"封杀令"。

对外,阿里巴巴集团通过制定平台规则鼓励商家诚信经营,为千万中小商家的创业、发展提供公正透明的商业环境;对内,倡导诚信文化及开展反舞弊调查,在查处内部腐败的同时推进业务机制完善。据廉正合规部有关负责人介绍,阿里巴巴集团目前有近五万名员工,分布在国内及海外多地,而廉正诚信文化和商业行为准则是每个入职阿里巴巴集团的员工的"必修课",也是每年必需的评估考核项目。该负责人强调,商家一旦发现阿里巴巴集团的员工存在任何违规行为,可随时通过其廉正举报平台举报。

资料来源:阿里巴巴公布反腐处罚结果:清退36家违规店铺[EB/OL].(2017-04-07). https://baijiahao.baidu.com/s?id=1564004844340356&wfr=spider&for=pc.

第三节　国外电子商务立法情况

一、联合国的电子商务立法

联合国国际贸易法委员会于1996年12月通过了《电子商务示范法》。该法是世界范围内第一个有关电子商务的统一法律,旨在向各国提供一套国际公认的电子商务法律范本,以供各国制定本国电子商务法律法规时参考,从而促进各国使用电子数据、电子签名、电子邮件、传真等现代信息技术和手段。

《电子商务示范法》对电子商务形式及其法律承认,书面形式、签名、原件的要求,数据电文的可接受性和证据力,数据电文的留存,电子商务合同的订立和效力,当事人对数据电文的承认,数据电文的归属,确认收讫、发出与收到的时间,当事人协议优先适用等重要问题等均有明确的规定。《电子商务示范法》为各国家或地区电子商务的立法提供了一套国际规则,推动了世界电子商务立法的协调发展。

联合国国际贸易法委员会于2000年7月通过了《电子签名示范法》并于2001年3月审定。《电子签名示范法》是联合国国际贸易法委员会在颁布《电子商务示范法》之后在国际电子商务立法方面的又一成果,为各国家和地区制定电子签名法提供了范本。

【视野拓展】
《电子商务示范法》立法情况

二、美国的电子商务立法

(一)《数字签名法》

美国犹他州于1995年颁布了《数字签名法》(*Utah Digital Signature Act*),这是世界上最早的关于电子签名的立法。犹他州的《数字签名法》以"技术特定化"为基础,即规定采用某种电子技术的数字签名才具有法律效力。

(二)《全球电子商务纲要》

1997年7月1日,美国发布《全球电子商务纲要》(A Framework for Global Electronic Commerce)。《全球电子商务纲要》是世界上第一份官方正式发表的关于电子商务立场的文件。该纲要中提出了关于电子商务发展的一系列原则,系统阐述了一系列政策,目的是在电子商务的国际讨论与签订国际协议中建立框架。美国政府积极地通过WTO、OECD(Organization for Economic Cooperation and Development,经济合作与发展组织)、APEC(Asia Pacific Economic Cooperation,亚太经济合作组织)等国际组织来实践该纲要中提出的原则和政策。美国政府的《全球电子商务纲要》目前已成为主导全球电子商务发展的宪章性文件。

【视野拓展】
美国《全球电子商务纲要》

(三)《互联网免税法案》

美国自发布《全球电子商务纲要》之后,先后通过《互联网免税法案》(Internet Tax Freedom Act of 1997)、《政府文书作业简化法案》(Government Paperwork Elimination Act)、《数字千禧年著作权法案》(Digital Millennium Copyright Act)和《1998年儿童网上隐私权保护法案》(Children's Online Privacy Protection Act of 1998)四个法案。1998年5月14日,美国参议院商业委员会通过《互联网免税法案》。该法案中规定:在未来6年内,对在互联网上从事各种电子商务的企业和各种IAP(互联网接入提供商)、ISP(互联网服务提供商)和IIP(互联网信息提供商),禁止联邦政府和各州政府征税并且取消现行的不合理税收。

(四)《美国统一电子交易法案(修订稿)》

美国统一州法全国委员会于1999年8月4日颁布了《美国统一电子交易法案(修订稿)》并建议各州在立法中采纳,同时为美国各州建立了一个统一的电子商务交易规范体系,从操作规程上保证了电子商务的顺利开展。2000年9月29日,美国统一州法全国委员会颁布了《统一计算机信息交易法》。

(五)《国际与国内商务电子签名法》

美国众议院司法委员会于1999年10月13日通过了《国际与国内商务电子签名法(草案)》(Electronic Signature in Global and National Commerce,E-SIGN Act)作为在全美统一实施的电子签名法案。克林顿政府于2000年6月30日正式签署通过该草案,使之成为正式法案。因为美国在颁布《国际与国内商务电子签名法(草案)》之前,各州关于电子签名适用的法律不同,所以在依据《美国统一电子交易法案(修订稿)》所规范的标准制定州级电子签名法案之前,各州必须遵守此法案的电子签名规则,不得另行制定法案。《国际与国内商务电子签名法》遵循"技术中立"的原则,认定电子签名只要符合标准即具有法律效力。

三、欧盟和欧洲国家的电子商务立法

（一）欧盟的电子商务立法

1. 欧盟《电子签名指令》

欧盟委员会于1997年提出的《欧洲电子商务行动方案》为规范欧洲电子商务活动制定了框架。欧盟于1998年颁布了《关于信息社会服务的透明度机制的指令》，又于1999年通过了《关于建立有关电子签名共同法律框架的指令》（简称《电子签名指令》）。《电子签名指令》构建了欧盟电子签名的基本框架，成为各成员国进行电子签名立法的基础，具有深远的社会意义。《电子签名指令》的立法旨在促进电子签名在欧盟成员国间的使用和法律承认，规范电子签名技术在成员国的使用，规定电子签名服务提供者的义务，保护电子签名在电子商务活动中的应用。该指令明确地规定了电子签名服务提供者承担确保其所签发证书内容准确性的义务。《电子签名指令》遵循技术中立的原则。

《电子签名指令》旨在推动电子签名和促进其法律效力与认同性，建立了电子签名的框架和一些相关的证书服务来保证内部市场的正常运行。该指令不包括全部有关合同或其他欧盟国家法律规定的法律义务的结论和有效性，也不影响有关文档使用的欧盟国家的规定和限制。

2. 欧盟《电子商务指令》

2000年，欧盟颁布了《关于共同体内部市场的信息社会服务，特别是电子商务的若干法律问题的指令》（简称《电子商务指令》）。该指令构建了欧盟电子商务的框架，成为各成员国电子商务活动的立法基础，具有深远的社会意义。《电子商务指令》旨在全面规范电子商务市场、电子商务合同电子交易、信息社会服务、电子商务服务提供者的责任等电子商务相关活动。

《电子商务指令》旨在建立一个法律框架，以确保成员国之间的信息社会服务的自由流动，但不对刑法领域本身进行上述协调。在全球化的环境下，市场通过电子方式运作，因此欧盟与主要的非欧盟地区也有必要互相协商，以使各国的法律与程序相一致。

3. 欧盟电子商务增值税新指令

2003年7月1日起，欧盟成员国开始实施电子商务增值税的新指令（Directive 2002/38/EC），欧盟地区由此成为世界上第一个对电子商务征收增值税的区域，开启了对电子商务的征税。欧盟电子商务增值税新指令旨在平衡增值税体系在欧盟成员国企业的影响。欧盟电子商务增值税新指令规定，欧盟各成员国中取得电子商务收入的非欧盟居民企业，按在欧盟地区取得的电子商务收入（通过互联网、广播、电视所取得的商品销售收入和劳务收入）缴纳增值税。具体征税范围：第一，网站及网站维护服务，程序及设备的远程维护；第二，软件销售及更新（下载）；第三，网上提供图片、文本、信息及提供数据库服务；第四，网上提供音乐、电影及游戏下载服务；第五，网络远程教育。

（二）英国的电子商务立法

英国的电子通信立法对网络服务提供商、电子商务的促进与数据储存、电信执照、法律修改、主管机关等进行了具体规范。2002年，英国根据欧盟《电子商务指令》制定了《电子商务条例》。

（三）欧洲其他国家的电子商务立法

1. 意大利

意大利于1997年制定了《数字签名法》，又于1998年颁布了总统令，制定了《数字签名技术规则》。意大利的《数字签名法》在原则上承认了电子文件的法律效力，而总统令具体规定了数字签名与手书签名有相同的效力并对认证机构的要求做了具体规定。《数字签名技术规则》具体规定了数字签名所使用的数字算法，是一部技术性规范。

2. 法国

1997年8月，法国制定了信息与通信服务相关法案，对电子商务活动做了详细的规定，包括《通信服务使用法》《通信服务中个人信息的保护法》《电子签名法》《刑法典修正案》《行政违法修正案》《版权法修正案》《价格标示法修正案》等。

3. 俄罗斯

1995年1月，俄罗斯制定了《俄罗斯联邦信息、信息化和信息保护法》。这是世界上较早的一部关于电子商务的法律。该法调整了所有电子信息的生成、存储、处理与访问活动，规定电子签名的认证权必须经过许可。俄罗斯联邦市场安全委员会于1997年发布了《信息存储标准暂行要求》，具体规定了交易的安全标准。2002年1月，俄罗斯又颁布了《电子数字签名法》，该法规定加密技术为生成电子签名的唯一方法，排除了其他技术。

四、亚洲国家的电子商务立法

（一）新加坡的电子商务立法

1998年4月，新加坡政府颁布了《电子商务政策框架》并设立了"新加坡一号"示范项目。1998年6月29日，新加坡政府颁布了《新加坡电子交易法》，用以全面规范电子商务活动。1999年，新加坡颁布了《电子交易（认证机构）规则》和《认证机构安全方针》，作为《新加坡电子交易法》的配套法律。《新加坡电子交易法》规定了电子商务的基本内容和电子签名的相关问题，具体包括电子记录和电子签名的一般效力与规则，电子商务合同的成立、效力、归属，电子记录与电子签名的安全性要求，数字签名的效力，认证机构的设立、义务及行为准则等。《新加坡电子交易法》遵循技术中立原则，在对认证机构管理方面，采取政府监管和市场自由相结合的方式。

（二）马来西亚的电子商务立法

1997年，马来西亚颁布了《数字签名法》，这是亚洲最早的有关电子商务方面的立法，旨在解决电子商务中的签名问题，其主要内容是：遵循技术特定化原则；只有经数字签名的数据电文方可认定为书面文件，具有书面形式文件的效力并可执行；只有经数字签名的数字文件方可视为原件并可执行；认证机构必须符合资格要求并依法经过政府特许，方可执行认证业务；认证机构必须接受主管机关的严密监管。

第一章　电子商务法及其立法情况概述

 **案例 1-4**

北京××科技有限公司商丘分公司未按规定审查登记经营主体身份案

2017年3月，商丘市工商局梁园分局经检队执法人员在检查中发现，北京××科技有限公司商丘分公司在经营某团商丘站时未能对平台上的部分经营主体的身份进行审查登记，便依法对其行为予以警告。2017年4月17日，执法人员再次进行检查，发现其仍未对经营主体的身份信息进行审查登记。当日，商丘市工商局梁园分局对其下达责令改正通知书，责令7日内改正。至2017年5月17日，该公司仍未对经营主体的身份信息进行审查登记。商丘市工商局梁园分局认为当事人的行为违反了《网络交易管理办法》第二十三条第一款的规定并依据《网络交易管理办法》第五十条的规定对当事人处以罚款。

资料来源：网络诚信 消费无忧之曝光：河南省2017网络违法典型案例[EB/OL].（2017-11-10）. https://www.ysnns.com/bbs/read.php?tid=177792.

 **思考与练习**

1. 简述电子商务法的特点。
2. 简述电子商务法的作用。
3. 简述我国跨境电子商务行业的现状。
4. 简述我国电子商务立法存在的问题。
5. 跨境电子商务所涉及的法律问题有哪些？

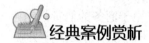 **经典案例赏析**

2017年"双11"网络购物价格、质量、售后服务调查体验报告

中国消费者协会为了加强对"双11"网购商品价格、售后服务及质量状况的社会监督，于2017年10月至2018年1月组织开展了"双11"网购商品价格、质量、服务调查体验活动并于2018年2月7日公布《2017年"双11"网络购物价格、质量、售后服务报告》。在"海淘"商品鉴定方面，本次调查体验活动实际购买了93个"海淘"商品样品，涉及37个品牌。

体验人员联系品牌商标权益人或授权人，协商出具商品鉴定结论。截至目前，仅有19个品牌商标的权益人或授权人对53个样品出具了鉴定结论，其中38个样品为正品，16个样品涉嫌仿冒。中国消费者协会公布了鉴定结果《2017年"双11""海淘"样品真假鉴定情况一览表》，相关结果如下。

（1）在53个样品中，电器样品有5个，涉及飞利浦、博朗两个品牌，根据商标权益人或授权人的鉴定结论，均为正品；母婴用品涉及花王、嘉宝、帮宝适、惠氏这4个品牌，

10个样本，均为正品。

（2）化妆品涉及资生堂、CPB、兰蔻、科颜氏、美宝莲、雅诗兰黛、倩碧7个品牌，19个样品。根据商标权益人或授权人的鉴定结论，其中11个样品为正品，8个样品涉嫌仿冒。涉嫌仿冒品的商品分别为京东平台"美亚国际海外专营店"销售的资生堂洗颜专科洗面奶、聚美优品平台"极速免税店"销售的雅诗兰黛特润修护肌透精华露、蜜芽网平台销售的资生堂洗颜专科洗面奶与蜜芽精选商家销售的雅诗兰黛多效智妍精华霜、拼多多平台"jdf美妆"店铺销售的资生堂洗颜专科洗面奶与该平台"雅纯美妆"店铺销售的雅诗兰黛ANR眼霜、淘宝网平台"卡莱雅护肤世家"店铺销售的资生堂安耐晒防晒霜、网易考拉海购平台"自营直邮仓"销售的雅诗兰黛ANR眼部精华霜。

（3）鞋类涉及Adidas、沙驰、爱步、斯凯奇4个品牌，10个样品。根据商标权益人或授权人的鉴定结论，其中7个为正品，3个为涉嫌仿冒品。涉嫌仿冒的商品为贝贝网平台阿迪达斯品牌入驻商销售的阿迪达斯三叶草史密斯鞋、国美在线平台"海昆运动专营店"销售的阿迪达斯贝壳鞋、拼多多平台"蔡小姐的鞋"店铺销售的阿迪达斯椰子鞋。

（4）箱包类别涉及Coach、Michael Kors 2个品牌，9个样品。根据商标权益人或授权人的鉴定结论，其中4个为正品，5个为涉嫌仿冒品。涉嫌仿冒的商品分别为当当网平台"奢淘全球购专营店"销售的Coach购物袋、国美在线平台"欧尚奢侈品箱包专营店"销售的Coach波士顿女包、京东平台"佰旺海外专营店"销售的Michael Kors玳瑁包、拼多多平台"ishop轻奢一号"店铺销售的Coach贝壳包、淘宝平台"月月小姐美国代购"店铺销售的Coach波士顿女包。

资料来源：2017年"双11"网络购物价格、质量、售后服务调查体验报告[EB/OL]．（2018-02-07）．www.cca.org.cn/jmxf/detail/27885.html．

思考讨论题

1. 分析跨境电子商务出现假货的主要原因，谈谈如何解决跨境电子商务的假货问题。
2. 跨境电子商务有什么优势和特点？你认为我国发展跨境电子商务应当在法律法规方面采取什么措施？

第二章 跨境电子商务平台规则

知识目标

- 掌握跨境电子商务进口平台及其相关规则。
- 明确跨境电子商务出口平台及其相关规则。

关键词

海淘　电子商务经营者　国内监管制度　自营型模式　进口跨境电子商务平台　跨境电子商务平台经营者的义务和责任　出口跨境电子商务

本章思维导图

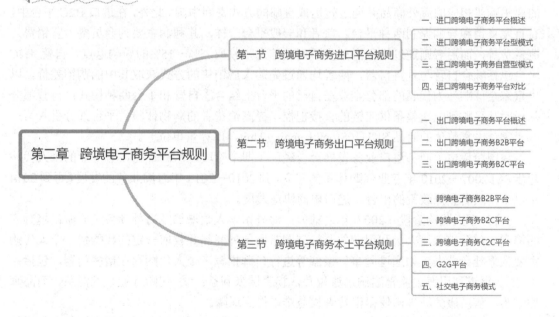

引例

跨境电商卖家如何做好速卖通运营

外贸新人为什么首先选择速卖通呢？我个人的看法是这样的：首先，无论是客户关怀、培训体系还是后台页面、推广逻辑，阿里系的产品都最符合中国卖家的实践和实际，毕竟阿里系平台在中国扎根多年，速卖通的很多运营逻辑跟淘宝非常类似；其次，速卖通经过这几年的深耕细作确实提升和完善了很多，无论是数据、流量还是成交额，都有着非常亮眼的表现。

资料来源：温希波. 中国税制[M]. 北京：中国科学技术出版社，2000.

答题思路

辩证与思考：速卖通到底如何去运营呢？

第一节 跨境电子商务进口平台规则

一、进口跨境电子商务平台概述

国内消费者对进口商品的需求增长带动了行业快速发展，因此电商巨头近两年纷纷向跨境进口 B2C 领域进军。阿里巴巴以整合国际物流和支付链为切入点，建立起天猫国际、淘宝全球购、一淘网等自有平台，全面布局跨境电商进口平台；京东推出京东全球购；苏宁与海淘平台洋码头联合推出"全球购"活动。垂直领域还有蜜芽、小红书、聚美优品等进口电商。至今，蓝海市场已逐渐变为红海市场。在进口企业中，C2C 交易服务平台将碎片化的代购业务整合到同一平台上，便于小商家和个人根据顾客小规模、个性化、定制化的要求购买相应的海外商品并通过转运或直邮的方式寄回中国。此外，在进口 B2C 平台中，有直发直销和导购返利两种平台。前者和一般平台一样，其利润主要为会员费、营销费、流量费等，而后者则通过推送海外优质商品信息，收取 5%～15%的导购返点。自营 B2C 平台包括综合自营与垂直自营，两者均通过先购入后销售的方式获取其中的购销差价。以"京东全球购"为代表的部分企业在自己的平台上结合了自营和平台两种模式：自营部分基于对从采购到配送整条供应链的直接把控，提高消费者的购物体验；平台部分引入第三方卖家，丰富整体的商品 SKU（Stock Keeping Unit，库存量单位）。

我国跨境电子商务进口业务发展至今经历了四个阶段，从碎片化、非专业的个人代购起步，到 2007—2010 年专业代购体系的建立，到 2010—2013 年海淘业务的发展，再到 2014 年以来，随着利好政策的出台，进口电商快速发展。

（1）个人代购阶段（2007 年之前）：海外留学人数增加及海外商务、旅游出境频率的提高让部分出入境人员利用海关监管漏洞带回国外商品并收取一定的代购费。个人代购主要依靠社会背书，如通过同事、亲戚等进行口碑推荐。个人代购存在诸多问题，包括：① 购买渠道利用海关监管漏洞逃避税负，损害国家利益；② 代购行业鱼龙混杂，商品真假难辨、售后服务缺失，使得消费者权益难以得到保障。

（2）代购体系化阶段（2007—2010 年）：2007 年之后，随着居民可支配收入的增加及全国奶制品污染事件的爆发，我国消费者特别是中高收入人群对于海外高品质商品的需求激增。淘宝全球购等专注于代购的网站的出现让代购趋于系统化，买卖双方通过平台信息撮合线上交易，使得代购业务迅猛发展，但代购存在的问题仍未得到解决。

（3）海淘阶段（2010—2013 年）：一些转运服务公司的出现让国内消费者有机会直接购买到海外零售商销售的商品。由于国外部分电商网站不提供运送至国内的物流服务，消费者在亚马逊、eBay 等国外网站上购买商品时需要先将商品配送至转运公司的国外地址，再由转运公司将商品转运到国内。海淘渠道保证了跨境电子商务商品的品质，但对大部分消费者来说，操作手续复杂、物流时间过长。

（4）进口电商阶段（2014年至今）：国家积极推动进口电商的发展，出台各项利好政策，促使国内电商企业、传统外贸企业等纷纷涉足。消费者在国内网站上直接下单，由进口电商通过各种物流方式将商品从国外配送至国内消费者手中。跨境电商的出现为消费者提供了更便捷、更高效、更透明的购物渠道。

【视野拓展】
关于电子商务经营者的界定

2014年是跨境电商企业发展的元年。随着对非法代购的打击、政策上对跨境电商的引导和支持以及资本的不断涌入，多种形式的跨境电商企业如雨后春笋般相继成立。既有互联网、电商巨头利用已有的流量优势切入市场，也有众多初创企业以专业化的方式进入某一细分领域。在巨头方面，除C2C中小卖家平台淘宝全球购外，阿里（天猫国际）、京东（京东全球购）、唯品会（全球特卖）、聚美优品（聚美海外购）、网易（网易考拉海购）、一号店（一号海淘）、亚马逊（亚马逊直邮）、顺丰（顺丰海淘）自2014年以来纷纷布局进口B2C且涉及品类较多。与各巨头凭借流量抢占市场不同，大部分进口电商创业公司表现出"小而美"的特点，通过发挥自身某一特殊优势，专注某一垂直领域，如母婴、家居、保健等。据艾媒咨询统计数据显示，2016年，我国跨境电商零售进口平台销售份额占比中，小红书与洋码头是前端创业公司中发展态势最为强劲的两家，分别占到了6.5%与5.1%。其中，小红书的运营模式为社区电商平台，主要包括两个版块，分别为UGC（user-generated content，用户原创内容）模式的海外购物分享社区和跨境电商"福利社"。对于将要出国的人来说，可以借助这个平台制定自己的购物清单；而对于暂时没有出国打算的人，可以通过逛社区来增长经验或者去"福利社"完成一次"海淘"。

部分创业公司从后端物流供应链着手，为各跨境电商提供物流供应链服务，包括提供信息平台、转运、通关、仓储、运输等服务。随着跨境电商消费体验要求的不断增加，对跨境物流整体供应链的运营要求也将不断地提高，所以优质的跨境物流运营商将有较大的市场机会。

与出口商品相比，进口商品虽然具有高品质、高单价的特征，但同样也出现了商品同质化的问题，各大进口电商网站经常出售相同的"爆款"商品。造成进口电商"爆款"商品频频出现的两大原因为：① 从需求端来说，由于语言隔阂、地理隔阂和信息隔阂等原因，商品的信息不对称程度高，导致消费者对于进口商品品质的判断力远不如国内商品，从而在消费过程中易受到他人的引导。② 从供给端来看，各大进口电商还处于争夺流量阶段，为了引流通常会选择高频、刚需商品（如奶粉和尿布）进行推广以提高销售业绩。同款商品容易引起价格战，而使用低价促销的方式抢夺市场空间会导致公司整体盈利能力下降。不过，伴随我国进口电商发展的日益成熟，消费者对于进口商品的消费也趋于理性，购买商品品类出现去爆款、非标品趋势。2016年，易观智库对跨境商品网购消费者的调研发现，我国消费者对进口商品的消费主要呈现四大变化：① 购买更为频繁，从过去的低频向中高频购买转变；② 消费需求更为合理，从囤货购买向日常化、常规化购买转变；③ 购买人群更为广泛，从一线、二线城市向三线、四线城市延伸，从青年人群向各年龄段人群延伸；④ 消费品类更为丰富，在传统爆款、标品购买之外，购买品类趋于多样化。

进口跨境电商的两大主流模式为平台型和自营型。随着跨境电商市场用户规模的持续扩大，其市场格局反而进入了集中化的时代。中国产业信息网的信息数据显示，我国2018年第一季度跨境进口零售电商市场份额中，占比前四位的分别是天猫国际（27.8%）、网易考拉（21.4%）、京东全球购（13.5%）和唯品国际（10%），其中天猫国际和网易考拉两家已占跨境电商进口市场近一半的份额。天猫国际和网易考拉作为市场份额占比前两位的跨境电商巨头，代表了目前跨境电商的两大运营模式，即具有流量优势的平台型跨境电商模式和自营型跨境电商模式。

【视野拓展】
国内监管制度
基本框架

二、进口跨境电子商务平台型模式

平台型进口跨境电商的运作重点在于售前引流、招商及平台管理等，其在售后方面仅在一定程度上参与物流和服务体系，以完善线上入驻商家的不足。现阶段，我国的平台型跨境电商大多通过自身强大的流量和大数据技术等优势为其平台进行引流和赋能。天猫国际作为阿里巴巴旗下的进口跨境购物平台，承载着整个阿里巴巴的大进口战略。该平台采取邀约制招商，通过对入驻商家的发货源头、运输方式及最终物流端的全链路可视，实现对线上商品及运营质量的把控。在天猫国际入驻的商家主要为中国大陆以外具有海外零售资质的公司实体。平台店铺的类型依据入驻企业资质的不同分为品牌旗舰店、卖场型旗舰店、专卖店和专营店四种。同时，天猫国际也在新零售的全渠道经营思路带动下，于2018年4月20日开设了旗下首家保税线下自提店（西湖银泰店），其主营品类包括美妆、母婴、食品等且用户目前仍需要线上下单、店内取货。目前，线下自提店主要承担的是商品展示及进一步为天猫国际线上平台引流的功能。

由于天猫国际采取的是商家入驻的方式，因此目前没有建设自营仓储。针对国内地区消费者的物流服务，天猫国际要求入驻商家在120小时内完成发货，商家可以根据自身情况在菜鸟物流平台上选择具备相应能力的物流服务商或使用菜鸟物流服务。通过菜鸟物流对物流服务商进行整合管理对于提升消费者的跨境消费体验和平台运营效率都将起到较大的推动作用。菜鸟物流本身提供了保税和直邮两种物流服务。保税服务主要包括商品入境前在海关和商检进行备案、保税仓储及订单履行作业、行邮包裹、入境清关、国内配送及物流相关的增值服务。直邮服务的流程是商家将从国外采购的货物送至菜鸟海外仓后，由菜鸟统一打包，以集货方式入境，在经海关清单核放、查验放行后配送到消费者手中。

课堂讨论：跨境电子商务与一般电子商务有哪些不同？

跨境电子商务尽管属于广义的电子商务的形式，但与一般电子商务之间存在明显的区别。在业务环节上，跨境电子商务涉及海关通关、检验检疫、外汇结算、出口退税、进口征税等环节；在参与主体上，跨境电子商务涉及不同关境之间的交易主体、跨境的物流服务主体、跨境支付服务主体等"关检税汇"环节的服务提供者等；在交易风险上，不同国家、不同关境地区之间的法律、文化、交易规则、知识产权保护等制度存在客观

第二章 跨境电子商务平台规则

差别,容易出现跨境信用、消费维权、纠纷解决和知识产权侵权等方面的风险,因此在规则和立法上,跨境电子商务需要适用的规则更多、更细、更复杂,包括不同平台的交易规则、国际贸易体系的规则、进出口管制规则、关税和外汇政策等。

三、进口跨境电子商务自营型模式

自营型模式下的跨境电商平台需要参与整个销售流程的运作,包括选品、供应商选择、物流与售后服务等多个环节。现阶段,我国的自营型跨境电商大多拥有丰富的商品资源及强大的供应链体系。其中,网易考拉在市场份额、正品信任度方面均表现得较为突出。目前,该公司主打"自营直采+商家入驻"模式,在美国、德国、日本、韩国及我国香港和台湾等国家和地区都设立了分公司,同时与包括 costco、P&G 在内的多家国内外知名品牌合作。上述这些运营机制帮助网易考拉从商品源头进行把控和审核,在保证采购量的同时,也能更好地维护品牌价格体系。目前,网易考拉根据商品本身的价格、市场接纳度、消费者需求及商品清关机制等因素,将其仓储配送方式设置为保税仓和海外仓两种发货形式。由于商品发货仓储的不同,其配送时效也会有相应的区别:由保税仓发货,其配送时长往往在 2~6 天;由海外仓直接配送的时长一般在 7~15 天,时效性略差于保税仓。目前,网易考拉以保税仓发货为主,但由于海外仓采用直邮的方式,其存货压力低于保税仓,因此其商品丰富度也高于保税仓。

四、进口跨境电子商务平台对比

通过对天猫国际和网易考拉这两种不同运营模式下的跨境电商的对比可以发现,目前,以天猫国际为首的平台型跨境电商大多采取商家入驻方式,其产品丰富度及价格具有较大优势,但消费者的信任度相对较低;而以网易考拉为首的自营型跨境电商会对商品进行严格的审核且对全供应链都有严格的监控及检验措施,因此其商品品质相对于平台型跨境电商具有较大优势。

 案例 2-1

Amanbo:打造全渠道 B2B2C 跨境电商模式

从中非传统贸易到如今全渠道的 B2B2C 跨境电商模式,Amanbo 平台创始人廖旭辉探索了近 20 年,而 Amanbo 则走了 10 年。

做 IT 出身的廖旭辉是国内最早一批做电商的人。2000 年,他开始做包括品牌营销在内的中非传统贸易,用了 9 年多,业务范围覆盖将近 20 个国家。2009 年,他开始做 B2B、B2C 市场,由于当时市场上还没有清晰的跨境电商概念,其初衷是做一个相比纯粹的信息平台稍微前进一步的交易平台,名为"聚焦非洲网",覆盖了包括文化、物流、金融、教育和电商等在内的 8 大版块,这便是 Amanbo 的雏形。而后 10 年,Amanbo 的架构被一改再改,直到如今才被廖旭辉认为是在接下来几年内一定会经受住市场检验、能赚钱的平台模式。

2014 年的非洲,互联网用户少且网速低、资费贵,也没有配套的设施,如快递公司等。聚焦非洲网的 B2B、B2C,包括国际贸易版本的模式在这种环境中推行得并不顺利,于是廖旭辉停掉了很多版块并将平台改名为 Amanbo,只做电商且聚焦在 B2B 领域。

"当时的结论是,B2C 的发展不会很迅速,相对来说,B2B 商业环境较为成熟,对在线环境的依赖不大,要先从该处下手,三年不碰 C 端。"但当时的 B2B 模式因为交易金额较大等支付问题,出现了国内端出口需求旺盛而海外"冷静"很多的情况,既没有办法实现交易闭环,也根本没有办法完全做到线上。

据廖旭辉分析,这里有很多因素。当时,很多国内工厂对非洲一无所知,导致产品从定位到所有的渠道都不清晰,而非洲当地的经销商大多没做过进口,既不懂外贸,也不懂电商平台。最重要的是,非洲的小商人没有太多资金,备货能力有限,备货周期短,但外贸货物等待周期过长。

"事实上,在非洲市场中,很多商品都不适合线上贸易,其人均 GDP、商品单价和当地人可支配的消费力都很低,但运费高昂,这对于做跨境电商交易的高产品附加值、低运费的要求来说是一个悖论。直到如今,非洲市场依旧如此。"

其实,廖旭辉也明显看到了贸易碎片化的趋势,他认为,未来平台的出路便是进行渠道下沉、去中间化,把原来的进口商和贸易商"干"掉,直接链接中国工厂和当地批发市场的经销商、零售商及终端,即 B2B2C,但开始只能先做 B2B。

2016 年,Amanbo 在国内推行得很"红火",经央视报道之后一下涌进八万多用户。于是 Amanbo 开始筹备海外仓以解决货物等待周期长等问题,同时把系统改成使用本地货币交易,使整个平台系统变成了本土电商逻辑。但在廖旭辉以为 Amanbo 的模式基本能够在 B2B 领域站住脚的时候,Amanbo 再一次运行"失败"。于是,他又花了一年多来进行改造。2017 年年初,廖旭辉将 Amanbo 改造成了一个支持本地货币的跨境加本土金融的平台,面对语言、展示、货币、运营、SKU 等方面的诸多问题,实行一个国家一个站点的策略。2018 年 6 月,Amanbo 在肯尼亚公开上线,覆盖西非、中非、东非,完成了既支持跨境电商又支持本土电商的 B2B2C 架构。

后经清理低质量用户,研发商户管理系统,将进销存、赊销管控、配送管理、物流跟踪等包括线上线下、社交的平台全都打通后,2019 年年中,Amanbo 的 B2B2C 模式正式"尘埃落定"。Amanbo 涵盖买家版、卖家版且 B2B 和 B2C 可以分开管理。目前,Amanbo 平台的 B 端用户达 12~13 万。

"十年磨一剑,外界不知道的是,B2B2C 的架构模式始终贯穿着 Amanbo,使 Amanbo 从 B2B 走向 B2C 的模式真正可行。"廖旭辉笑称,"这也是做了 10 年研发的好处。Amanbo 在国内的员工还不到 100 人,都不如我们的软件专利数量多。"

资料来源:梁周倩. Amanbo:打造全渠道 B2B2C 跨境电商模式[EB/OL].(2020-02-15). http://www.100ec.cn/detail--6546322.html.

第二章 跨境电子商务平台规则

第二节 跨境电子商务出口平台规则

一、出口跨境电子商务平台概述

出口跨境电商平台根据营业模式的不同可以分为四类：第一类是 B2B 模式下的信息服务平台，其作为第三方为供应商发布信息或帮助分销商、零售商搜索信息，最后为双方交易提供撮合服务，代表企业有阿里巴巴国际站、环球资源等；第二类是 B2B 模式下的交易服务平台，它能够实现供需双方之间的网上交易和在线电子支付，代表企业有敦煌网、大龙网等；第三类是 B2C 模式下的平台型网站，其内容涉及出口电商的各个环节，除了开放买家和卖家的数据外，还开放商品、店铺、交易、物流、评价、仓储、营销推广等各环节和流程的业务，代表企业有亚马逊、速卖通等；第四类是 B2C 模式下的自营型网站，其对经营的产品进行统一生产或采购、展示、在线交易并通过物流配送将产品投放到最终消费者群体，代表企业有环球易购、兰亭集势等。

截至 2018 年 10 月，我国 2018 年一般贸易出口金额达到 11 516.91 亿美元，同比增长 16.6%。从进出口增速来看，自 2019 年 3 月至今，我国贸易进口金额增速均高于出口金额增速，这与我国扩大国内进口市场对外开放及贸易战等影响有关。我国的出口贸易承压，跨境出口电商交易规模的增长却一直较为稳定。根据电子商务研究中心的数据，2017 年，我国跨境电商交易规模为 8.06 万亿元，同比增长 20.3%，其中，出口跨境电商交易规模为 6.3 万亿元，同比增长 14.5%。由于近些年电商逐渐代替传统贸易方式，商品在性价比、运送时效、便利程度等方面都有较大提高，出口跨境电商市场需求也在稳定增长。2013—2018 年，随着我国持续实行扶持跨境电商发展的策略，我国出口跨境电商行业进一步得到规范和支持，其相关企业的整体盈利能力较为稳定，同时也有一定的成长空间。在跨境电商行业内，厂家、外贸企业横纵向并购及多元化战略并购转型的现象频繁发生，这也进一步证明了资本市场对于出口跨境电商行业未来的发展较为看好。

> **课堂讨论**：跨境电商平台经营者的义务和责任有哪些？
>
> 《电子商务法》专设一节针对电子商务平台经营者做出相关规定。换言之，除了必须同时履行的作为电子商务经营者的义务之外，电子商务平台经营者另有附加的义务和责任。电子商务平台连接着众多的经营者和消费者，因此，电子商务平台经营者不仅是普通的电子商务经营者，还是电子商务活动的组织者、管理者和控制者，在电子商务交易中发挥着重要和关键的作用，是目前电子商务经营中最重要的主体。因此，《电子商务法》赋予了电子商务平台经营者一定程度的管理责任及义务。
>
> 总体而言，电子商务平台经营者的责任集中于信息登记和资质审核、协议规则公示、消费者权益保障、平台内公平交易、知识产权保护和网络安全维护六个方面。

二、出口跨境电子商务 B2B 平台

B2B 指企业与企业之间通过专用网络或因特网进行数据信息的交换、传递，开展交易活动的商业模式。B2B 和 B2C 在本质上可以简单地理解为批发与零售，二者针对的客户群体不一样。

出口跨境电商 B2B 模式主要分为两种类型：信息服务平台和交易服务平台。

信息服务平台主要通过第三方平台进行信息发布或者信息搜索，以完成交易撮合的服务，代表企业有阿里巴巴国际站、生意宝国际站、环球资源。

交易服务平台是能够实现供需双方之间网上交易和支付的平台商业模式，代表企业有敦煌网、大龙网等。

【视野拓展】
关于跨境零售进口和出口的界定

三、出口跨境电子商务 B2C 平台

出口 B2C 自营行业处在发展初期，各自营企业销售的商品大多为低价同质化商品，对于消费者而言毫无差异，消费者高度分散，市场上还未出现市场份额超过 1%的企业。2015 年，按照主营收入占我国跨境出口 B2C 市场总额的比重排序，环球易购和兰亭集势分别排名第一位、第二位，二者的市场份额分别为 0.75%、0.64%，海翼股份和有棵树分列第三位、第四位，市场份额分别为 0.26%和 0.21%。

通过自建独立站与第三方平台出口销售商品是 B2C 自营企业目前采用的两种重要方式。简单来说，自建独立站销售是指企业需要拥有自己独立的域名，自行搭建服务器与销售平台，通过自建或合作物流的方式配送商品，代表企业有环球易购与兰亭集势；第三方平台销售是指企业无须搭建销售平台，直接入驻亚马逊、eBay、速卖通、Wish 这四大 B2C 跨境电商平台，通过合作或使用平台提供的物流方式配送商品，代表企业有海翼股份与有棵树。

以环球易购为例，其在 B2C 出口自营业务中以自建独立站和第三方平台为分销渠道，将服装服饰及电子产品等品类销往两百多个国家和地区，其中独立站收入约占销售收入总额的 70%~80%。环球易购下设多个自营独立站点，包括垂直类服装服饰站、3C 电子站以及小语种综合站。除 PC 端网站销售健康、持续发展以外，环球易购对移动端的布局也在逐步发力。早在 2015 年 3 月，环球易购就推出了 iOS 版本和 Android 版本的 Sammy Dress App，之后又相继推出了 DressLily、Gearbest、ROSEGAL 和 ZAFUL 等 App。截至 2017 年 4 月 27 日，环球易购服装服饰类 App Sammy Dress、DressLily 以及 ZAFUL 均挤入美国免费购物榜第一梯队。其消费电子类 App Gearbest 自发布以来排名稳步向前，目前在欧洲国家的排名要优于北美地区。

自建独立站或是通过第三方平台销售存在较大差异，主要体现在以下四个方面。

（1）基础设施投入差异。对于自建独立站来说，企业需要自行搭建服务器和销售平台，聘请专业的技术人员负责保障网络安全以及维护服务器的正常运行；第三方平台无须企业自己搭建，也无须配备相应人员。

（2）引流方式差异。对于自建独立站来说，网站的引流主要依靠广告宣传和促销，如SEO（search engine optimization，搜索引擎优化）、社交营销等方式；第三方平台中，网站的流量来自平台本身，但企业需要支付平台佣金以及其他平台费用。

（3）网站使用自由度差异。对于独立站来说，企业可以针对特殊的产品、销售要求定制开发，也可以根据自我需求发布任何产品和服务；对于第三方平台来说，企业没有自主开发的权力，产品品类、品牌均受到平台的严格限制与监管。

（4）存续经营风险差异。如果出现第三方平台调整经营策略致使双方关键合作条款发生变动等情形，第三方平台卖家就可能存在无法继续经营的风险，而独立站对网站是否存续有自主选择权。

经过几年的发展，凭借"中国制造"优势，将价格低廉化、功能标准化的商品销往海外市场的跨境电商出口业务已逐渐从蓝海向红海转变，究其原因主要有：① 行业竞争者，特别是第三方平台的中国卖家数量急剧增加，品牌效应低、标准化程度高的商品价格竞争激烈，商家为了提高销量、抢占市场份额，毛利率不断被压低；② 互联网的普及给全球数字消费者提供了展示个性和表达诉求的平台，这些消费者对于购买的决策不再仅仅受限于价格，个性化、定制化才能满足消费需求。目前来看，跨境电商商家提高非标品比例主要通过三种途径：① 在独立站及各大平台上代理销售国内一线、二线城市知名品牌，如华为、中兴、海尔、联想等以及获取一些中小品牌和热销产品的独家代理权；② 创立自有品牌，以设计创新为驱动，与优质一线产品代工厂战略合作，同时进行本土化品牌营销运作来提高品牌知名度；③ 运用大数据分析将市场需求信息反馈给供给端，通过"设计师+买手"模式，选取销量高、利润率高、受欢迎程度高且用户满意度高的"明星"商品。

大规模的商品交易留下了大规模的交易数据，利用已有的数据分析工具实现数据的抓取、整理和分析为勾勒个体消费图谱提供了可能。以我国跨境出口龙头企业跨境通为例，其通过挖掘外部电商平台、社交网络的信息并结合公司各销售渠道的商品交易、用户行为、评论等信息，及时获取用户的需求变动、市场流行趋势异动数据并将这些数据应用于供应链端的产品开发、设计，从而不断迭代替换，该系统现在能为产品开发提供上千条有效信息，整体开发热卖品率达 10% 以上。

【视野拓展】对跨境零售进口和出口服务商的监管要求

案例 2-2

Shopee：东南亚第一电商平台的崛起史

拉美、中欧、东欧、中亚、中东、非洲是快速增长的新兴市场。其中，拉美是继亚太之后的第二大新兴市场。根据埃森哲分析报告估计，2014—2020 年拉美的复合年增长率将超过 40%，拉美将成为全球跨境 B2C 电商中增长速度最快的地区；中东与非洲 2014—2020 年的复合年增长率将达到 31.62%，仅次于拉美与亚太地区。这些市场较为薄弱的线下零售业也为跨境 B2C 电商在当地的发展留下了广阔空间。

不同于国内电商红海，坐拥 6.7 亿人口且 50% 的人口低于 30 岁的东南亚地区正处于全球发展的快车道中。2018年，谷歌报告中指出东南亚电商市场年均复合增长率高达34%，预计至2025年，其市场规模将达1020亿美元。东南亚最主要的两个购物平台是Lazada和Shopee。

2018年4月，阿里巴巴合伙人彭蕾卸任蚂蚁金服董事长一职，开始掌舵Lazada，为阿里拓展东南亚电商业务。成立于2011年的Lazada深耕东南亚地区多年，后被阿里收购，长期占据东南亚电商头把交椅。在阿里资源加持下的Lazada继续一路飞速发展，开拓东南亚市场。

Shopee于2015年成立于新加坡，是新加坡SEA Group的旗下业务。Shopee电子商务平台是一个以移动、社交为中心的市场，具有集成的支付和物流基础设施及完善的卖方服务，业务覆盖马来西亚、泰国、中国台湾地区、印度尼西亚、越南及菲律宾等市场。

App Annie发布的数据显示，2018年，Shopee App下载量超过1.95亿，在东南亚主要市场（印尼、越南、马来西亚）及中国台湾地区市场购物类App下载中均排名第一。至2019年第二季度，Shopee的季度活跃用户达到3.1亿，月活1.85亿，用户已经覆盖了东南亚地区将近50%的人口。

据iPrice 2019年第二季度电子商务报告显示，Shopee在月活、下载量、PV等方面全面领先Lazada（阿里全资控股），超越Lazada成为东南亚最受欢迎的购物平台。Shopee和Lazada的台式机与移动网络访问的地区合并量分别为2亿和1.74亿，其中Shopee增长了35%。

2018年"双十一"，Shopee创下了超过1100万订单的历史新高，较2017年增长4.5倍。在刚刚过去的"99大促"中，其24小时的总订单量超580万单，较2018年同期翻了3倍。

资料来源：Shopee：阿里神话被打碎，东南亚第一电商平台的崛起史[EB/OL]．（2019-10-25）．http://hk.stock.hexun.com/2019-10-25/199001405.html.

第三节　跨境电子商务本土平台规则

一、跨境电子商务B2B平台

我国跨境电商最初萌芽于出口电商B2B业务方向，其起步时间几乎与国内电商相同。当时，国内外交易双方在进行跨境贸易时存在严重的信息不对称情况，而互联网的出现与电子商务的兴起正好解决了这一问题。自1998年起，我国第一批跨境电商企业先后成立，之后随着市场环境、技术发展及竞争程度的变化，跨境出口B2B业务模式不断迭代，至今已经经历了三个阶段。

1. 信息服务阶段（1998—2002年）

20世纪90年代初是我国互联网的起步阶段。到1996年年底，我国互联网用户数达到20万户。此时，一些企业开始自建网站，通过互联网平台分享资讯。1998—2002年，慧聪网、中国制造网、阿里巴巴、环球资源网等公司先后成立，它们主要通过收录企业信息进行营销推广,将我国的商品信息传递给国外买家。在这一阶段,B2B 企业主要是利用互联网平台来解决买卖双方的信息不对称问题,通过收取会员费和营销推广费来盈利,而交易均在线下完成。

2. 交易服务阶段(2003—2005 年)

随着线上通信、线上支付等技术的发展,线上直接交易开始出现,仅提供信息服务的模式逐渐被淘汰。2003—2005 年,之前的信息服务公司纷纷转型,同时一批新企业也随之进入市场,包括敦煌网、磐聚网、铭万等。在这一阶段,跨境出口 B2B 企业主要以交易佣金为主要盈利模式,同时开展其他一些增值服务。

3. 资源整合阶段(2005 年至今)

新企业的进入使出口 B2B 市场的竞争加剧。为了增加自身的竞争优势,企业开始将业务向产业链上下游延伸。环球贸易网、大龙网等公司在这一阶段进入市场,将跨境出口相关业务资源进行整合,为交易双方提供完整的一站式服务,包括物流服务、通关服务和金融服务等。

以成立于 2010 年 3 月的大龙网为例,作为一家跨境出口 B2B 企业,大龙网的业务已涉及跨境电商的多个环节,如搭建信息系统、制定仓储方案、协助数据测试与报关退税、提供支付结算与供应链金融等。大龙网通过平台、技术、渠道、服务四大版块的驱动,给境内外客户提供了完整的客户体验。

【视野拓展】
对跨境零售进口和出口商品的监管要求

二、跨境电子商务 B2C 平台

由于跨境贸易信息不对称程度高、商品流通过程复杂,因此传统的跨境贸易几乎都以 B2B 的形式进行。早在 2002 年,eBay 就通过收购易趣网进入我国,为国内卖家与国外消费者搭建了直接沟通的平台,也成为我国跨境出口 B2C 发展的起点。

2006 年,dealextreme、兰亭集势、环球易购等自营 B2C 企业出现并通过自建独立站销售商品。近些年来,在全球几大跨境 B2C 平台上还形成了一些大卖家,如赛维、有棵树等。出口 B2C 发展至今已经历三个阶段,主要体现为出口商品结构的调整。

(1)仿牌商品阶段(2003—2006 年)。eBay、Amazon 进入我国市场后,一些小卖家开始在平台上出售一些仿牌商品及盗版游戏、软件等。由于当时产业配套设施并不成熟,B2C 交易量小,品类以数字化商品及单价高、便于运输的 3C 产品为主。

(2)无品牌商品阶段(2006—2013 年)。跨境出口自营电商 DX 控股、兰亭集势、环球易购先后成立,以自建独立站的形式销售服装、电子产品、家居商品等。这些商品主要凭借物美价廉的特点抢占国外市场,商品之间的差异性不大,无品牌概念。

(3)品牌化商品阶段(2013 年至今)。随着出口卖家的增多,市场竞争加剧,同质化商品引发价格战,利润率下滑严重。一些企业,如前海帕拓逊、有棵树等公司通过品牌化、定制化的方式形成产品差异化,提高了自身品牌知名度。

三、跨境电子商务 C2C 平台

跨境电商 C2C 模式是指跨境电商平台网站为小商家或个人消费者提供在线交易平台,

卖方在平台上发布待售商品信息，买方自行选购商品，通过在线平台达成交易，进行支付结算并通过转运、直邮的方式送达商品的一种跨境贸易方式。跨境电商 C2C 模式把传统的商品买卖放在了虚拟网络上进行，跨境电商平台提供的基本服务就是为买卖双方发布和获取商品详细信息、实现交易撮合提供信息交流平台。早期的 eBay 是跨境电商 C2C 发展的雏形，其成立的目的是为人们出售闲置商品提供虚拟电子商铺。消费者可以根据需要出价竞拍，在规定时间内出价最高者获得商品，然后买方支付货款，卖方邮寄商品，从而完成交易。随着信息技术的不断发展，跨境电商平台网站增加了一口价服务、网上商城、团购等，也出现了一些小商家利用平台网站销售商品，于是 C2C 电商平台网站将大量的买家与卖家联系起来。在进口企业中，C2C 交易服务平台将碎片化的代购业务整合到同一平台上，让小商家和个人根据顾客小规模、个性化、定制化的要求购买相应的海外商品并通过转运或直邮的方式寄回我国。

进口跨境电商 C2C 交易服务平台的商业模式为卖家入驻（多为小商家或个人），即卖家定期根据消费者的订单集中采购，通过转运或直邮方式完成商品的跨境物流寄送。在这种模式下，跨境电商平台主要通过收取会员费、交易费和增值服务费实现盈利。这一模式的代表企业为海蜜。

四、跨境电子商务 G2G 平台

2017 年，中国轻工业品进出口总公司联合商务部全球商品采购中心共同推出 G2G（政府与政府）合作模式。这种设立"中央监管结算仓"，以央企为主体，以国家检验检疫标准为导向，以国家行业组织为纽带的模式，有效地解决了海外供应商身份认定、跨境商品监管等问题，提高了跨境交易产品的质量。中央监管结算作为创新型的跨境电商经济发展模式，其最主要的意义在于由中国轻工业品进出口总公司等大型央企提供"背书"，形成 G2B2C 的生态链。中央监管结算仓本着"共建、共享"原则，建立一个开放平台，实现闭环监管，即由全球商品采购中心作为价值链资源整合者，联合检验检测机构、央企以及银行、物流服务商等共同构建从全球供应商发动、认证到商品集中采购、金融结算等封闭供应链体系。同时，中小跨境电商平台和创业者、连锁便利店等线上线下渠道可以通过"共享模式"对监管仓里的跨境商品进行分销。这种"央企全球买，民企全球卖"的服务模式既可以解决传统进出口跨境贸易中"买什么，什么贵；卖什么，什么便宜"的尴尬局面，又可以规避买卖双方"一对一"合作难、风险大等问题，让天下彻底没有难做的"买卖"。

课堂讨论：跨境电商是否属于国内行业主管部门的监管对象？

根据《电子商务法》第一章第二条的规定，中华人民共和国境内的电子商务活动适用该法。关于如何界定境外商家通过电子商务平台从事生产经营活动的行为地为境内的问题，《电子商务法》并未明确规定，目前也尚未有配套的实施细则出台。但是，根据全国人大财政经济委员会电子商务法起草组对《电子商务法》的条文释义，境内的电子商务活动包括境内经营者和境外经营者两种情形。

五、社交电子商务模式

目前，社交电商已经成为推动进口跨境电商发展的重要力量。由于跨境商品是从国外直接进口，其包装上使用的都是原销售地文字，在无人指导和推广的情况下，跨境进口商品的快速大量分销是非常困难的，这也是跨境商品传统销售渠道的消费者主要集中在一线、二线城市的原因。社交电商基于体验与信任的链接恰好解决了这个问题。在实践中，跨境社交电商主要有社群型社交电商和代理分销型社交电商两类。不同类型跨境社交电商的合规性风险集中于不同领域。

（一）社群型社交电商

社群型社交电商的主要商业模式是"社区+电商"，即激发用户自发产生内容，形成社群，社群内的用户相互推荐和交流，由此影响购买意愿。任一用户均可在电商平台上上传消费笔记、购物体验等内容，其他用户可互动交流，从而形成购物分享社区。社区内聚集了一群有相似购物偏好、兴趣的用户，形成虚拟社群信任。基于对社群成员的信任，消费者在购物前会浏览、搜索相关内容并依据评价购买电商平台上的相关商品。目前，社群型电商平台上的商品分为自营和第三方商家入驻。

社群型社交电商应当注意互联网广告领域的合规风险。在不同情况下，电子商务平台可能构成不同的互联网广告主体并承担不同的法定义务和法律责任。例如，为了推销自营商品而发布文字、图片等广告的，则构成广告主；接受他人委托而在自身的电子商务平台上发布广告的，则构成互联网广告发布者；完全未参与互联网广告经营活动，仅为互联网广告提供信息服务的，则构成互联网信息服务提供者。在实践中，社群型社交电商平台往往兼具多种广告主体的角色，因此应当注意审查自身在不同情形下的合规性。例如，为了避免遭受行政处罚，平台应注意在发布广告时避免使用"国家级""最高级""最佳"等用语，避免使用或者变相使用国家机关、国家机关工作人员的名义或者形象，避免对非药品商品宣传疾病治疗功能等。

（二）代理分销型社交电商

代理分销型社交电商即平台/供应商招募店主或代理商帮助其向消费者推广、销售商品，而店主不仅可以获得销售商品或提供服务的收益，而且可以通过介绍、招募新店主获得一定收入。一般而言，代理分销型社交电商的经营模式以自营为主，以第三方商家入驻为辅。在自营的商品中，如涉及海外进口商品，则分为一般贸易进口和跨境电商零售（直购进口或网购保税）两种模式。

代理分销型社交电商的合规风险主要为涉嫌传销。什么是传销？根据《禁止传销条例》（国务院令第444号），传销是指组织者或者经营者发展人员，通过对被发展人员以其直接或者间接发展的人员数量或者销售业绩为依据计算和给付报酬或者要求被发展人员以交纳一定费用为条件取得加入资格等方式牟取非法利益，扰乱经济秩序，影响社会稳定的行为。传销有三个特征，即入门费、拉人头和层级式团队计酬，这导致在实践中，代理分销型社交电商常常面临涉嫌传销的指控。首先，要获得社交电商的店主资格，必须先交纳一定费用或按照特定价格购买一定商品，这很可能构成直接或变相收取入门费。其次，供应商与消费者之间可能存在多层代理商，上级代理商不仅直接提供商品或服务，而且也通过发展下级中间商赚取商品或服务的拿货差价，因此存在直接或间接以发展人员的销售业绩为依据的团队计酬情况。最后，代理商所获利益与其层级挂钩，层级越高，获利越大，而为了更快地获得更多收入，代理商们往往会选择发展更多的下线，因此很难摆脱"拉人头"的嫌疑。

案例 2-3

寺库：全球化的战略法则

亚洲最大并在纳斯达克上市的奢侈品电商平台——寺库的全球化非常具有典型意义，值得深入研究和探讨。近期，寺库与 Spring Studios 和 Spring Place 会员俱乐部签署商业合作协议，合作内容主要有五个方面：翠贝卡电影节、纽约时装周、独立文化艺术展、品牌时装公司主管及先锋设计师、选择卓越的媒体合作伙伴。

作为一家展示时尚、美容、生活方式和奢侈品牌的多元创新型秀场，Spring 自成立以来即为诸多顶级设计师提供专属品牌设计作品的独特艺术展示空间。

根据合作协议，这一合作伙伴关系将扩大双方的品牌协同营销效应和市场推广战略任务，双方将合作深耕奢侈品营销领域，与时尚、艺术和媒体领域的顶尖人物进行深度合作，举办及运营国际化的高端会员活动并为寺库品牌探索前沿的数字化营销和线下场景营销体验，当中包括在纽约、比弗利山庄和全球艺术文化中心举办顶级的艺术时尚文化活动。

资料来源：张楚. 电子商务法教程[M]. 北京：清华大学出版社，2005.

思考与练习

1. 简述进口跨境电子商务平台类型。
2. 简述出口跨境电子商务平台类型。
3. 简述跨境电子商务平台规则。
4. 简述 B2C 发展的三个阶段。
5. 简述社群型社交电商的模式。

经典案例赏析

Wish 平台

Wish 平台是一个简单化的平台，致力于让卖家简单，让买家也简单。

对卖家来说，不需要太多的优化，不需要买流量，不需要复杂的客服和售后，不需要详细的描述(纯文本、表格都没有给你),只需要做到描述准确、图片美观和物流快速。对买家来说,不需要搜索,不需要纠结售后,不满意基本都能全额退款,不需要面对复杂的主页,只能看到满屏幕的图片,而点击图片后只能看到标题、价格、简单描述,简洁明了。

Wish平台产品上架时的注意事项包括:① 高质量的产品图片;② 认真填写tag标签;③ 标注颜色和尺寸;④ 标明价格、运费。

思考讨论题

1. 分析Wish平台的优势和特点。
2. 你认为Wish平台想全面发展,应采取什么措施?

第三章　电子商务合同及其相关法律法规

知识目标

- 掌握电子商务合同的概念和特征，识别电子商务合同的类型。
- 明确电子商务合同的法律效力，掌握电子商务合同的成立程序。
- 掌握电子商务合同履行的法律责任，掌握电子商务合同违约责任的构成要件。

关键词

合同　电子商务合同　要约　承诺　要约邀请　电子代理人　点击合同　电子商务合同履行

本章思维导图

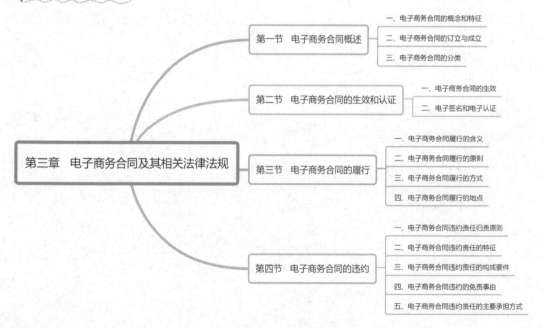

引例

沙区人民法院审理重庆市首例跨境电子商务纠纷案

"全球购"是一种时尚，也是一种生活。市民熊某在"某某全球购"门店购买了荷兰某品牌的奶粉，却发现所有产品包装均无中文标签，于是熊某以预包装食品没有中文标签的不得进口为由,将拥有该门店的重庆某跨境电子商务有限公司(以下简称电子商务公司)告上法庭。审理中,确定跨境电子商务交易的法律性质以及熊某和该电子商务公司在交易中的法律地位等成为法庭上辩论的焦点。法院审理查明,熊某分5次在电子商务公司所属的"某某全球购"实体店内订购了9罐荷兰某品牌的奶粉。通过电子商务公司员工的协助,熊某当场填写订单,提交姓名、公民身份证号码、住址、联系方式等个人信息并向电子商务公司支付了货款(含关税),而电子商务公司向熊某出具了购物收据。之后,电子商务公司通过互联网将订单及原告个人信息报送至海关保税区,由海关对订单确定的奶粉按熊某出境个人行李、邮递物品的名义办理通关手续和征收行邮物品税,最后由被告通过快递方式向熊某交付奶粉。熊某收到的奶粉均为境外生产时的原始外包装,无中文标签、中文说明书等内容。另查明,电子商务公司将涉案奶粉样品委托给重庆出入境检验检疫局检验,其结果符合我国相应的食品安全标准。

法院审理认为,跨境电子商务是一种新型的国际贸易方式,其与传统的进出口贸易有巨大的区别。其一,消费者在订购时应当向跨境电子商务公司提供完整、准确的个人信息;其二,跨境电子商务服务过程中是以消费者本人的名义向海关报关、纳税的;其三,境外商品通关的性质是消费者个人行邮物品,而不是贸易商品。据此,法院认为,该案的核心要素是电子商务公司以熊某的名义和费用来处理事务,即熊某与电子商务公司之间成立的是委托合同关系,而非买卖合同关系。本案中,熊某作为委托人,而电子商务公司是作为受托人为消费者提供采购商品、通关纳税、物流托运等服务并收取消费者的购买价款、关税、运费和委托报酬,并非销售者。换言之,电子商务公司向熊某出售的是它的服务,而非商品本身,不用承担《中华人民共和国食品安全法》中销售者的法律责任。另外,熊某未证明因电子商务公司的过错造成了自己的损失,故法院判决驳回原告熊某的诉讼请求。

西南大学经济管理学院杨斌副教授认为,如果只是通过电子商务方式完成订购、签约等,仍然通过传统的进出口贸易运输方式运送至购买人所在地,则应归入货物贸易范畴,属于《关税及贸易总协定》的管理范畴,此时消费者与国内分销商的关系是传统的进出口商品买卖关系。而跨境电子商务保税进口依靠电子系统进行交易,在很大程度上属于服务贸易范畴,国际上普遍认可将其归入《服务贸易总协定》的范畴中,按服务贸易进行管理,此时,跨境电子商务公司只是接受消费者的委托,进行海关通关处理。

资料来源:王芸. 电子商务法规[M]. 北京:高等教育出版社,2005.

第一节　电子商务合同概述

随着电子技术的发展,电子商务合同以其传输方便、节约等特点得以出现。电子合同不再以一张纸为原始的凭据,而是一组电子信息。EDI(electronic data interchange,电子数据交换)和 E-mail 是电子商务合同的基本形式,两者以各自具有的特点和优势在电子商务活动中占据了一席之地。电子商务合同与传统的合同有着显著的区别,所以电子合同的当事人、要约、承诺及合同的效力问题都是现代立法中的难点。

一、电子商务合同的概念和特征

（一）电子商务合同的概念

根据联合国国际贸易法委员会《电子商务示范法》及世界各国颁布的电子交易法，同时结合我国《民法典》的有关规定，电子商务合同可以界定为双方或多方当事人之间通过电子信息网络以电子的形式达成的设立、变更、终止财产性民事权利义务关系的协议。通过上述定义可以看出，电子商务合同是以电子的方式订立的合同，其主要是指在网络条件下，当事人为了实现一定的目的，通过数据电文、电子邮件等形式签订的明确双方权利与义务的协议。

> **课堂讨论：什么是合同？**
>
> 合同是平等主体的公民、法人、其他组织之间设立、变更、终止民事权利义务关系的协议。

（二）电子商务合同的特征

1. 属于民事法律行为

电子商务合同是双方或者多方民事主体的法律行为，当事人之间以电子的方式设立、变更、终止财产性民事权利义务关系，是合同的新形式。根据《电子商务示范法》中的有关规定，电子商务合同是以财产性为目的的协议。

2. 交易主体虚拟、广泛

电子商务合同订立的整个过程所采用的是电子形式，通过电子邮件、EDI等方式进行电子商务合同的谈判、签订及履行等。这种合同方式大大地节约了交易成本，提高了经济效益。电子商务合同的交易主体可以是任何自然人和法人及其相关组织。这种交易方式需要提供一系列的配套措施，如建立信用制度，让交易的相对人在交易前知道对方的资信状况。在经济全球化的今天，信用权益必将成为一种无形的财产。

3. 技术化、标准化

电子商务合同是通过计算机网络进行的。有别于传统的合同订立方式，电子商务合同的整个交易过程都需要一系列的国际、国内技术标准予以规范，如电子签名、电子认证等。这些具体的标准是电子商务合同存在的基础。如果没有相关的技术与标准，电子商务合同是无法实现和存在的。

4. 合同订立电子化

我国《民法典》规定合同的订立需要有要约和承诺这两个过程，电子商务合同同样也需要具备这些要件。电子商务合同中的要约和承诺均可以用电子的形式完成，只要输入的相关信息符合预先设定的程序，计算机就可以自动做出相应的意思表示。

5. 合同中的意思表示电子化

意思表示的电子化是指在合同订立的过程中通过相关的电子方式表达当事人的意愿的

一种行为。这种行为的表现方式是通过电子化形式实现的。《电子商务示范法》中将电子化的意思表示称为"数据电文"。

二、电子商务合同的订立与成立

电子商务合同的订立是指缔约人做出意思表示并达成合意的行为和过程。任何一个合同的签订都需要当事人双方进行一次或者是多次的协商、谈判并最终达成一致的意见。电子商务合同的成立是指当事人之间就合同的主要条款达成一致的意见。电子商务合同作为合同中的一种特殊形式，其成立与传统的合同一样，同样需要具备相关的要素和条件。世界各国的合同法对合同的成立大都减少不必要的限制，以鼓励交易行为和提高社会财富，所以在电子商务合同的成立上，只要当事人之间就合同的主要条款达成一致的意见即可。

关于合同中的主要条款，现行的立法是很宽泛的。就合同的本质而言，在合同主要条款方面，如果当事人有约定，要以双方约定为主要条款；如果没有约定，可以根据合同的性质确定合同主要条款。

合同的成立与合同的订立是两个不同的概念，两者既有联系又有区别。电子商务合同的成立需要具备相应的要件。

首先，订约人的主体是双方或者多方当事人。合同的主体是合同关系的当事人，即实际享受合同权利并承担合同义务的人。

其次，订约当事人对主要条款达成合意。合同成立的根本标志在于合同当事人就合同的主要条款达成合意。

最后，合同的成立应该具备要约和承诺两个阶段。我国《民法典》第四百七十一条规定："当事人订立合同，可以采取要约、承诺方式或者其他方式。"

> **课堂讨论：你知道什么是电子代理人吗？**
>
> 电子代理人是指不需要人的审查和操作，而能用于独立地发送、回应电子记录及部分或全部地履行合同的计算程序、电子的或其他自动化手段。

（一）要约和要约邀请

我国《民法典》第四百七十二条、第四百七十三条规定：要约是希望与他人订立合同的意思表示，该意思表示应当符合下列条件。

（1）内容具体确定。

（2）表明经受要约人承诺，要约人即受该意思表示约束。

要约邀请是希望他人向自己发出要约的表示。拍卖公告、招标公告、招股说明书、债券募集办法、基金招募说明书、商业广告和宣传、寄送的价目表等为要约邀请。

商业广告和宣传的内容符合要约条件的，构成要约。

《民法典》第四百七十六条规定：要约可以撤销，但是有下列情形之一的除外。

（1）要约人以确定承诺期限或者其他形式明示要约不可撤销。

（2）受要约人有理由认为要约是不可撤销的并已经为履行合同做了合理准备工作。

《民法典》第四百七十七条规定：撤销要约的意思表示以对话方式做出的，该意思表示的内容应当在受要约人做出承诺之前为受要约人所知道；撤销要约的意思表示以非对话方式做出的，应当在受要约人做出承诺之前到达受要约人。

《民法典》第四百七十八条规定，有下列情形之一的，要约失效。

（1）要约被拒绝。

（2）要约被依法撤销。

（3）承诺期限届满，受要约人未做出承诺。

（4）受要约人对要约的内容做出实质性变更。

要约一旦做出就不能随意撤销或者撤回，否则要约人必须承担违约责任。

（二）承诺

我国《民法典》第四百七十九条规定："承诺是受要约人同意要约的意思表示。"根据《民法典》第四百八十五条规定，承诺可以撤回。承诺的撤回通知必须在承诺生效之前到达要约人或者与承诺通知同时到达要约人，撤回才能生效。如果承诺通知已经生效，合同已经成立，受要约人就不能再撤回承诺。

学界对承诺的撤回问题有不同的观点，反对者认为电子商务具有传递速度快、自动化程度高的特点，要约或者承诺生效后可能自动引发计算机做出相关的指令，这样会导致一系列的不良后果；赞同者则认为不管电子传输速度有多么快，总是有时间间隔的，而且也存在网络故障、信箱拥挤、计算机病毒等使得要约、承诺不可能及时到达的突发事件。

三、电子商务合同的分类

根据电子商务合同主体的不同，电子商务合同可分为商业机构之间的电子商务合同（business to business 模式）、用户之间的电子商务合同（consumer to consumer 模式）和商业机构与用户之间的电子商务合同（business to consumer 模式）。

合同的分类就是将种类各异的合同按照特定的标准所进行的抽象性区分。一般来说，依据合同所反映的交易关系的性质，可以将合同分为买卖、赠予、租赁和承揽等不同的类型。当然，除了这一标准之外，还有其他分类标准。例如，以双方权利义务的分担方式划分，分为双务合同与单务合同；以当事人是否可以从合同中获取某种利益划分，分为有偿合同与无偿合同；以合同的成立是否必须交付标的物划分，分为诺成合同与实践合同；以合同的成立是否以一定的形式为要件划分，分为要式合同与不要式合同等。对电子商务合同进行科学的分类，一方面有利于法学研究，使研究更加深入，另一方面也可以使电子商务合同法律制度的建设更具针对性和全面性。电子商务合同作为合同的一种，也可以按照传统合同的分类方式进行划分，但基于其特殊性，还可以从以下角度分类。

（1）从电子商务合同订立的具体方式的角度，可分为利用电子数据交换订立的合同和利用电子邮件订立的合同。

（2）从电子商务合同标的物的属性的角度，可分为网络服务合同、软件授权合同和需要物流配送的合同等。

（3）从电子商务合同当事人的性质的角度，可分为电子代理人订立的合同和合同当事人亲自订立的合同。

（4）从电子商务合同当事人之间的关系的角度，可分为 B2C 合同（即企业与个人在电子商务活动中所形成的合同）、B2B 合同（即企业之间从事电子商务活动所形成的合同）和 B2G 合同（即企业与政府进行电子商务活动所形成的合同）。

案例 3-1

甘做"倒爷"买手，最终钱货两空

【基本案情】

某年 2 月，杨某（育有一女，两岁多）通过某自营平台购买幼儿配方奶粉 2 罐，实付款共计 346 元，收货地址为不存在的虚拟地址。另外，杨某与其配偶杨某某分多个订单购买幼儿配方奶粉共 54 罐（含本案订单），配送地址均是上述虚拟地址，实为案外人邹某领取。杨某主张其购买案涉商品，付款后未收到任何商品，也未收到任何快递通知，某平台涉嫌欺诈。杨某诉请：某平台退还货款 346 元并承担惩罚性赔偿 1038 元。

【裁判结果】

杨某与其配偶杨某某在同一时间购买大量案涉产品，不符合一般消费者的购物习惯且所购奶粉食用情况与其女儿年龄不符。杨某未能对不符合一般消费者购物行为进行合理解释，结合某平台提供的生效判决、订单信息、诉讼情况等证据，应认定某平台主张的事实存在具有高度可能性，杨某系案外人邹某组织的买手。故，在涉案订单已实际配送并由案外人邹某实际领取的情况下，杨某以未收到货为由要求某平台退款并承担惩罚性赔偿的诉求缺乏事实和法律依据。法院判决：驳回原告杨某的全部诉讼请求。

【典型意义】

不少电子商务平台基于扩大客源、抢占市场的目的会举办大型低价促销活动，这也促生出一批专门紧盯电商，伺机低价吃货再转手高价卖出的"网络倒爷"。针对"网络倒爷"，电子商务平台采取的治理措施主要有两种：一是每个 ID 仅限拍下一件；二是对送货地址进行甄别，如果批量订单的送货地址相同，也默认是"网络倒爷"操作，则取消其订单。但是上述措施并不见成效，因为"网络倒爷"会在网上招募买手，组织他们以各自的 ID 下单购买优惠商品并指定其填写某区域地址（大多为虚拟地址），再由组织者统一收货，最后将货款支付给买手。买手的行为有违诚实信用，既影响其他消费者的正常消费行为，也会扰乱电子商务平台的正常交易秩序，因此不受我国《消费者权益保护法》的保护。

资料来源：杨坚争. 电子商务法教程[M]. 3 版. 北京：高等教育出版社，2017.

第二节 电子商务合同的生效和认证

一、电子商务合同的生效

电子商务合同的成立只是意味着当事人之间已经就合同内容达成了意思表示一致，但合同能否产生法律效力、是否受法律保护还需要看它是否符合法律的要求，即合同是否符合法定的生效要件。电子商务合同的成立并不等于电子商务合同的生效。电子商务合同的生效是指已经成立的合同符合法律规定的生效要件。虽然我国的《民法典》没有对合同的生效做出具体的规定，但是电子商务合同反映的是一种典型的民事法律关系，而《民法典》第一百四十三条规定，有效的民事法律行为应当具备以下几个条件：① 行为人具有相应的民事行为能力；② 意思表示真实；③ 不违反法律、行政法规的强制性规定，不违背公序良俗。因此，这些条件也是合同生效的一般要件，有的电子商务合同还需具备特殊要件，如有些特殊的电子商务合同必须到有关部门办理批准登记手续后才能生效。具体来说，电子商务合同的生效有以下要点。

（一）行为人具有相应的民事行为能力

行为人具有相应的民事行为能力的要件在学理上又被称为有行为能力原则或主体合格原则。行为人必须具备正确理解自己行为的性质和后果，独立地表达自己的意思的能力。

【视野拓展】
民事权利能力和民事行为能力

（二）电子商务合同成立的时间与地点

电子商务合同成立的时间是指电子商务合同开始对当事人产生法律约束力的时间。一般情况下，电子商务合同的成立时间就是电子商务合同的生效时间，是对双方当事人产生法律效力的时间。一般认为收件人收到数据电文的时间即为电子商务合同到达生效的时间。联合国《电子商务示范法》第十五条和我国《民法典》第四百八十三条的规定基本相同。如收件人为接收数据电文而指定了某一信息系统，则该数据电文进入该特定系统的时间视为收到时间。如收件人没有指定某一特定信息系统，则数据电文进入收件人的任一信息系统的时间为收到时间。一项数据电文进入某一信息系统的时间应是在该信息系统内可投入处理的时间，而不管收件人是否检查或者是否阅读传送的信息内容。

认定发送和接收电子商务合同的时间对于判断交易成立和生效具有重要的意义。我国的《民法典》对此只是做了原则性的规定。根据《民法典》和民事法律关系基本原理与电子商务合同的实际情况，认定发送和接收电子通信时间的默认规则为：在双方没有相关约定的情况下，某个电子信息进入某个发送人无法控制的信息系统就视为该信息已经被发送，如果信息先后进入了多个信息系统，则信息发送的时间就是最先进入网络服务提供者的服务器的时间；如果电子信息的接收人指定了一个信息接收系统，则电子信息进入该系统的时间即为信息被接收的时间。

电子商务合同的成立地点是指电子商务合同成立的地方。确定电子商务合同成立的地点涉及发生合同纠纷后由何地、何级法院管辖及其适用法律问题。我国《民法典》第四百九十二条规定，采用数据电文形式订立合同的，收件人的主营业地为合同成立的地点；没有主营业地的，其住所地为合同成立的地点。当事人另有约定的，按照其约定。我国立法对电子意思表示采取的是"到达主义"，之所以规定以收到地点为合同成立的地点是考虑到当事人意思自治原则和特殊性问题。电子交易中，收件人接收或者检索数据电文的信息系统经常与收件人不在同一管辖区内，而上述规定确保了收件人与视为收件地点的所在地有着某种合理的联系。可以说，我国《民法典》这一规定充分考虑了电子商务不同于普遍交易的特殊性。

> **课堂讨论：什么是点击合同？**
>
> 目前，网上流行一种格式合同形式，称作"点击合同"。点击合同是指在网络环境下，一方当事人预先拟定合同全部或主要条款，然后将其条款用计算机程序定型，相对方当事人通过"点击"的简单操作选择和设置相关内容而订立的格式电子商务合同。点击合同是通过网络直接操作的，可以重复使用，而且相对人不受限，具有互动性。点击合同操作简单、订立快捷、使用方便且效率高、成本低。《电子商务法》第四十八条规定："电子商务当事人使用自动信息系统订立或者履行合同的行为对使用该系统的当事人具有法律效力。在电子商务中推定当事人具有相应的民事行为能力。但是，有相反证据足以推翻的除外。"

二、电子签名和电子认证

电子商务合同成立是双方当事人意思一致的结果。在传统的合同订立过程中，国际上通行的做法是用双方当事人的签字来确定双方的意思表示的。我国《民法典》第四百九十条规定："当事人采用合同书形式订立合同的，自当事人均签名、盖章或者按指印时合同成立。在签名、盖章或者按指印之前，当事人一方已经履行主要义务，对方接受时，该合同成立。法律、行政法规规定或者当事人约定合同应当采用书面形式订立，当事人未采用书面形式但是一方已经履行主要义务，对方接受时，该合同成立。"当事人的签字或者盖章意味着自然人或者法人在合同书上签名或者加盖公章之后，合同才发生法律效力。但是在电子商务合同上签字或者盖章是很困难的，因此，在实践中用何种技术来解决签名和盖章问题成为电子商务合同成立与生效的关键。

美国是世界上最先授权使用数字签名的国家，它规定了用密码组成的数字与传统的签字具有同等的效力。从技术的角度而言，电子签名主要是指通过一种特定的技术方案来赋予当事人一个特定的电子密码，确保该密码能够证明当事人的身份，同时确保发件人发出的资料内容不被篡改的安全保障措施。电子签名的主要目的是利用技术的手段对数据电文的发件人身份做出确认及保证传送的文件内容没有被篡改以及解决事后发件人否认已经发送或者收到资料等问题。

电子认证与电子签名一样都是电子商务中的安全保障机制，是指由特定的第三方机构通过一定的方法对签名者及其所做的电子签名的真实性进行验证的一种活动。电子认证主要应用于电子交易的信用安全方面，以保障开放性网络环境中交易人的真实与可靠。电子认证可确定某个人的身份信息或者特定的信息在传输过程中未被修改或者替换。电子认证既可以由当事人相互进行，也可以由第三方来做出鉴别。电子商务活动常常是跨国的，因此各个参与方需要由不同国家的认证机构对各自的身份进行认证并向电子商务活动的相对方发放认证证书，这在实践中需各国相互承认对方国家认证机构发放的电子认证证书的效力。

在认证机构的设立上，必须强调认证机构是一个独立的法律实体，能够以自己的名义从事数字服务并且能够以自己的财产提供担保,能在法律规定的范围内自己承担相应的民事责任。它必须保持中立并具有可靠性、真实性和公正性。电子认证机构一般不得直接和客户进行商业交易,也不能在当事人之间的交易活动中代表任何一方的利益,而只能通过发布公正的交易信息促成当事人之间的交易。它必须能被当事人接受,也就是说,它应当在社会中具有相当的影响力和可信度并足以使人们在网络交易中愿意接受其认证服务。当事人对电子认证机构的接受可能是明示的,也可能是在网络交易中默示承认或者基于成文法律的要求。另外,电子认证机构不能以盈利为目的,应当是一种类似于承担社会服务功能的公用事业,其营业的宗旨应该是提供公正、安全的交易环境,保护第三人的合法权益,促进电子商务合同交易,加快电子商务的发展。

电子意思表示是指利用资讯处理系统或者计算机表示真实意思的情形。电子意思表示的形式是多种多样的,包括但不限于电话、电报、电传、传真、电邮、EDI 和互联网数据等,具体通过封闭型 EDI 网络、局域网与互联网连接开放型的互联网或传统的电信进行电子交易信息的传输。

不违反法律和社会公共利益是指电子商务合同的内容合法。合同有效不仅要符合法律的规定,而且合同的内容不得违反社会公共利益。在我国,凡属于严重违反公共道德和善良风俗的合同,应当认定其无效。

尽管我国现行的法律规定无法确认电子商务合同的形式属于哪一种类型,而且电子商务合同与传统的合同有着许多差别,但是在形式要件方面不能阻挡新科技转化为生产力的步伐,因此立法已经在形式方面为合同的无纸化开了绿灯。法律对数据电文合同应给予等同于书面合同的地位,无论意思表示方式是采用电子的、光学的还是未来可能出现的其他新方式,一旦满足了功能上的要求,就应等同于法律上的"书面合同"文件,承认其效力。

网上广告、网上购物、网上合同、网上支付等新型网络交易活动给工商行政管理机关提出了新的要求。工商行政管理机关是国家主管市场监督管理和有关行政执法的职能部门,其监管的市场是社会主义市场经济下的大市场,因此其对电子商务合同进行监督管理责无旁贷。工商部门对电子商务合同监管能促进网络市场交易的公平性、安全性、经济性,有效地保护消费者和经营者的合法权益,减少合同争议和违法合同的产生,提高合同的履约率,维护市场交易安全,促进经济的发展。《民法典》第四百六十九条规定:"当事人订立合同,可以采用书面形式、口头形式或者其他形式。书面形式是合同书、信件、电报、电传、传真等可以有形地表现所载内容的形式。以电子数据交换、电子邮件等方式能够有形地表现所载内容并可以随时调取查用的数据电文,视为书面形式。"这表明了电子商务合同必然属于《民法典》的调整范围。在电子商务活动中,交易双方当事人实施的是无纸化贸易,通过电子商务系统进行网上谈判,将磋商结果做成文件以电子文件形式签订贸易合同。明确各方权利与义务、标的商品的种类、数量及价格、交货地点、交货期、交易方式、结算方式、运输方式、违约责任和服务索赔等合同条款后,双方用 EDI 签约或用数字签字签约,形成电子商务合同,传递订单、提单、保险单等并将这些电子单证记录和保存在磁性介质中,储存于计算机的存储设备内,此为国内外电子商务市场通行的做法。我国《民法典》已充分注意到这一点,因此特别规定了书面合同包括电子数据交换和电子邮件等形式,以国家立法的形式赋予了电子商务合同合法的法律地位。

第三节 电子商务合同的履行

合同的履行是指合同当事人按照合同的约定或者法律的规定，全面、适当地完成各自承担的合同义务，使债权人的权利得以实现的过程。《民法典》第五百零九条规定："当事人应当按照约定全面履行自己的义务。当事人应当遵循诚信原则，根据合同的性质、目的和交易习惯履行通知、协助、保密等义务。当事人在履行合同过程中，应当避免浪费资源、污染环境和破坏生态。"这是法律对合同履行的基本要求。

一、电子商务合同履行的含义

电子商务合同的履行是指当事人全面、适当地完成合同约定的义务，以使合同得以实现的活动。合同的履行一般分为履行合同义务的准备、具体合同义务的履行和履行合同义务的善后三个阶段。履行合同义务的准备是当事人为完成合同中约定的义务进行相应的准备，如买卖合同的卖方对所卖商品进行生产、组织货源、包装等活动。具体合同义务的履行是对合同中义务的具体实施和行动，如买卖合同的卖方交付商品和买方支付价款等活动。具体合同义务的履行是合同履行的核心内容，是合同履行的关键。履行合同义务的善后是与合同相关的一些活动，如合同履行之后的通知、协助、保密事项等。

以上三个合同履行阶段所负的义务，在理论研究方面分别被称为"先合同义务""合同义务""后合同义务"。所谓"先合同义务"，是指当事人在履行合同义务的准备阶段所承担的义务。所谓"合同义务"，是指具体合同义务的履行阶段所承担的义务。所谓"后合同义务"，是指当事人在合同义务履行的善后阶段所承担的义务。

《民法典》第五百五十八条规定："债权债务终止后，当事人应当遵循诚信等原则，根据交易习惯履行通知、协助、保密、旧物回收等义务。"这就是一种"后合同义务"的法定内容。

二、电子商务合同履行的原则

《民法典》第五百零九条规定："当事人应当按照约定全面履行自己的义务。当事人应当遵循诚信原则，根据合同的性质、目的和交易习惯履行通知、协助、保密等义务。当事人在履行合同过程中，应当避免浪费资源、污染环境和破坏生态。"虽然我国《民法典》并没有明确规定合同的履行原则，但是，从《民法典》的条款和内容不难总结出，我国合同履行的原则主要有适当履行原则和协作履行原则。

（一）适当履行原则

适当履行原则是指当事人按照合同的约定或法律的规定履行合同义务的原则，又称正确履行原则或全面履行原则。当事人应当按照法律规定或者合同约定的标的及其质量、数量，由适当的主体在适当的履行期限、履行地点，以适当的履行方式，全面完成义务的履行。

（二）协作履行原则

协作履行原则是指当事人既应该适当履行自己的合同义务，也应该协助对方当事人履行其合同义务的原则。履行合同不仅是一方当事人自己的事，也是另一方当事人的事。在合同履行过程中，往往需要对方的协助，这是一种履行合同时的特殊义务。只有双方当事人在合同履行过程中相互配合、相互协作，合同才会得到全面履行。

一般认为，合同的协作履行原则包括的主要内容有：第一，债务人履行债务，债权人应适当受领给付；第二，债务人履行债务时常要求债权人创造必要的条件，提供方便；第三，一方因故不能履行或不能完全履行义务时，应积极采取措施，避免或减少损失，否则损失自负；第四，发生纠纷时，双方各自应主动承担责任，不得推诿。

三、电子商务合同履行的方式

（一）在线付款、在线交货

在线付款、在线交货是指在线支付结算，直接通过网络实现交货。这种方式环节少、履行简单、成本低，但是标的物仅限于信息产品。例如，应用计算机程序，如游戏、财务软件等，可以在卖方的网站或指定网址上直接下载并安装使用。

（二）在线付款、离线交货

在线付款、离线交货是指在线支付结算，通过物流配送环节实现交货。例如，目前的B2B、B2C 电子商务平台（网站）如淘宝网、京东商城等所进行的实体商品的交易多数是在网上支付结算的，而商品是通过物流配送到达消费者手中的。

（三）离线付款、离线交货

离线付款、离线交货是指在线交易、离线支付结算并通过物流配送环节实现交货。例如，目前一些同城的生鲜电子商务就是在网上订货下单，线下配送并在收货后确认支付现金或者用信用卡付款。

《电子商务法》第五十一条规定："合同标的为交付商品并采用快递物流方式交付的，收货人签收时间为交付时间。合同标的为提供服务的，生成的电子凭证或者实物凭证中载明的时间为交付时间；前述凭证没有载明时间或者载明时间与实际提供服务时间不一致的，实际提供服务的时间为交付时间。合同标的为采用在线传输方式交付的，合同标的进入对方当事人指定的特定系统并且能够检索识别的时间为交付时间。合同当事人对交付方式、交付时间另有约定的，从其约定。"

四、电子商务合同履行的地点

（一）合同标的物的交付地点

1. 以有形介质为载体的信息的交付

当交易的信息以有形介质为载体时，它与传统的动产买卖在交付地点与方式上几乎没有区别。交易应当按照合同的约定履行,当事人就合同内容约定不明确时,应首先达成补充协议;不能达成补充协议的,按交易习惯确定;仍然不能确定的,按照《民法典》第五百一十一条的规定履行;交付不动产的,在不动产所在地履行;其他标的物,在履行义务一方所在地履行。

2. 以数字化信息形式的交付

对于通过网络在线传输电子信息,美国《统一计算机信息交易法》规定,以电子方式交付复制的地点为许可方指定或使用的信息处理系统;接收时间的确定方式是一致的,即以信息系统处理的时间作为参照标准;交付完成的标准则是提交并保持有效的复制给对方支配。

(二)合同标的物的接收地点及价金的支付

1. 接收标的物的地点

如果电子商务合同标的物是有形化的交付,则买方应在合同约定或法律规定的履行交付的地点接收该标的物。如果合同标的物是电子化的交付,由于交付地点是买方指定的信息处理系统,因此,买方有义务使其信息处理系统处于可接受卖方履行交付义务的状态并给卖方适当的通知。如果买方的信息处理系统使卖方无法履行义务或履行迟延,则卖方不承担责任。

2. 价金的支付

价金的支付可以采用电子支付的形式。目前,各大银行都开通了网上支付业务,通过电子资金划拨方式可以很便利地完成网上支付。买方根据卖方提供的账号,通过计算机向银行文件转账系统发出指令,而银行在核实买方的客户身份后可从买方账户上划拨相应的资金至卖方账户。当然,当事人也可以采用传统的方式支付价金。

【视野拓展】
点击合同的相关资料和知识

案例 3-2

网络刷单有去无回,黑灰产交易不获保护

【基本案情】

某年4月,漫漫公司为增加其网络店铺的交易量,委托案外人陈某组织"刷手"在其网络店铺刷单。漫漫公司需按照交易订单金额退还货款并支付刷单报酬,标准约为每刷单10 000元支付50元。通过陈某的牵线,"刷手"组织者李某向漫漫公司介绍了"刷手"何某。何某遂在某平台创建了案涉交易订单,双方均确认案涉商品未实际发货。何某称,漫漫公司未向其退还因刷单垫付的20 000元及支付刷单费,在某平台提出仅退款申请。漫漫公司称其已将案涉款项支付给案外人陈某,拒绝向何某退款。何某诉请:漫漫公司退还货款20 000元。

【裁判结果】

何某与漫漫公司订立网络购物合同意在以虚假网络购物意思掩盖刷销量、赚报酬的真实意思,属于《中华人民共和国民法总则》规定的通谋虚伪行为。双方以虚假的意思表示

实施的民事法律行为,即网络购物合同的效力因双方缺乏真实的意思表示而无效。本案中,双方通谋共同实施了刷销量行为,致使案涉合同因违反法律规定被认定无效,客观上已产生了虚假订单,造成了对网络营商环境的损害且何某系自行决定投入款项的数额,故对于何某基于赚取刷单报酬目的投入的款项,依法不予保护。漫漫公司所述向案外人陈某支付款项的行为,与本案何某付款的行为并无二致,二者支出的款项均属于进行非法刷销量活动的财物,依照《中华人民共和国民法通则》的规定,本院将另行制作决定书予以处理。

法院判决:驳回原告何某的全部诉讼请求。

【典型意义】

电子商务经营者以虚构交易为目的与他人通谋订立网络购物合同,双方系以虚假的网络购物意思掩盖真实的刷销量、赚报酬意思,因此该民事法律行为无效。不论"刷手"是以未收到货款、报酬为理由,还是以商品未实际发货为理由起诉,主张退还货款,支付报酬,都不应得到人民法院的支持。此外,电子商务经营者通过虚构交易获得不当信誉,不但违反了法律的强制性规定,需自行承担相应损失,还将面临市场监督主管部门的行政处罚。

资料来源:网络刷单有去无回,黑灰产交易不获保护[EB/OL].(2020-03-31).http://qhxc.xixianxinqu.gov.cn/info/iList.jsp?&tm_id=77&info_id=18847.

第四节 电子商务合同的违约

一、电子商务合同违约责任归责原则

违约责任归责原则是关于违约方的民事责任和法律原则。合同违约的归责有两类:一类是过错责任原则;另一类是严格责任原则。

(一)过错责任原则

过错责任原则是指一方违反合同的义务,不履行或不适当履行合同时,应以过错作为确定责任的要件和确定责任范围的依据。过错责任原则包括两层含义:一是过错是违约责任的构成要件,只有合同当事人基于自己的过错不履行合同时才承担责任;二是当事人过错程度决定其责任的承担范围。故意违反合同承担的责任较过失违反更为严重,当事人在订立合同时不可以预先免除故意违约责任。

(二)严格责任原则

严格责任原则是不论违约方在主观上有无过错,只要其不履行合同债务,给对方当事人造成了损害,就应当承担合同责任。根据严格责任原则,在违约发生以后,确定违约当事人的责任时应主要考虑违约的后果是否因违约的行为造成,而不是违约方的故意和过失。《民法典》第五百七十七条规定:"当事人一方不履行合同义务或者履行合同义务不符合约定,应当承担继续履行、采取补救措施或者赔偿损失等违约责任。"之所以采用严格责任原则,是因为违约责任源于当事人自愿成立的合同,除了约定或法定的情况,必须受合同的约束,否则不利于保障当事人的合法权益。电子商务合同作为合同的一种,其违约

责任适用严格责任原则。当然,电子商务合同中没有约定违约金,对方也没有实际损失的,违约人无须承担赔偿责任。

二、电子商务合同违约责任的特征

(1)违约责任是合同当事人一方不履行合同义务或履行行为不符合合同约定时所产生的民事责任。

(2)违约责任在原则上是不履行合同义务或履行合同义务不符合约定或法律规定的一方当事人向另一方当事人承担的民事责任。

(3)违约责任可以由电子商务合同当事人在法律规定的范围内约定。

(4)违约责任是财产责任。

(5)违约责任具有补偿性、惩罚性。

【视野拓展】
电子商务合同违约责任的相关知识

三、电子商务合同违约责任的构成要件

(一)主体要件

违约责任是当事人违反了有效合同后应承担的法律责任,所以凡是违约责任必然是当事人因不履行合同或不完全履行合同导致的法律后果。在电子商务合同中,违约责任的主体必然是有效合同的当事人,是有权独立主张自己利益和独立参加仲裁或诉讼活动的主体。主体资格是主体进行各种法律行为的前提条件,如果主体资格不合格或有缺陷,则合同无效,当然也就不存在所谓的违约责任。电子商务合同的主体可以是自然人、法人,也可以是其他组织。其中,自然人作为电子商务合同的当事人时必须具有相应的民事行为能力,如果不符合《民法典》关于民事行为能力的条件,应当由其法定代理人或监护人代为行使订立合同的权利并承担相应的民事责任;法人作为电子商务合同的当事人时必须具备相应的民事权利能力;其他组织作为电子商务合同的当事人同样也需要具备相应的订约能力。

(二)违约行为

违约行为是指电子商务合同当事人没有按照合同约定的条件和时间履行合同的行为。违约包括作为的违约和不作为的违约。作为的违约是指义务人应当以自己的主动行为完成合同规定的义务。不作为的违约是指少数电子商务合同规定,合同的当事人应当以自己某些不作为的承诺作为合同成立的基础。例如,电子商务合同中对当事人的个人隐私进行保密的合同条款,其基本内容就是规定合同的信息必须保密,如果违反合同规定的条件,泄露了需要保密的信息,就可构成违约行为。

(三)主观条件

合同履行是一种客观事实,电子商务合同没有履行或者没有完全履行在客观上也使双方的权利不能实现。为了维护对方的合同权利,就要让违约方承担违约责任。《民法典》对当事人的违约责任适用严格责任原则,即不论当事人在主观上有无过错,只要违约行为造成损害就要承担违约责任。

四、电子商务合同违约的免责事由

免责事由分约定的免责事由和法定的免责事由。约定的免责事由即免责条款,指当事人双方在合同中约定的,旨在限制或免除将来可能发生的违约责任的条款。免责条款的约定不得违反法律的强制性规定或损害社会公共利益。免除电子商务合同当事人的基本义务或排除故意或重大过失责任的免责条款为无效条款。法定的免责事由主要是不可抗力。根据《民法典》第一百八十条规定:"不可抗力是不能预见、不能避免且不能克服的客观情况。"一般认为,不可抗力的构成要件包括以下几个:一是该事件发生在订立合同之后;二是该事件是在订立合同时双方所不能预见的;三是该事件的发生是不可避免、不能克服的;四是该事件不是由任何一方的过失引起的;五是不可抗力是一种阻碍合同履行的客观情况。《民法典》第五百九十条规定:"当事人一方因不可抗力不能履行合同的,根据不可抗力的影响,部分或者全部免除责任,但是法律另有规定的除外。因不可抗力不能履行合同的,应当及时通知对方,以减轻可能给对方造成的损失,并应当在合理期限内提供证明。当事人迟延履行合同后发生不可抗力的,不免除其违约责任。"根据不可抗力的影响,部分或者全部免除责任是指如果不可抗力导致合同部分不能履行,就免除履行义务人的部分责任,而如果不可抗力引起合同全部不能履行,就免除义务人的全部责任。当事人可以在合同中约定不可抗力的范围。不可抗力条款是对法律规定的不可抗力事件的补充,但不能违反法律关于不可抗力的规定。在当事人约定的不可抗力事件条款与法律对不可抗力的规定不一致时,当事人的约定往往无效。为了避免争议,在签订电子商务合同过程中,应设置免责条款并对特殊情况下的违约行为提供抗辩理由。根据电子商务合同的特征,电子商务合同对下列事件约定可构成免责事由。

(1)文件感染病毒。文件感染病毒的原因可能是遭到恶意攻击,也可能是意外感染。不论是何种原因,如果许可方采取了合理和必要的措施防止文件遭受攻击,如给自己的网站安装了符合标准和业界认可的保护设备、有专人定期检查防火墙等安全设备,但是仍不能避免被攻击,导致文件不能使用或无法下载,应当属于不可抗力。

(2)非因自己原因导致的网络传输中断。网络传输中断则无法访问或下载许可方的信息。网路传输中断可能因传输线路的物理损害引起,也可能由病毒或攻击造成,属于不能避免、不能克服的事件,因此可认定为不可抗力。

(3)非因自己原因引起的电子错误。例如,消费者购物通过支付网关付款,但由于支付网关的错误未能将价款打到商家的账户上,那么由此导致的违约应认定为不可抗力。

五、电子商务合同违约责任的主要承担方式

违约责任是合同当事人因违反合同所应承担的继续履行、损害赔偿等民事责任。违约责任制度是保障债权实现及债务履行的重要措施,它与合同债务有密切关系。合同债务是违约责任的前提,违约责任制度的设立又能督促债务人履行债务。《民法典》第五百八十四条规定:"当事人一方不履行合同义务或者履行合同义务不符合约定,造成对方损失的,损失赔偿额应当相当于因违约所造成的损失,包括合同履行后可以获得的利益;但是,不

得超过违约一方订立合同时预见到或者应当预见到的因违约可能造成的损失。"电子商务合同仍然遵循这些基本形式，但是在信息产品交易中，当违约导致合同终止时，还应采取停止使用、中止访问等措施。

（一）继续履行

继续履行，又称实际履行，是违约方承担违约责任的一种主要方式，在民法上被称为强制实际履行或特定履行、依约履行。所谓继续履行，是指在一方不履行合同时，另一方有权要求对方继续履行合同义务并可请求法院强制违约方按合同规定的标的履行义务，对方不得以支付违约金和赔偿金的方式代替履行。继续履行包括两层含义：一方面，在一方违约时，非违约方可以借助国家的强制力使违约方继续履行合同；另一方面，强制履行是指要求违约方按合同标的履行义务。

从法律上看，继续履行具有以下几个特点。

（1）继续履行是一种补救方法。继续履行和支付违约金、损害赔偿金等方法相比，更强调违约方应按合同约定的标的履行义务，从而实现使非违约方履约的目的，而不仅仅强调弥补受害人所遭受的损失，所以这种方法更有利于实现当事人订立合同的目的。

（2）是否请求实际履行是债权人享有的一项权利。强制履行是有效实现当事人订约目的的补救方法，所以一般认为它是首要的补救方法。但是，在债务人不履行合同时，债权人有权解除合同，请求损害赔偿，也可以要求债务人实际履行。只要债权人要求实际履行，又有履行可能，债务人应实际履行。因此，在一方违约的情况下，债权人有权决定是否采取继续履行的补救措施。

（3）继续履行不能与解除合同的方式并用。继续履行可以与支付违约金、定金和损害赔偿并用，但不能与解除合同的方式并用。如果债务人违约，债权人可以依据合同约定要求债务人支付违约金或适用定金罚则；如果债权人遭受损失，还可以要求对方赔偿损失。在债务人有履约能力的情况下，债权人可以要求对方在支付违约金或赔偿损失的同时继续履行合同，但继续履行不能与解除合同的方式并用。这是因为解除合同旨在解除合同关系，不再让债务人履行债务，这与实际履行是完全对立的补救方法，故两者不能并用。

（二）采取补救措施

在货物买卖合同中，当义务人交付的标的物不合格或提供的工作成果不合格时，权利人可以要求义务人采取修理、重做和更换等补救措施。根据《民法典》规定，卖方交付货物的质量不符合约定的，受损害方根据标的性质及损失大小，可以合理选择要求对方承担修理、更换、重做、退货、减少价款或报酬的违约责任。同样地，在信息作为产品的情况下，原则上也存在这样的补救措施，即要求许可方或信息提供方更换信息产品或消除缺陷。

（三）停止使用或中止访问

返还财产是传统的违约补救方式之一，但在信息产品交易中，返还则几乎丧失了意义，因为退换的是知识信息财产的载体，而其信息内容可能仍然留存在持有人的计算机中。这时，只有停止使用、中止访问才能保护许可方的利益。停止使用是指对于被许可方的违约行为，许可方在撤销许可或解除合同时请求对方停止使用并交回有关信息。停止使用的内容包括被许可方占有和使用的被许可的信息及所有的复制件、相关资料。许可方也可以采用电子自助措施停止信息继续被利用。中止访问就是对信息许可访问合同的违约补救措施。当被许可方有严重违纪行为时，许可方可以中止其获取信息。

（四）损害赔偿

损害赔偿是指违约方用金钱补偿因违约给对方造成的损失。它是以金钱为特征的赔偿，是以支付损害赔偿金为主的补救方法。损害赔偿是各种违约责任制度中最基本的违约补救方式，是对违约行为的一种最主要的补救措施，也是各国法律普遍确定的一种违约责任承担方式。

损害赔偿具有以下几个法律特征。

（1）损害赔偿是因债务人违反合同所产生的一种责任，合同关系是其存在的前提。

（2）损害赔偿是对违约的一种金钱补偿，主要弥补债权人因违约行为遭受的直接损害后果，不具有惩罚性。

（3）损害赔偿以赔偿当事人实际遭受的全部损失为原则，其中全部损失包括直接损失和间接损失。

《民法典》第五百八十四条规定："当事人一方不履行合同义务或者履行合同义务不符合约定，造成对方损失的，损失赔偿额应当相当于因违约所造成的损失，包括合同履行后可以获得的利益；但是，不得超过违约一方订立合同时预见到或者应当预见到的因违约可能造成的损失。"这里的损失赔偿金额不得超过违反合同一方订立合同时预见或应当预见到的因违反合同可能造成的损失是指应当赔偿的损失是合理预见到的损失。合理预见要具备的条件包括以下几点。

（1）预见的主体是违约方。只有当已发生的 B2B 损失是违约方能够合理预见的情况下才表明该损失与违约行为之间存在因果关系。

（2）预见的时间应当是在订立合同时。当事人在订立合同时要考虑风险，如果风险过大，当事人可达成有关限制条款来限制责任。如果要当事人承担在订立合同时不应当预见的损失，当事人会鉴于风险太大而放弃交易。

（3）预见的内容包括可能发生的损失的种类及各种损失的大小。

如何界定"合理预见"的程度也是值得考虑的。一般认为，在线交易中合理预见的界定应考虑以下几个因素。

（1）合同主体。B2B 交易主体的预见程度较消费者高。

（2）合同方式。电子自动交易订立合同相对于在线洽谈方式订立合同的预见程度低。

（3）合同内容。信息许可使用合同比信息访问合同具有较高的预见要求。

案例 3-3

解除合同还是继续履行

【基本案情】

某年，泸州市某某区人民政府（以下简称"区政府"）通过公开招商与民营企业重庆某某投资（集团）有限公司（以下简称"某某投资公司"）订立一系列土地整理项目投资协议，约定由该投资公司投资 3.2 亿元对该区两块土地实施土地整理。协议订立后，该投资公司陆续投入资金 1 亿余元用于该项目。2014 年，区政府向某某投资公司发函，称以上协议违反《国务院办公厅关于规范国有土地使用权出让收支管理的通知》和四川省国土资源厅、省财政厅、省监察厅、省审计厅联合下发的《关于进一步加强国有土地使用权出让收支管理的通知》的文件精神，要求终止履行以上协议。某某投资公司诉至法院，请求确认区政府终止履行协议的发函无效并要求区政府继续履行协议。

【判决结果】

人民法院经审理后认为：区政府解除行为是否产生效力应当依据《合同法》第九十四条的规定进行审查。本案中，区政府所提及的两份文件并非法律、行政法规且未对本案所涉协议明令禁止，故区政府以政策变化为由要求解除相关协议的理由不能成立，其发出的终止履行协议的函不产生解除合同的效力，遂做出"（2014）渝高法民初字第×××××号"民事判决：某某区政府应继续履行与某某投资公司签订的相关协议。一审判决后，双方当事人均未上诉。

【典型意义】

诚信守约是对民事合同当事人的基本要求，行政机关作为一方民事主体，更应带头守约践诺。明确在民事合同的履行中作为合同主体的基本规则对于营造良好的营商环境，维护投资主体的合法权益具有重要意义。本案中，人民法院依法平等对待涉案企业与区政府，准确适用《合同法》关于合同解除的相关规定，支持了企业要求继续履行协议的请求，有效地维护了企业的合法权益。本案判决行政机关不得擅自解除合同对于规范政府行为、推动政府践诺守信具有积极指引作用。

资料来源：张继东. 电子商务法[M]. 北京：机械工业出版社，2011.

思考与练习

1. 什么是电子商务合同？
2. 简述电子商务合同对传统合同相关法规的冲击与挑战。
3. 简述电子商务合同效力认定的相关法律问题。
4. 电子商务合同的违约责任有哪些承担方式？
5. 电子商务合同履行的原则有哪些？

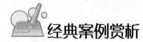

经典案例赏析

经营者未尽查验义务，推定明知进口商品质量问题

【基本案情】

某年 3 月，冯某在某平台自营品牌特卖频道下单购买一瓶德国鱼子酱蛋白粉并付款 588 元。冯某签收案涉商品并食用 1 个月后发现案涉商品容器内有白色蠕动小虫。冯某诉请：

某平台退还货款588元,赔偿十倍价款损失5880元。

【裁判结果】

某平台既是案涉跨境电子商务商品的境内提供者,亦是跨境电子商务中个人报关服务的提供者,属于《消费者权益保护法》规定的经营者及《电子商务法》规定的电子商务经营者。冯某提交的商品实物图片显示,案涉蛋白粉内确有肉眼可见的蠕虫。在冯某已经对案涉商品存在食品安全问题初步举证的情况下,某平台作为案涉商品的销售者,应当举证证明其已履行了作为食品经营者的法定义务,其经营的商品符合食品安全标准。案涉商品保质期为2年,冯某发现案涉商品内有蠕虫时,商品尚处于保质期内。在未有证据显示系因冯某自身原因导致案涉商品长虫的情况下,某平台作为经营者,亦应履行法律规定的质量担保义务。因某平台未提交有效证据证明案涉商品在销售前已经出入境检验检疫机构检验合格,故不能认定某平台已尽上述规定的查验义务,应当推定某平台明知案涉商品存在质量问题。法院判决:某平台向冯某退还货款588元,赔偿5880元;冯某将案涉订单商品退还某平台处。

资料来源:张继东. 电子商务法[M]. 北京:机械工业出版社,2011.

第四章 跨境电子商务支付结算及其相关法律制度

📚 知识目标

- ☐ 了解跨境电子商务支付、跨境电子商务支付系统。
- ☐ 了解跨境电子商务中不同的支付工具类型及使用中可能存在的问题。
- ☐ 能对电子商务支付中出现的问题能做出准确的法律分析,了解其中的风险,具备风险的防范和控制知识。

✏️ 关键词

电子支付结算　网络银行　广义的第三方支付结算　狭义的第三方支付结算　网络银行的审批制　网络银行的报告制

📖 本章思维导图

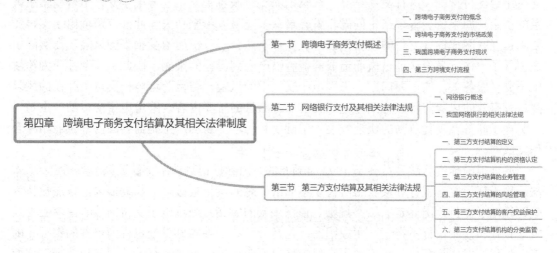

📚 引例

"速卖通"跨境电子商务纠纷案

前不久,一位在速卖通平台经营多年的卖家在外贸上第一次被客户钻了空子,导致钱货两空。这位客户第一次买了一批样品,一共600美元。他先用PayPal付300美元,然后说还有300美元付到速卖通上去。卖家一看速卖通确实有付款记录就发货了,结果付款审核没通过,导致300美元并没到账。由于当时工作比较忙、订单比较多,该卖家未仔细查看速卖通上的记录，而且速卖通也未主动通知卖家付款审核没通过，因此卖家并未察觉自己的损失。不久，此客户又来购买了 600 美元的货品，全部用速卖通付款。卖家一看是老客户下单，就热情服务，又把货物发过去了。一直到后来该卖家清账的时候，才发现速卖通上的结款少了大笔货款。经仔细检查才发现这个客户的两次付款全部没有审核通过。

资料来源：温希波. 国税制[M]. 北京：中国科学技术出版社，2000.

辩证与思考：为什么会发生钱货两空的情况？

第一节　跨境电子商务支付概述

跨境电子支付服务涉及企业、个人、银行及第三方支付平台等多个主体。典型的跨境电子支付服务方式主要包括网上银行支付服务和有第三方支付平台参与的电子支付服务。企业之间的大额资金支付通常是通过网上银行支付服务系统完成的。交易者的资金支付可能选择具有跨境网上银行服务的银行，也可能选择具有跨境合作的不同银行。由于交易金额较大，有可能对银行构成流动性风险，在第三方支付平台参与的跨境电子支付中，买方需要将资金转移到其所在支付平台的账户，委托支付平台管理，在确认收到货物时，委托支付平台支付货款，进行交易结算。在长期的支付服务中，第三方电子支付平台积累了大量的资金，如果资金管理产生问题，就会给众多交易方带来损失。此外，跨境电子支付还要承担互联网或银行支付网络受到黑客或其他不法分子攻击而遭受损失的风险，在实践中还出现了因银行身份认证过失而造成消费者财产受到侵害的案例。因此，安全性成为跨境电子支付服务关注的主要问题。识别电子支付中的风险，防范跨境电子支付中存在的风险并进行有效的风险监管成为当今电子支付服务监管的重要内容。跨境电子支付的产生是以国际电子商务及国际贸易的快速发展为基础的且跨境交易的产生是需要国内外企业相互合作完成的。

联合国国际贸易法委员会于 1992 年颁布的《国际贷记划拨示范法》第一条规定："本法适用于任何发送银行和接收银行位于不同国家时的贷记划拨。"长期以来，该法被认为是跨境电子支付范围界定的核心规则。依据该条的定义，跨境电子支付的核心内容应当是发送银行和接收银行不在同一主权国家，包括分行和单独的办事处也视为单独的银行。随着全球化的发展与深化，跨境电子支付的界定不应该局限于"银行的地理差异特征"，而应结合支付体系相关主体，特别是第三方支付平台的特性。

2012 年 12 月，我国跨境电子商务服务试点工作全面启动，郑州、上海、重庆、杭州、宁波成为首批试点城市；2013 年，广州和深圳也先后成为试点城市。2014 年 5 月 10 日，习近平总书记视察郑州"E 贸易"时提出了"买全球卖全球"的宏伟目标，为跨境电子商务的发展指明了方向。2014 年 7 月以来，海关总署接连发布 56 号、57 号文件，明确了跨境进口电子商务的合法地位。截至 2019 年年底，我国跨境电子商务试点交易额达到 150.5 亿元人民币，其中约 100.1 亿元人民币来自跨境进口电子商务业务。

经过近十年的发展，第三方支付企业越来越多，服务越来越广泛，成为一个独立的行业并以一种超乎寻常的速度扩展，2020年交易规模已达到1万亿元。2010年6月，中国人民银行公布了《非金融机构支付服务管理办法》。2011年5月，支付宝等27家企业获得支付牌照，解决了第三方支付的法律障碍。该管理办法是监管部门首次推出的和第三方支付相关的政策，它对第三方支付企业提出了更高的要求。第三方支付最大的成就在于推动了互联网应用走向深入，改变了人们支付结算的方式。

一、跨境电子商务支付的概念

跨境支付指针对两个或两个以上国家或地区之间的国际贸易、国际投资及其他方面发生的国际债券业务，借助一定结算工具和支付系统实现资金跨境与跨地区转移的行为。通俗地讲，跨境支付就是我国消费者在网上购买国外商家产品或国外消费者购买我国商家产品时，由于所使用的币种不一样，需要通过一定的结算工具和支付系统实现两个国家或地区之间的资金转换，最终完成交易。跨境电子商务支付是一种分属不同关境的交易主体通过电子商务平台实现交易并且进行支付结算，然后通过跨境物流送达商品，完成交易的国际活动。第三方跨境支付平台是指具有一定信誉和实力且独立于商户和银行，为境内外的消费者提供有限服务的支付机构。

第三方支付行业经过十几年的发展已进入成熟期，机构开始在场景拓展上发力。一方面，随着国民收入的不断增加，人们对跨境电子商务、出境旅游与留学等跨境业务的需求不断增加；另一方面，政府相关部门对第三方支付机构开展跨境业务放宽了监管要求，将境外外汇支付试点业务拓展到全国，为第三方支付机构开展跨境支付业务创造了便利条件，使跨境支付业务成为第三方支付机构的新增长点。

目前，国内第三方支付企业主要通过与境外机构合作开展跨境网上支付服务，包括购汇支付和收汇支付两种模式。其中，购汇支付是指第三方支付企业为境内持卡人的境外网上消费提供人民币支付、外币结算的服务；收汇支付是指第三方支付企业为境内外商企业在境外的外币支付收入提供的人民币结算支付服务。根据《非金融机构支付服务管理办法》的相关规定，其中的货币兑换和付款流程由其托管银行完成。

> **课堂讨论：什么是电子支付结算？**
>
> 电子支付结算（electronic funds transfer，EFT）是指通过电子支付结算系统，个人、单位直接进行或授权他人发出支付结算指令，实现货币支付结算和资金转移的活动。中国人民银行《电子支付指引（第一号）》第二条第一款规定："电子支付是指单位、个人直接或授权他人通过电子终端发出支付指令，实现货币支付与资金转移的行为。"

二、跨境电子商务支付的市场政策

支付机构开展电子商务跨境外汇支付业务首先需要有中国人民银行，即央行颁发的"许可证"，其次要有国家外汇管理局批准电子商务外汇支付业试点的批复文件。跨境人民币支付业务不需要得到国家外汇管理局的批复,由各地央行分支机构发布相关文件即可。

三、我国跨境电子商务支付现状

(一)我国跨境电子商务及交易起步虽晚,但发展迅速

由于我国电子科技发展起步晚等各方面的原因,我国跨境电子商务及支付外汇交易的起步相对较晚,但作为发展速度最快的国家之一,国内电子支付平台国际结算业务从展开开始就得到了飞速发展。随着网上海外代购群体的不断扩大以及小额进出口贸易业务的发展,海外经济主体对我国跨境电子商务方式逐渐有了广泛的认可和好评,而这些都促进了我国跨境电子商务及支付外汇交易的发展。在这种跨境电子商务发展的背景下,2019 年,我国跨境电商进出口商品总额达到 1862.1 亿元,同比增长 38.3%,其中出口额为 944 亿元,进口额为 918.1 亿元,出口量首次超过进口量且为 2018 年的两倍多,预计到 2025 年,我国跨境电子商务交易规模将达到 202.8 万亿元,"海淘"用户规模将达到 9400 万人次。随着互联网跨境电子商务的快速发展,企业和消费者对跨境支付的需求呈几何级数增长。随着居民消费能力增强,境外电子商务网站纷纷与国内第三方支付机构进行合作,积极开展跨境支付业务以迎合我国居民的消费需求。

(二)跨境电子商务及支付已经成为企业新的盈利点

2018 年,凯捷咨询公司、欧洲金融市场协会及苏格兰皇家银行联合发布《2018 年全球支付报告》,报告指出,全球电子支付交易额预计在 2019 年将达到 5.6 万亿美元。从 2019 年的实际数额来看,其实远超 5.6 万亿美元,比 2018 年的交易金额 2.2 万亿美元多出近 2 倍,所以国内涉外经济主体对外贸电子商务如此巨大的发展和盈利空间开始投以关注。各种统计数据表明,从 2018 年起,跨境电子商务及支付细分领域的占比不断扩大,促使电子商务及其支付领域都发生了巨大的变化,逐渐缩小的国内电子商务及支付领域占比就是证明。到 2020 年,国内电子商务及支付领域占比已经下降到 47.2%,预测 2021 年这一比例将可能下降到 38%。面对国内的电子商务及支付现状,跨境电子商务及支付将变成电子商务及支付的下一个争夺点,也将成为企业新的盈利点所在。

(三)跨境电子支付结算方式呈现多样化的特点

从当前支付业务发展的现状来看,我国跨境电子支付结算的方式已经趋向多样化。跨境电子支付结算方式分为两部分:一是跨境支付购汇方式;二是跨境收入结汇方式。在跨境支付购汇方式上,除了第三方购汇支付外,还包括境外电子商务接受人民币支付等方式。我国每年规模达数百亿美元的跨境第三方支付市场主要由美国 PayPal 等境外支付公司垄断。

2018 年,占我国跨境第三方支付市场最大份额的支付宝的跨境支付总额约为 9 亿美元,仅占我国跨境电子商务总交易额的 5%。大量跨境电子商务企业在境外开立账户收取货款并通过个人分拆结汇等方式使货款流回境内,而境外支付公司对我国外贸企业不仅收费高,而且管理苛刻,在发生纠纷时普遍偏袒境外持卡人。因此,扶持我国自有支付公司拓展跨境业务对于促进我国跨境电子商务和第三方支付市场的健康发展具有重要意义。

（四）第三方购汇支付，主要指境内持卡人的境外网上消费可以通融

第三方支付企业提供的人民币进行支付和外币结算的服务除了第三方收结汇方式外，还可以通过国内银行汇款、结汇或个人名义拆分结汇流入。在跨境电子支付方式中，第三方支付平台因其便捷性更受网民的青睐，成为最重要的支付手段。2013 年，以支付宝、财付通、银联、汇付天下、通融为代表的 17 家国内第三方支付平台首批取得了跨境电子支付的试点资格，自此，国内第三方支付平台开始广泛介入跨境电子商务的交易活动当中。这些第三方支付平台可以满足小额电子商务交易双方的外汇资金需求。

【视野拓展】
《电子支付指引（第一号）》

四、第三方跨境支付流程

（一）资金出境

第三方跨境支付资金出境比较常见的模式是境内买家与境外卖家达成买卖协议后，境内买家将等值人民币支付给境内第三方支付平台，第三方支付平台向境外卖家发出买家已付款信息并通知卖家发货，买家收到货后通知第三方支付平台付款，第三方支付平台以买家名义向外汇指定银行等申请购汇，再以第三方支付平台名义向卖家付汇。实施此类模式的机构主要有支付宝等。除此以外，还有境内第三方支付平台以平台名义统一购付汇、境内买家自行购汇并通过境外第三方支付平台付汇两种模式。

（二）资金入境

第三方跨境支付资金入境比较常见的模式是境内卖家自行结汇，即境内卖家与境外买家达成买卖协议后，境外买家外汇支付给境外第三方支付平台，境外第三方支付平台向境内卖家发出买家已付款信息并通知卖家发货，买家收到货后通知境外第三方支付平台付款，境内买家以自己名义申请结汇。境内买家在境外购物平台购买的流程如下。

（1）登录境外网购平台选购商品（境内消费者登录境外网站确定要购买的商品或服务并下订单）。

（2）发送商品信息（境外电子商务卖家将消费者的订单即商品消息发送给第三方支付平台）。

（3）获取认证信息（第三方支付平台获取境内消费者认证信息）。

（4）输入认证信息，选择人民币支付方式，确认支付（境内消费者输入信息并选择支付方式）。

（5）支付信息（第三方支付平台将支付信息发给托管银行）。

（6）购汇付款信息（境外电子商务卖家收到第三方支付平台的购汇款信息）。

（7）发送货物（卖家向境内消费者发送产品和提供有关服务）。

以上过程看似烦琐，但所有信息通过网络传输与计算机识别，速度很快，因此购物者感觉不到具体的每个环节，体验度较高。在跨境电子商务中，境内外交易双方互不见面，第三方支付机构的参与解决了交易双方信用缺失的

【视野拓展】
电子支付结算的类型

问题。也就是说，第三方支付机构成为跨境电子商务结算双方之间的中介，这与传统国际贸易中买卖双方直接通过银行进行结算有着明显的区别。

2014年5月15日发布的《国务院办公厅关于支持外贸稳定增长的若干意见》（国办发〔2014〕19号）及2014年6月11日中国人民银行发布的《关于贯彻落实〈国务院办公厅关于支持外贸稳定增长的若干意见〉的指导意见》中均提出支持"推进跨境贸易人民币结算"与"跨境电子商务促进外贸增长"的内容。第三方支付平台开展跨境贸易人民币支付业务有三个原则：一是跨境电子商务平台的境外商户愿意接纳人民币结算；二是境外银行愿意帮助第三方支付平台开立人民币账户；三是境外消费者愿意使用人民币。

跨境支付是以外币结算的，而人民币跨境支付则是以人民币结算的，这样省去了币种兑换，不仅缩短了支付周期，使得以前要十几天才能完成的整个付款流程现在只需要T+3天，也避免了货币汇兑的汇差损失。

总之，跨境电子支付扩大了人民币结算范畴，特别是在跨境电子商务贸易、跨境消费等领域促进了人民币结算量的不断上升，对人民币国际化功能中的结算功能具有正向促进作用。

第二节　网络银行支付及其相关法律法规

一、网络银行概述

（一）网络银行的定义

网络银行又称电子银行、网上银行或在线银行，是指通过网络向客户提供信息查询、支付结算、信贷、投资理财等金融服务的一种银行。《电子银行业务管理办法》第二条规定：电子银行业务是指商业银行等银行业金融机构利用面向社会公众开放的通信通道或开放型公众网络以及银行为特定自助服务设施或客户建立的专用网络向客户提供的银行服务。

（二）我国银行业的电子化和网络化业务

20世纪90年代，中国工商银行在全国率先推出了95588电话银行服务。1997年4月，中国招商银行开通网站，是我国银行业最早开设网站的银行之一；1998年4月，其推出网通"网上银行业务"，服务内容包括网上企业银行、网上个人银行、网上商城、网上证券和网上支付等。中国建设银行于1999年推出网上银行服务。

（三）网络银行业务的类型

根据电子银行办理业务利用工具的不同，可将电子银行的业务分为网上银行业务、电话银行业务、手机银行业务和其他电子银行业务四种。网上银行业务是指利用计算机和互联网开展的银行业务；电话银行业务是指利用电话等声讯设备和电信网络开展的银行业务；手机银行业务是指利用移动电话和无线网络开展的银行业务；其他电子银行业务是指其他利用电子服务设备和网络，由客户通过自助服务方式完成金融交易的银行业务。

【视野拓展】
《电子银行业务管理办法》

二、我国网络银行的相关法律法规

（一）开办网络银行业务应当具备的条件

根据《电子银行业务管理办法》和相关法律法规的规定，电子银行根据其业务的不同，应分别具备相应的条件。金融机构在中华人民共和国境内开办电子银行业务的，应当依照相关办法的有关规定，向中国银行保险监督管理委员会（以下简称"中国银保监会"）申请或报告。

（1）金融机构开办电子银行业务应当具备的条件。《电子银行业务管理办法》第九条规定，金融机构开办电子银行业务，应当具备下列条件。

第一，金融机构的经营活动正常，建立了较为完善的风险管理体系和内部控制制度，在申请开办电子银行业务的前一年内，金融机构的主要信息管理系统和业务处理系统没有发生过重大事故。

第二，制定了电子银行业务的总体发展战略、发展规划和电子银行安全策略，建立了电子银行业务风险管理的组织体系和制度体系。

第三，按照电子银行业务发展规划和安全策略，建立了电子银行业务运营的基础设施和系统并对相关设施和系统进行了必要的安全检测和业务测试。

第四，对电子银行业务风险管理情况和业务运营设施与系统等，进行了符合监管要求的安全评估。

第五，建立了明确的电子银行业务管理部门，配备了合格的管理人员和技术人员。

第六，中国银保监会要求的其他条件。

（2）金融机构开办以互联网为媒介的网上银行业务、手机银行业务等电子银行业务应当具备的条件。《电子银行业务管理办法》第十条规定，金融机构开办以互联网为媒介的网上银行业务、手机银行业务等电子银行业务，除应具备第九条所列条件外，还应具备以下条件。

第一，电子银行基础设施设备能够保障电子银行的正常运行。

第二，电子银行系统具备必要的业务处理能力，能够满足客户适时业务处理的需要。

第三，建立了有效的外部攻击侦测机制。

第四，中资银行业金融机构的电子银行业务运营系统和业务处理服务器设置在中华人民共和国境内。

第五，外资金融机构的电子银行业务运营系统和业务处理服务器可以设置在中华人民共和国境内或境外。设置在境外时，应在中华人民共和国境内设置可以记录和保存业务交易数据的设施设备，能够满足金融监管部门现场检查的要求，在出现法律纠纷时，能够满足中国司法机构调查取证的要求。

（3）外资金融机构开办电子银行业务应当具备的条件。外资金融机构开办电子银行业务，除应具备以上所列条件外，还应当按照法律、行政法规的有关规定，在中华人民共和国境内设有营业性机构，其所在国家（地区）监管当局具备对电子银行业务进行监管的法律框架和监管能力。

【视野拓展】第三方机构跨境支付可能产生的外汇问题

金融机构申请开办电子银行业务的,根据电子银行业务的不同类型,分别适用审批制和报告制。所谓审批制,是指金融机构开办规定的电子银行业务类型需要向中国银保监会或其派出机构申请并按照要求提供相关文件、资料,经中国银保监会审核批准,才能从事电子银行业务的制度。所谓报告制,是指金融机构开办规定的电子银行业务类型不需要向中国银保监会或其派出机构申请,但应当参照提供相关文件、资料的要求,在开办电子银行业务之前1个月,将相关材料报送中国银保监会或其派出机构的制度。

适用审批制的电子银行业务是利用互联网等开放性网络或无线网络开办的电子银行业务,包括网上银行、手机银行和利用掌上电脑等个人数据辅助设备开办的电子银行业务。

适用报告制的电子银行业务包括:第一,利用境内或地区性电信网络、有线网络等开办的电子银行业务;第二,利用银行为特定自助服务设施或与客户建立的专用网络开办的电子银行业务,法律法规和行政规章另有规定的遵照其规定,没有规定的适用报告制。

金融机构开办电子银行业务后,与其特定客户建立直接网络连接,提供相关服务,属于电子银行日常服务,不属于开办电子银行业务申请的类型。金融机构申请开办电子银行业务时,一个申请报告中可以同时申请不同类型的电子银行业务,但在申请中应注明所申请的电子银行业务类型。

金融机构增加或者变更以下电子银行业务类型,适用审批制:第一,有关法律法规和行政规章规定需要审批但金融机构尚未申请批准并准备利用电子银行开办的;第二,金融机构将已获批准的业务应用于电子银行时,需要与证券业、保险业相关机构进行直接实时数据交换才能实施的;第三,金融机构之间通过互联电子银行平台联合开展的;第四,提供跨境电子银行服务的。

(二)开办网络银行业务的报送文件、资料

1. 申请开办网络银行业务

《电子银行业务管理办法》第十五条规定:金融机构向中国银保监会或其派出机构申请开办电子银行业务,应提交以下文件、资料(一式三份)。

第一,由金融机构法定代表人签署的开办电子银行业务的申请报告。

第二,拟申请的电子银行业务类型及拟开展的业务种类。

第三,电子银行业务发展规划。

第四,电子银行业务运营设施与技术系统介绍。

第五,电子银行业务系统测试报告。

第六,电子银行安全评估报告。

第七,电子银行业务运行应急计划和业务连续性计划。

第八,电子银行业务风险管理体系及相应的规章制度。

第九,电子银行业务的管理部门、管理职责以及主要负责人介绍。

第十,申请单位联系人以及联系电话、传真、电子邮件信箱等联系方式。

第十一,中国银保监会要求提供的其他文件和资料。

金融机构开办适用于报告制的电子银行业务类型,无须申请,但应参照《电子银行业务管理办法》第十五条的有关规定,在开办电子银行业务之前1个月,将相关材料报送中

国银保监会或其派出机构。

2．增加或变更需要审批的网络银行业务

《电子银行业务管理办法》第二十三条规定，金融机构增加或变更需要审批的电子银行业务类型，应向中国银保监会或其派出机构报送以下文件和资料（一式三份）。

第一，由金融机构法定代表人签署的增加或变更业务类型的申请。

第二，拟增加或变更业务类型的定义和操作流程。

第三，拟增加或变更业务类型的风险特征和防范措施。

第四，有关管理规章制度。

第五，申请单位联系人以及联系电话、传真、电子邮件信箱等联系方式。

第六，中国银保监会要求提供的其他文件和资料。

其他电子银行业务类型适用报告制，金融机构增加或变更时无须申请，但应在开办该业务类型前1个月内，参照上述第二十三条的有关规定，报中国银保监会或其派出机构备案申请。

【视野拓展】
汇率变动风险

（三）网络银行的风险管理

1．网络银行安全评估制度

根据《电子银行安全评估指引》的规定，电子银行实行安全评估制度。在中国银保监会的监控下，在开展电子银行业务过程中，至少每两年对电子银行进行一次全面的安全评估。电子银行安全评估的内容包括电子银行的安全策略、内控制度、风险管理、系统安全、客户保护等方面的测试和管控。安全评估可以通过外部专业化的评估机构进行，也可以利用内部独立于电子银行业务专门管理部门的评估部门进行。为了保证电子银行安全评估能够得到及时、客观地实施，金融机构制定了电子银行安全评估的规章制度体系和工作规程。

2．网络银行安全控制

《电子银行业务管理办法》第三十七条规定："金融机构应当保障电子银行运营设施设备，以及安全控制设施设备的安全，对电子银行的重要设施设备和数据，采取适当的保护措施。"具体如下。

第一，有形场所的物理安全控制必须符合国家有关法律法规和安全标准的要求，对尚没有统一安全标准的有形场所的安全控制，金融机构应确保其制定的安全制度有效地覆盖可能面临的主要风险。

第二，以开放型网络为媒介的电子银行系统应合理设置和使用防火墙、防病毒软件等安全产品与技术，确保电子银行有足够的反攻击能力、防病毒能力和入侵防护能力。

第三，对重要设施设备的接触、检查、维修和应急处理应有明确的权限界定、责任划分和操作流程并建立日志文件管理制度，如实记录并妥善保管相关记录。

第四，对重要技术参数应严格控制接触权限并建立相应的技术参数调整与变更机制，同时保证在更换关键人员后能够有效防止有关技术参数的泄露。

第五，对电子银行管理的关键岗位和关键人员应实行轮岗和强制性休假制度，建立严格的内部监督管理制度。

3. 加强用户身份验证管理

根据《关于做好网上银行风险管理和服务的通知》（银监办发〔2007〕134 号）的规定，各商业银行应对所有网上银行高风险账户操作统一使用双重身份认证。双重身份认证由基本身份认证和附加身份认证组成。基本身份认证是指网上银行用户知晓并使用预先注册在银行的本人用户名及口令/密码；附加身份认证是指网上银行用户持有、保管并使用可实现其他身份认证方式的信息（物理介质或电子设备等）。附加身份认证信息应不易被复制、修改和破解。

商业银行可根据业务发展需要和风险控制要求对本行网上银行高风险账户操作进行具体界定。高风险账户操作应至少包括向非本人（不含与本行签订业务合作等法律协议和客户预先约定的指定账户，如代收费、第三方支付、贷款还款账户等）账户转移资金单笔超过 1000 元或日累计超过 5000 元。对于身份认证强度相对较弱的网上银行账户操作，商业银行应充分评估风险，进一步采取相应控制措施（如限制资金转移功能、限定资金转移额度等）进行有效防范。商业银行还应积极研发和应用各类维护网上银行使用安全的技术和手段，保证安全技术和管理水平能够持续适应网上银行业务发展的安全要求。

课堂讨论：跨境电子商务支付风险防范对策有哪些？

（1）履行审核责任，保证交易真实。
（2）把控汇率风险，减少支付损失。
（3）审慎监管业务，把控风险方向。
（4）加强技术研发，保障支付安全。

（四）网络银行的数据交换与转移管理

根据业务发展需要，金融机构可以与其他开展电子银行业务的金融机构建立电子银行系统数据交换机制，实现电子银行业务平台的直接连接，进行境内实时信息交换和银行资金转移，也叫非银行业金融机构直接交换或转移部分电子银行业务数据。

金融机构可以为电子商务经营者提供网上支付平台。为电子商务提供网上支付平台时，金融机构应严格审查合作对象，签订书面合作协议，建立有效的监督机制，防范不法机构或人员利用电子银行支付平台从事违法资金转移或其他非法活动。

（五）网络银行业务外包管理

金融机构可以将电子银行部分系统的开发、建设，电子银行业务的部分服务与技术支持，电子银行系统的维护等专业化程度较高的业务工作委托给外部专业机构承担。在进行电子银行业务外包时，金融机构应根据实际需要，合理确定外包的原则和范围，认真分析和评估业务外包存在的潜在风险，建立、健全有关规章制度，制定相应的风险防范措施。金融机构进行电子银行外包业务应当与外包服务供应商签订书面合同，明确双方的权利、义务。

（六）网络银行的跨境业务管理

网络银行的跨境业务是指开办电子银行业务的金融机构可以利用境内的电子银行系统向境外居民或企业提供电子银行服务。金融机构的境内客户在境外使用电子银行服务不属于跨境业务活动。提供跨境电子银行服务除应遵守中国法律法规和外汇管理政策等规定外，还应遵守境外居民所在国家（地区）的法律规定。境外电子银行监管部门对跨境电子银行业务要求审批的，金融机构在提供跨境业务活动之前应获得境外电子银行监管部门的批准。

（七）网络银行的法律责任

在提供电子银行服务时，因电子银行系统存在安全隐患、金融机构内部违规操作和其他非客户原因等造成损失的，金融机构应当承担相应责任；因客户有意泄露交易密码或者未按照服务协议尽到应尽的安全防范与保密义务造成损失的，金融机构可以根据服务协议的约定免于承担相应责任，但法律法规另有规定的除外。

金融机构未经批准擅自开办电子银行业务或者未经批准增加或变更需要审批的电子银行业务类型，造成客户损失的，金融机构应承担全部责任，法律法规明确规定应由客户承担的责任除外。

《电子银行业务管理办法》第九十二条规定：金融机构开展电子银行业务违反审慎经营规则但尚不构成违法违规并导致电子银行系统存在较大安全隐患的，中国银保监会将责令限期改正；逾期未改正或者其安全隐患在短时间难以解决的，中国银保监会可以区别情形，采取下列措施：第一，暂停批准增加新的电子银行业务类型；第二，责令金融机构限制发展新的电子银行客户；第三，责令调整电子银行管理部门负责人。

 案例 4-1

跨境电商如何规避法律风险？

有媒体报道，在跨境电子商务中，来自美国的买家以高价购买仿冒品为由与中国商户聊天，获取商户的 PayPal（国际第三方支付平台）账户，随后相关品牌商凭借聊天记录在美国提起诉讼。由于在美国打官司费用高昂，大部分商户没有选择积极应诉，导致它们的 PayPal 账户及资金被冻结甚至清零。跨境电子商务缘何遭遇困境？如何在经营过程中规避法律风险？又如何在遭遇国际诉讼时积极应诉？

PayPal 是美国 eBay 公司创建的国际第三方支付平台，是使用范围最广泛的跨境交易在线工具，在全球范围内已经拥有超过 1.57 亿的活跃用户，支持 25 种货币付款交易。从事跨境电子商务的中国卖家通常使用注册的 PayPal 账户收取货款并以此账户内的资金为担保提供商品或者服务。eBay 公司在遇到电子商务企业 PayPal 账户资金出现异常波动或者被投诉等情况时，可能暂时或者永久冻结其 PayPal 账户内资金，以保证交易安全或者账户内资金安全。国外享有商标权的品牌商即是利用上述服务规则来对中国卖家发起知识产权诉讼的。

情况有可能是，享有商标权的品牌商雇人在电子商务平台上购买中国卖家涉嫌侵犯知识产权的商品，在购买过程中形成买卖双方的聊天记录、商品图片等材料并获取中国卖家的 PayPal 账户名称。品牌商继而委托知识产权律师，以上述聊天记录、商品图片等作为证据材料，向美国地区法院提起知识产权诉讼，要求下达冻结可能侵犯知识产权卖家的 PayPal 账户的指令。美国地区法院在对知识产权律师提出的材料进行形式审查后，初步判断存在侵权行为的可能，即会向公司下达冻结相关商家注册账户内资金的指令传票，以保证知识产权诉讼能够顺利进行。如果被起诉的涉案商家没有积极应诉，美国地区法院有理由做出出席判决，要求该公司将账户内资金清零用于补偿被侵权的品牌商的损失。因此，PayPal 账户资金被冻结、清零并非有意阻碍中国商家参与跨境电子商务，而是在既定的法律规则内做出的理性选择。

资料来源：胡英，汤铭. 电子认证服务四大纠结[J]. 计算机世界，2010（24）：4.

第三节　第三方支付结算及其相关法律法规

一、第三方支付结算的定义

1. 广义的第三方支付结算

广义的第三方支付结算又称非金融机构支付结算，是指非金融机构在收付款人之间作为中介机构提供资金的支付、结算和转移的一种支付结算方式。广义的第三方支付结算包括网络支付，预付卡的发行与受理，银行卡收单和中国人民银行确定的其他支付服务等货币资金转移服务业务。其中，网络支付是指依托公共网络或专用网络在收付款人之间转移货币资金的行为，包括货币汇兑、互联网支付、移动电话支付、固定电话支付和数字电子支付等。预付卡是指以营利为目的发行的，在发行机构之外购买商品或服务的预付凭证。

2. 狭义的第三方支付结算

狭义的第三方支付结算又称网络支付结算、第三方支付平台支付结算或电子商务第三方支付结算，是指依法取得《支付业务许可证》的非银行第三方支付结算机构获准办理互联网支付、移动电话支付、固定电话支付、数字电视支付等网络支付业务的一种支付结算方式。

【视野拓展】
第三方支付的相关资料和知识

【视野拓展】
《非银行支付机构网络支付业务管理办法》

二、第三方支付结算机构的资格认定

非金融机构提供支付服务应当依据《非金融机构支付服务管理办法》规定取得《支付业务许可证》，成为支付机构并依法接受中国人民银行的监督管理。未经中国人民银行批准，任何非金融机构和个人不得从事或变相从事支付业务。申请《支付业务许可证》的，需经所在地中国人民银行分支机构审查后，报中国人民银行批准。

1. 申请条件

《非金融机构支付服务管理办法》第八条规定，《支付业务许可证》的申请人应当具备下列条件。

【视野拓展】
《非金融机构支付服务管理办法》及其实施细则

第一，在中华人民共和国境内依法设立的有限责任公司或股份有限公司且为非金融机构法人。

第二，有符合《非金融机构支付服务管理办法》规定的注册资本最低限额。

第三，有符合《非金融机构支付服务管理办法》规定的出资人。

第四，有 5 名以上熟悉支付业务的高级管理人员。

第五，有符合要求的反洗钱措施。

第六，有符合要求的支付业务设施。

第七，有健全的组织机构、内部控制制度和风险管理措施。

第八，有符合要求的营业场所和安全保障措施。

第九，申请人及其高级管理人员最近 3 年内未因利用支付业务实施违法犯罪活动或为违法犯罪活动办理支付业务等受过处罚。

关于以上条件的具体要求如下。

（1）关于注册资本最低限额的规定。申请人拟在全国范围内从事支付业务，包括申请人跨省（自治区、直辖市）设立分支机构从事支付业务或客户可跨省（自治区、直辖市）办理支付业务的情形，其注册资本最低限额为 1 亿元人民币；拟在省（自治区、直辖市）范围内从事支付业务的，其注册资本最低限额为 3 千万元人民币。注册资本最低限额为实缴货币资本。中国人民银行根据国家有关法规和政策规定，调整申请人的注册资本最低限额。外商投资支付机构的业务范围、境外出资人资格条件和出资比例等由中国人民银行另行规定，报国务院批准。

（2）关于出资人的规定。申请人的主要出资人（包括拥有申请人实际控制权的出资人和持有申请人 10%以上股权的出资人）应当符合以下条件：第一，为依法设立的有限责任公司或股份有限公司；第二，截至申请日，连续为金融机构提供信息处理支持服务 2 年以上或连续为电子商务活动提供信息处理支持服务 2 年以上；第三，截至申请日，连续盈利 2 年以上；第四，最近 3 年内未因利用支付业务实施违法犯罪活动或为违法犯罪活动办理支付业务等受过处罚。

（3）关于 5 名以上熟悉支付业务的高级管理人员的规定。有 5 名以上熟悉支付业务的高级管理人员是指申请人的高级管理人员（包括总经理、副总经理、财务负责人、技术负责人或实际履行上述职责的人员）中至少有 5 名人员具备下列条件：第一，具有大学本科以上学历或具有会计、经济、金融、计算机、电子通信、信息安全等专业的中级技术职称；第二，从事支付结算业务或金融信息处理业务 2 年以上或从事会计、经济、金融、计算机、电子通信、信息安全工作 3 年以上。

（4）关于符合要求的反洗钱措施的规定。反洗钱措施具体包括反洗钱内部控制、客户身份识别、可疑交易报告、客户身份资料和交易记录保存等预防洗钱、恐怖融资等金融犯罪活动的措施。

（5）关于符合要求的支付业务设施的规定。支付业务设施具体包括支付业务处理系统、网络通信系统及容纳上述系统的专用机房。

（6）关于组织机构的规定。组织机构具体包括具有合规管理、风险管理、资金管理和系统运行维护职能的部门。

2. 需提交的文件、资料

《非金融机构支付服务管理办法》第十一条规定，申请人应当向所在地中国人民银行分支机构提交下列文件、资料：第一，书面申请，载明申请人的名称、住所、注册资本、组织机构设置、拟申请支付业务等；第二，公司营业执照（副本）复印件；第三，公司章程；第四，验资证明；第五，经会计师事务所审计的财务会计报告；第六，支付业务可行性研究报告；第七，反洗钱措施验收材料；第八，技术安全检测认证证明；第九，高级管理人员的履历材料；第十，申请人及其高级管理人员的无犯罪记录证明材料；第十一，主要出资人的相关材料；第十二，申请资料真实性声明。

3. 公告事项

《非金融机构支付服务管理办法》第十二条规定，申请人应当在收到受理通知后按规定公告下列事项：第一，申请人的注册资本及股权结构；第二，主要出资人的名单、持股比例及其财务状况；第三，拟申请的支付业务；第四，申请人的营业场所；第五，支付业务设施的技术安全检测认证证明。

4. 审查批准

中国人民银行分支机构依法受理符合要求的各项申请并将初审意见和申请资料报送中国人民银行。中国人民银行审查批准的，依法颁发《支付业务许可证》并予以公告。《支付业务许可证》自领发之日起，有效期5年。支付机构拟于《支付业务许可证》期满后继续从事支付业务的，应当在期满前6个月内向所在地中国人民银行分支机构提出续展申请。中国人民银行准予续展的，每次续展的有效期为5年。支付机构不得转让、出租、出借《支付业务许可证》。第三方支付机构变更规定事项的，应当在向公司登记机关申请变更登记前报中国人民银行同意。申请终止支付业务的，应当向所在地中国人民银行分支机构提交规定的文件、资料；准予终止的，支付机构应当按照中国人民银行的批复完成终止工作，交回《支付业务许可证》。

三、第三方支付结算的业务管理

1. 业务范围

第三方支付机构应当按照《支付业务许可证》核准的业务范围从事经营活动，不得从事核准范围之外的业务，不得将业务外包，不得经营或者相关经营证券、保险、信贷、融资、理财、担保、信托、货币兑换和现金存取等业务。

2. 公开收费项目和标准

第三方支付机构应当按照审慎经营的要求制定支付业务办法及客户权益保障措施，建立风险管理和内部控制制度并报所在地中国人民银行分支机构备案；确定支付业务的收费项目和收费标准并报所在地中国人民银行分支机构备案；公开披露其支付业务的收费项目和收费标准。

3. 建立健全客户身份识别机制

第三方支付机构为客户开立支付账户的，应当对客户实行实名制管理，登记并采取有效措施验证客户身份基本信息，按规定核对有效身份证件并留存有效身份证件复印件或者影印件，建立客户唯一识别编码并在与客户业务关系存续期间采取持续的身份识别措施，确保有效核实客户身份及其真实意愿，不得开立匿名、假名支付账户。

4. 签订支付服务协议

第三方支付机构应当与客户签订服务协议，约定双方责任、权利和义务，至少明确业务规则（包括但不限于业务功能和流程、身份识别和交易验证方式、资金结算方式等）、收费项目和标准，查询、差错争议及投诉等服务流程和规则，业务风险和非法活动防范及处置措施，客户损失责任划分和赔付规则等内容。为客户开立支付账户的，还应在服务协议中以显著方式告知客户并采取有效方式确认客户充分知晓并清晰理解下列内容："支付账户所记录的资金余额不同于客户本人的银行存款，不受《存款保险条例》保护，其实质为客户委托支付机构保管的、所有权归属于客户的预付价值。该预付价值对应的货币资金虽然属于客户，但不以客户本人名义存放在银行，而是以支付机构名义存放在银行并且由支付机构向银行发起资金调拨指令。"支付机构应确保协议内容清晰、易懂并以显著方式提示客户注意与其有重大利害关系的事项。

获得互联网支付业务许可的支付机构，经客户主动提出申请，可为其开立支付账户；仅获得移动电话支付、固定电话支付、数字电视支付业务许可的支付机构不得为客户开立支付账户。支付机构不得为金融机构以及从事信贷、融资、理财、担保、信托、货币兑换等金融业务的其他机构开立支付账户。

5. 对交易信息的要求

第三方支付机构应当确保交易信息的真实性、完整性、可追溯性以及在支付全流程中的一致性，不得篡改或者隐匿交易信息。交易信息包括但不限于：第一，交易渠道、交易终端或接口类型、交易类型、交易金额、交易时间以及直接向客户提供商品或者服务的特约商户名称、编码和按照国家与金融行业标准设置的商户类别码；第二，收付款客户名称，收付款支付账户账号或者银行账户的开户银行名称及账号；第三，付款客户的身份验证和交易授权信息；第四，有效追溯交易的标识；第五，单位客户单笔超过5万元的转账业务的付款用途和事由。对于客户的网络支付业务操作行为（包括但不限于登录和注销登录、身份识别和交易验证、变更身份信息和联系方式、调整业务功能、调整交易限额、变更资金收付方式，以及变更或挂失密码、数字证书、电子签名等），支付机构应当在确认客户身份及真实意愿后及时办理并在操作生效之日起至少5年内，真实、完整地保存操作记录。

案例 4-2

我国第三方支付机构前十名榜单

1. 支付宝（浙江蚂蚁小微金融服务集团股份有限公司）

（95188，集支付和生活应用为一体的电子支付软件，国内领先的第三方支付平台，浙江蚂蚁小微金融服务集团有限公司）

2. 微信支付（深圳市腾讯计算机系统有限公司）

（0755-86013388，腾讯旗下，微信联合知名第三方支付平台财付通推出的极具成长力

的移动端支付服务，财付通支付科技有限公司）

3. 银联商务（银联商务有限公司）

（021-61088288，国内非金融支付行业综合支付的知名企业，国内较大的银行卡收单专业服务机构，中国银联旗下，银联商务有限公司）

4. 银联在线（上海银联电子支付服务有限公司）

（95534-6，中国银联打造的互联网业务综合商务平台，第三方支付的领先者，中国银联控股上海银联电子支付服务有限公司）

5. 快钱（快钱支付清算信息有限公司）

（4006155799，万达集团旗下，国内首家基于 E-mail 和手机号码的大型综合支付平台，领先的互联网金融平台，快钱支付清算信息有限公司）

6. 壹钱包［中国平安保险（集团）股份有限公司］

（400-8866-338，中国平安旗下平安付推出的移动支付客户端，提供互联网支付／移动支付等多元化的第三方支付的个人创新互联网金融及消费服务）

7. 拉卡拉（拉卡拉支付股份有限公司）

（400-766-6666，第三方移动支付的知名企业，国内率先开发出电子账单服务平台，知名便民金融服务平台，拉卡拉支付股份有限公司）

8. 汇付天下（汇付天下有限公司）

（400-820-2819，国内领先的新金融综合服务集团，提供网上支付/基金理财/POS 收单/移动支付等支付服务和定制化综合支付解决方案，汇付天下有限公司）

9. 易宝支付（易宝支付有限公司）

（4001-500-800，十大第三方支付平台之一，提供量身定制的行业支付解决方案，国内互联网金融行业创新型企业，易宝支付有限公司）

10. 京东支付（北京京东叁佰陆拾度电子商务有限公司）

［400-606-5500，京东金融旗下网银在线开发，专注于提供综合电子支付服务，国内知名电子支付解决方案提供商，网银在线（北京）科技有限公司］

（本案例源于网络并经作者加工整理）

四、第三方支付结算的风险管理

1. 建立制度，采取措施

第三方支付机构应当综合客户类型、身份核实方式、交易行为特征、资信状况等因素，建立客户风险评级管理制度和机制并动态调整客户风险评级及相关风险控制措施；应当根据客户风险评估交易验证方式、交易渠道、交易终端接口类型、交易类型、交易金额、交易时间、商户类别，建立交易风险管理制度和交易监测系统，对疑似欺诈、套现、洗钱、非法融资、恐怖融资等交易及时采取调查核实、延迟结算和终止服务等措施。

2. 警示和公告

第三方支付机构应当向客户充分提示网络支付业务的潜在风险，及时揭示不法分子新型作案手段，对客户进行必要的安全教育并对高风险业务在操作前、操作中进行风险警示。

为客户购买合作机构的金融类产品提供网络支付服务的，应当确保合作机构为取得相应经营资质并依法开展业务的机构，同时应在首次购买时向客户展示合作机构信息和产品信息，充分提示相关责任、权利、义务及潜在风险，协助客户与合作机构完成协议签订。第三方支付机构应当建立健全风险准备金制度和交易赔付制度并对不能有效证明因客户原因导致的资金损失及时先行全额赔付，保障客户合法权益。支付机构应于每年1月31日前将前一年度发生的风险事件、客户风险损失发生和赔付等情况在网站对外公告。支付机构应在年度监管报告中如实反映上述内容和风险准备金计提、使用及结余等情况。

3. 客户信息保密与管理

第三方支付机构应当依照中国人民银行有关客户信息保护的规定制定有效的客户信息保护措施和风险控制机制，履行客户信息保护责任；不得存储客户银行卡的磁道信息或芯片信息、验证码、密码等敏感信息，原则上不得存储银行卡有效期。因特殊业务需要，支付机构确需存储客户银行卡有效期的，应当取得客户和开户银行的授权，以加密形式存储。

4. 验证

支付机构应当通过协议约定禁止特约商户存储客户银行卡的磁道信息或芯片信息、验证码、有效期、密码等敏感信息并采取定期检查、技术监测等必要监督措施。特约商户违反协议约定存储上述敏感信息的，支付机构应当立即暂停或者终止为其提供网络支付服务，采取有效措施删除敏感信息、防止信息泄露并依法承担因相关信息泄露造成的损失和责任。

第三方支付机构可以组合选用下列三类要素，对客户使用支付账户余额付款的交易进行验证：第一，仅客户本人知悉的要素，如静态密码等；第二，仅客户本人持有并特有的、不可复制或者不可重复利用的要素，如经过安全认证的数字证书、电子签名以及通过安全渠道生成和传输的一次性密码等；第三，客户本人生理特征要素，如指纹等。确保采用的要素相互独立，部分要素的损坏或者泄露不应导致其他要素损坏或者泄露。

5. 交易限额管理

第三方支付机构应根据交易验证方式的安全级别，按照下列要求对个人客户使用支付账户余额付款的交易进行限额管理。

第一，支付机构采用包括数字证书或电子签名在内的两类（含）以上有效要素进行验证的交易，单日累计限额由支付机构与客户通过协议自主约定。

第二，支付机构采用不包括数字证书、电子签名在内的两类（含）以上有效要素进行验证的交易，单个客户所有支付账户单日累计金额应不超过5000元（不包括支付账户向客户本人同名银行账户转账）。

第三，支付机构采用不足两类有效要素进行验证的交易，单个客户所有支付账户单日累计金额不超过1000元（不包括支付账户向客户本人同名银行账户转账）且支付机构应当承诺无条件全额承担此类交易的风险损失赔付责任。

五、第三方支付结算的客户权益保护

1. 信息查询和投诉公告

第三方支付机构应当通过具有合法独立域名的网站和统一的服务电话等渠道，为客户免费提供至少最近 1 年以内的交易信息查询服务并建立、健全差错争议和纠纷投诉处理制度，配备专业人员准确、及时地处理交易差错和客户投诉。支付机构应当告知各相关服务的正确获取方式，指导客户有效辨识服务渠道的真实性；应于每年 1 月 31 日前，将前一年度的客户投诉量和类型、处理完毕的投诉占比、投诉处理速度等情况在网站对外公告。

2. 接受服务自由

第三方支付机构应当充分尊重客户的自主选择权，不得强迫客户使用本机构提供的支付服务，不得阻碍客户使用其他机构提供的支付服务；公平展示客户可选用的各种资金收付方式，不得以任何形式诱导、强迫客户开立支付账户或者通过支付账户办理资金收付，不得附加不合理条件。

3. 其他权益保护

第三方支付机构因系统升级、调试等原因需暂停网络支付服务的，应当至少提前 5 个工作日予以公告。变更协议条款、提高服务收费标准或者新设收费项目的，应当于实施之前在网站等渠道以显著方式连续公示 30 日并于客户首次办理相关业务前确认客户知悉且接受拟调整的全部详细内容。

六、第三方支付结算机构的分类监管

中国人民银行可以结合支付机构的企业资质、风险管控特别是客户备付金管理等因素，确立支付机构分类监管指标体系，建立持续分类评价工作机制并对支付机构实施动态分类管理，具体办法由中国人民银行另行制定。

1. 分类标准

按照中国人民银行《非银行支付机构网络支付业务管理办法》的规定，根据客户身份对同一客户在第三方机构开立的所有支付账户进行关联管理并按照要求对个人支付账户分为三类进行管理。

（1）Ⅰ类支付账户。对于以非面对面方式通过至少一个合法、安全的外部渠道进行身份基本信息验证且为首次在本机构开立支付账户的个人客户，支付机构可以为其开立Ⅰ类支付账户，账户余额仅可用于消费和转账，余额付款交易自账户开立起累计不超过 1000 元（包括支付账户向客户本人姓名银行账户转账）。客户身份基本信息外部验证渠道包括但不限于政府部门数据库、商业银行信息系统、商业化数据库等。其中，通过商业银行验证个人客户身份基本信息的，应为Ⅰ类银行账户或信用卡。

（2）Ⅱ类支付账户。对于支付机构自主或委托合作机构以面对面方式核实身份的个人客户或以非面对面方式通过至少 3 个合法、安全的外部渠道进行身份基本信息多重交叉验证的个人客户，支付机构可以为其开立Ⅱ类支付账户，账户余额仅可用于消费和转账，其所有支付账户的余额付款累计不超过 10 万元（不包括支付账户向客户本人同名银行账户转账）。

（3）Ⅲ类支付账户。对于支付机构自主或委托合作机构以面对面方式核实身份的个人客户或以非面对面方式通过至少 5 个合法、安全的外部渠道进行身份基本信息多重交叉验证的个人客户，支付机构可以为其开立Ⅲ类支付账户，账户余额可以用于消费、转账以

第四章 跨境电子商务支付结算及其相关法律制度

及购买投资理财等金融类产品,其所有支付账户的余额付款交易年累计不超过20万元(不包括支付账户向客户本人同名银行账户转账)。

支付机构办理银行账户与支付账户之间转账业务的,相关银行账户与支付账户应属于同一客户。支付机构应按照与客户的约定及时办理支付账户向客户本人银行账户转账业务,不得对Ⅱ类、Ⅲ类支付账户向客户本人银行账户设置限额。

2. 分类监管

(1)评定为"A"类且Ⅱ类、Ⅲ类支付账户实名比例超过95%的支付机构,可以对从事电子商务经营活动、不具备工商登记注册条件且相关法律法规允许不进行工商登记注册的个人客户(以下简称"个人卖家")参照单位客户管理,但应建立持续监测电子商务经营活动、对个人卖家实施动态管理的有效机制并向法人所在地中国人民银行分支机构备案。支付机构参照单位客户管理的个人卖家,应至少符合下列条件。

第一,相关电子商务交易平台已依照相关法律法规对其真实身份信息进行审查和登记,与其签订登记协议,建立登记档案并定期核实更新,核发证明个人身份信息真实合法的标记,加载在其从事电子商务经营活动的主页面醒目位置。

第二,支付机构已按照开立个人支付账户的标准对其完成身份核实。

第三,持续从事电子商务经营活动满6个月且期间使用支付账户收取的经营收入累计超过20万元。

(2)评定为"A"类且Ⅱ类、Ⅲ类支付账户实名比例超过95%的支付机构,对于已经实名确认、达到实名制管理要求的支付账户,在办理《非银行支付机构网络支付业务管理办法》第十二条第一款所述转账业务时,相关银行账户与支付账户可以不属于同一客户,但支付机构应在交易中向银行准确、完整地发送交易渠道、交易终端或接口类型、交易类型、收付款客户名称和账号等交易信息。

(3)评定为"A"类且Ⅱ类、Ⅲ类支付账户实名比例超过95%的支付机构,可以将达到实名制管理要求的Ⅱ类、Ⅲ类支付账户的余额付款单日累计限额提高至《非银行支付机构网络支付业务管理办法》第二十四条规定的2倍。

(4)评定为"B"类及以上且Ⅱ类、Ⅲ类支付账户实名比例超过90%的支付机构,可以将达到实名制管理要求的Ⅱ类、Ⅲ类支付账户的余额付款单日累计限额提高至《非银行支付机构网络支付业务管理办法》第二十四条规定的1.5倍。

(5)评定为"A"类的支付机构按照《非银行支付机构网络支付业务管理办法》第十条规定办理相关业务时,可以与银行根据业务需要,通过协议自主约定由支付机构代替进行交易验证的情形,但支付机构应在交易中向银行完整、准确地发送交易渠道、交易终端或接口类型、交易类型、商户名称、商户编码、商户类别码、收付款客户名称和账号等交易信息;银行应核实支付机构验证手段或渠道的安全性且对客户资金安全的管理责任不因支付机构代替验证而转移。

(6)对于评定为"C"类及以下、支付账户实名比例较低、对零售支付体系或社会公众非现金支付信心产生重大影响的支付机构,中国人民银行及分支机构可以在《非银行支付机构网络支付业务管理办法》第十九条、第二十八条等规定的基础上适度提高公开披露相关信息的要求并加强非现场监管和现场检查。

思考与练习

1. 简述跨境电子商务支付工具有哪些。
2. 简述跨境电子商务支付的概念。
3. 简述第三方跨境支付的流程。
4. 简述跨境电子商务支付的现状。
5. 简述第三方支付结算的概念。

经典案例赏析

无现金支付

我国"无现金社会"的概念最早可以追溯到 2015 年 8 月 8 日,当时,微信支付首次提出"无现金日"活动。2017 年 2 月 28 日,支付宝宣布希望用 5 年时间推动我国率先进入无现金社会。

"无现金社会是未来,而未来正在到来。"

"无现金社会"概念正式提出以后,包括微信支付、支付宝在内的中国移动支付企业均通过加速布局线下支付场景为"无现金社会"的建成发力。其中,尤以 2017 年 8 月微信支付"无现金日"和支付宝"无现金周"的活动最为火热。

"无现金社会"建设如火如荼,相关的争议也随之而来,尤其是部分商家公开拒收现金等情况被权威媒体曝出后,更是在社会上引发了对"无现金社会"合理与否的讨论。微信支付和支付宝不再提及无现金日、无现金周、无现金城市和无现金社会等,而是提出"移动智慧城市"。同时,包括微信支付、支付宝在内的中国移动支付平台继续发力线下场景。2017 年 9 月 1 日,支付宝宣布在肯德基的 KPRO 餐厅上线"刷脸支付",正式将"刷脸支付"推向了商用。同年,京东线下的京东之家体验店也已经开始内测"刷脸支付"功能,而百度早就把"刷脸支付搬进了自家食堂。此外,农业银行总行已下发通知,要求全国推广,为全国 24 064 家分支机构、30 089 台柜员机、10 万台 ATM 机安装人脸识别系统!"刷脸支付"的时代已然来临。

资料来源:https://www.sohu.com/a/212823192_420917.

思考讨论题

无现金支付的内涵是什么?"无现金社会"能到来吗?为什么?

第五章　互联网广告及其相关法律法规

知识目标

- 了解广告管辖权，掌握互联网广告管辖权的法律法规。
- 掌握互联网广告主体的法律法规、虚假广告的定义和处罚办法。
- 了解互联网广告活动中不得有的行为。

关键词

互联网广告　交互性　广告的行政管辖权　广告主体　广告主体的法律法规　广告代言人　虚假广告

本章思维导图

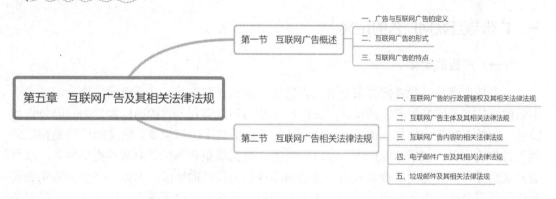

引例

跨境电商卖家可以在哪些海外网站上免费投放广告？

虽说"天下没有免费的午餐"，卖家却可以通过获得免费 listing 和免费可见性在海外投放广告。在此之前，我们有必要先了解一下免费商业广告的五个局限性。

（1）免费商业广告平台越受欢迎，就越难脱颖而出。你可以免费刊登广告，但在某些社交媒体网站上，你的广告可能很难脱颖而出。有些网站会降低粉丝的可见性，除非你花钱去"提升"你的帖子或者购买"精选 listing"，否则网站可能不会为你的广告提供太强的可见性。

（2）你需要投入时间才能看到结果，而时间就是金钱。你可能需要投入大量的时间或者雇用服务商以查找内容、定位和定制图像、发布更新、监控回复及参与对话。虽然不是付费广告，但还是要花钱的。精明的企业会使用软件工具减少一些劳动力，但是即使是工具也需要花费金钱。

（3）免费平台可能一开始是免费的，但最后也会演变成付费平台。如果你一开始使用免费服务，最终你可能需要付费才能继续获得相同的服务。很多内容管理平台已经开始朝着付费模式发展，尤其是对商业用户。

（4）免费商业广告平台可能表现平平。一些免费的平台可能对建立品牌认知度和整体存在感很有帮助，但是如果你现在需要客户，那么广告可能是获得潜在客户较为直接的途径。一些免费的 listing 网站和平台可能无法涉及你所需的覆盖范围。

（5）与广告结合时，免费平台可能会更强大。换而言之，不要将免费网站或付费广告视为"非此即彼"，你可以把它们看作一个整体营销策略的互补部分，而这个策略通常是非常有效的。付费和免费选项可以增强其他选项的效果。

（本案例源于网络并经作者加工整理）

辩证与思考：跨境电商卖家可以在哪些海外网站上免费投放广告？

第一节　互联网广告概述

一、广告与互联网广告的定义

（一）广告的定义

广告是指商品经营者或者服务提供者通过一定媒介和形式直接或者间接地介绍自己所推销的商品或者服务的商业活动。广义的广告是指不以营利为目的的广告，如政府公告和政党、宗教、教育、文化、市政、社会团体等方面的启事、声明等；狭义的广告是指以营利为目的的广告，包括商业广告、经济广告等，是工商企业为推销商品或提供服务，以付费方式通过广告媒体向消费者或用户传播商品或服务信息的手段。例如，网络上常见的商品广告属于商业广告的范围。《中华人民共和国广告法》（以下简称《广告法》）第二条规定："在中华人民共和国境内，商品经营者或者服务提供者通过一定媒介和形式直接或者间接地介绍自己所推销的商品或者服务的商业广告活动，适用本法。"第四十四条第一款规定："利用互联网从事广告活动，适用本法的各项规定。"

（二）互联网广告的定义

互联网广告是指商品经营者或者服务提供者通过网络媒介和形式直接或者间接地推销产品或者服务的商业活动。广义的网络广告包括各种网络上的广告活动；狭义的网络广告特指互联网广告。网络广告利用网络的各种投放平台，包括网站、电商平台、博客、微博、微信、QQ 等社交网站，电子邮件、短信等电子手段，刊登、发布文字、图像、音像、多媒体等形式的信息。因此，网络广告是一种现代化的高科技广告方式，其监管难度较大。

国家工商行政管理总局于 2016 年 7 月 4 日发布的《互联网广告管理暂行办法》第三条

规定：互联网广告是指管理网站、网页、互联网应用程序等互联网媒介，以文字、图片、音频、视频或者其他形式，直接或间接地推销商品或者服务的商业广告。

二、互联网广告的形式

互联网广告包括以下五种形式。

第一，推销商品或者服务的含有链接的文字、图片或者视频等形式的广告。这是最普通、最普遍的互联网广告形式，在网页中大量存在。用户打开网页中的带有链接的广告会跳转到一个目标网站（通常是购物网站）。

第二，推销商品或者服务的电子邮件广告。这是一种通过电子邮件形式发送到电子邮箱的广告形式，如邮箱中收到的商品介绍和信息。

第三，推销商品或者服务的付费搜索广告。这是一种在搜索引擎中加入的互联网广告形式，通过搜索而传播，如百度搜索等。

第四，推销商品或者服务的商业性展示中的广告。这是一种在互联网上利用网络特殊的优势，对商品或服务进行展示的网络广告形式。例如，在综合性网站的汽车栏目上用 Flash 展示的汽车新品等。

【视野拓展】
《中华人民共和国广告法》

【视野拓展】
《互联网广告管理暂行办法》

第五，其他通过互联网媒介推销商品或者服务的商业广告。

三、互联网广告的特点

互联网广告与传统的四大传播媒体（报纸、杂志、电视、广播）广告相比较，主要具有多样性、针对性、广泛性、便捷性和交互性等特点。

（一）多样性

所谓互联网广告的多样性，是指互联网广告在形式、内容、载体、功能方面具有的多样化特点。互联网广告的形式多种多样，随着信息技术和网络技术的发展，更加多彩的、吸引力强的互联网广告被制作和投放到互联网上。内容可以根据广告主的要求在设计和制作中确定。载体、功能可以根据广告主的需要、投放的位置和方式不同来具体确定。例如，旗帜广告、网页广告、横幅广告、动画广告、视频广告等载体，收听、收看、试用、体验、填写调查问卷等功能。

（二）针对性

互联网广告的针对性体现在互联网广告的投放对象方面。商品经营者或服务提供者根据网站及其数据分析可以准确地掌握不同方式、网页中受众的情况，如年龄、性别、爱好、收入、职业、婚姻和消费习惯等，然后确定广告投放的时间、位置、网站和网页，使投放的广告针对性强、效益高。

（三）广泛性

所谓互联网广告的广泛性，是指互联网广告的传播范围非常广泛。互联网可以 24 小时不间断地把广告信息传播到地球的各个地方，人们在能连接互联网的任何地方都能够随时随意地浏览互联网广告信息，这也正是互联网广告的时空优势。

（四）便捷性

所谓互联网广告的便捷性，是指互联网广告的制作、发布、投放、收看等各个环节快速、及时、费用低。具体表现为：制作周期短、费用低；发布轻松、快速；投放准确、及时；可随时随地收看。与传统广告相比，互联网广告不仅制作成本低，发布、投放等费用也低。

（五）交互性

所谓互联网广告的交互性，是指广告发布后，发布者可以与广告的受众实现互动和交流，这是互联网广告优势的体现。例如，互联网广告在网页上线后，商家可设置信息反馈功能，让受众对广告所涉及的信息进一步提问、留言，提出建议和意见。

案例 5-1

互联网广告是广告监管的主战场

根据国家工商行政管理总局发布的数据显示，2017 年，全国广告经营额为 6896.41 亿元，同比增长 6.3%；广告经营单位 112.31 万户，同比增长 28.3%。其中，电子商务广告 302 万条次，其他互联网服务广告 646.95 万条次。2017 年，广告违法案件数量占前三位的媒介是网络、户外和印刷品。其中，互联网广告违法案件为 14 904 起，户外广告违法案件为 4895 起，印刷品广告违法案件为 3103 起。与 2016 年相比，互联网广告违法案件增长 1.68 倍，是影响广告违法案件数量增长的主要因素。据浙江省工商部门公布的十大违法广告案例显示，2017 年上半年，该省互联网广告违法案件和罚没款继续大幅增加，共查处互联网广告违法案件 962 起，同比增长 186.31%，占总案件数的 73.83%，互联网广告成为广告监管的主战场。

国家工商行政管理总局于 2018 年 2 月 9 日发布《关于开展互联网广告专项整治工作的通知》，严肃查处虚假违法互联网广告，切实维护互联网广告市场秩序，集中整治以下五类互联网广告。

第一，涉及导向问题、政治敏感性问题、损害国家利益的违法互联网广告。

第二，危害人民群众人身安全、身体健康的食品、保健食品、医疗、药品、医疗器械等虚假违法互联网广告。

第三，含有欺骗误导消费者内容、损害人民群众财产利益的金融投资、招商、收藏品等虚假违法互联网广告。

第四，妨碍社会公共秩序、违背社会良好风尚、造成恶劣社会影响、损害未成年人身心健康的虚假违法互联网广告。

第五，社会公众反映强烈的其他虚假违法互联网广告等。

资料来源：浙江工商公布十大违法广告案例 网络广告成监管主战场[EB/OL]．（2017-08-30）．https://www.sohu.com/a/168377252_267106.

第二节　互联网广告相关法律法规

一、互联网广告的行政管辖权及其相关法律法规

广告的行政管辖权是指对行政管理监督主体的广告实施相应的行政事务的管理、监督、处罚等划分的首次处置权限。首次处置权交由哪个监管机构或部门，看似是个简单的问题，事实上却不是。行政管辖权不仅可以确定具有行政事务首次处置权的行政监管主体，有利于监管行政事务，而且也会使行政监管的相对人事先知道行政事务受理的行政主体，便于问题的处理和解决。广义的行政管辖权应该包括行政事务监管办法的制定、行政事务的监督管理和违法违规行政事务的查处等。狭义的行政管辖权一般包括级别管辖权、地域管辖权和特别管辖权。

1. 广告的级别管辖权

我国广告监督管理实行级别管辖。《广告法》第六条规定："国务院市场监督管理部门主管全国的广告监督管理工作，国务院有关部门在各自的职责范围内负责广告管理相关工作。县级以上地方市场监督管理部门主管本行政区域的广告监督管理工作，县级以上地方人民政府有关部门在各自的职责范围内负责广告管理相关工作。"

2. 广告的地域管辖权

对广告违法案件的处罚，我国实行地域管辖。《市场监督管理行政处罚程序暂行规定》第十条规定："对利用广播、电影、电视、报纸、期刊、互联网等大众传播媒介发布违法广告的行为实施行政处罚，由广告发布者所在地市场监督管理部门管辖。广告发布者所在地市场监督管理部门管辖异地广告主、广告经营者有困难的，可以将广告主、广告经营者的违法情况移送广告主、广告经营者所在地市场监督管理部门处理。对于互联网广告违法行为，广告主所在地、广告经营者所在地市场监督管理部门先行发现违法线索或者收到投诉、举报的，也可以进行管辖。对广告主自行发布违法互联网广告的行为实施行政处罚，由广告主所在地市场监督管理部门管辖。"

3. 广告的特别管辖权

在市场监督管理部门履行广告监督管理职责时涉及具体的权限问题的，需要授予或明确，以便监管机构依法执法。《广告法》第四十九条规定，市场监督管理部门履行广告监督管理职责，可以行使下列职权。

第一，对涉嫌从事违法广告活动的场所实施现场检查。

第二，询问涉嫌违法当事人或者其法定代表人、主要负责人和其他有关人员，对有关单位或者个人进行调查。

第三，要求涉嫌违法当事人限期提供有关证明文件。

第四，查阅、复制与涉嫌违法广告有关的合同、票据、账簿、广告作品和其他有关资料。

第五，查封、扣押与涉嫌违法广告直接相关的广告物品、经营工具、设备等财物。

第六，责令暂停发布可能造成严重后果的涉嫌违法广告。

第七，法律、行政法规规定的其他职权。

市场监督管理部门应当建立健全广告监测制度，完善监测措施，及时发现和依法查处违法广告行为。

市场监督管理部门在行政事务监督管理中对违法违规者进行社会监督，发挥社会监管的力量，因此，需要确定一个受理投诉、举报的机构并授予其相应的监管权。

《广告法》第五十三条规定："任何单位或者个人有权向市场监督管理部门和有关部门投诉、举报违反本法的行为。市场监督管理部门和有关部门应当向社会公开受理投诉、举报的电话、信箱或者电子邮件地址，接到投诉、举报的部门应当自收到投诉之日起七个工作日内，予以处理并告知投诉、举报人。市场监督管理部门和有关部门不依法履行职责的，任何单位或者个人有权向其上级机关或者监察机关举报。接到举报的机关应当依法做出处理并将处理结果及时告知举报人。有关部门应当为投诉、举报人保密。"《广告法》第五十四条规定："消费者协会和其他消费者组织对违反本法规定，发布虚假广告侵害消费者合法权益，以及其他损害社会公共利益的行为，依法进行社会监督。"

【视野拓展】
《网上证券委托暂行管理办法》

二、互联网广告主体及其相关法律法规

（一）广告主体的定义

广告主体是指广告主和参与设计、制作、发布广告的自然人、法人或者其他组织，主要包括广告主、广告经营者、广告发布者和广告代言人。广告主是指为推销商品或者服务，自行或者委托他人设计、制作、发布广告的自然人、法人或者其他组织。广告经营者是指接受委托，提供广告设计、制作、代理服务的自然人、法人或者其他组织。广告发布者是指为广告主或者广告主委托的广告经营者发布广告的自然人、法人或者其他组织。广告代言人是指广告主以外的，在广告中以自己的名义或者形象对商品、服务做推荐、证明的自然人、法人或者其他组织。

广告主、广告经营者、广告发布者从事广告活动应当遵守法律法规，诚实守信、公平竞争，不得在广告活动中进行任何形式的不正当竞争。具体体现在以下几个方面。

（1）广告主的广告业务委托。广告主委托设计、制作、发布广告，应当委托具有合法经营资格的广告经营者或者广告发布者，广告主或者广告经营者在广告中使用他人名义或者形象的，应当事先取得其书面同意；使用无民事行为能力人、限制民事行为能力人的名义或者形象的，应当事先取得其监护人的书面许可。

（2）广告经营者、广告发布者的广告业务承接。广告经营者、广告发布者应当按照国家有关规定，在承接广告业务时进行登记、审核，建立健全档案管理制度，依据法律、行政法规查验有关证明文件，核对广告内容。对内容不符或者证明文件不全的广告，广告经营者不得提供设计、制作、代理服务，广告发布者不得发布。收费标准和收费办法应当事先公布。广告发布者向广告主、广告经营者提供的覆盖率、收视率、点击率、发行量等资料应当真实。

(3) 广告代言人的活动。广告代言人在广告中对商品、服务做推荐、证明，应当依据事实，符合《广告法》和有关法律、行政法规规定且不得为未使用过的商品或者未接受过的服务做推荐、证明。不得利用不满10周岁的未成年人作为广告代言人。对在虚假广告中做推荐、证明受到行政处罚未满3年的自然人、法人或者其他组织，不得利用其作为广告代言人。

(4) 中小学校、幼儿园的广告限制。不得在中小学校、幼儿园内开展广告活动，不得利用中小学生和幼儿的教材、教辅材料、练习册、文具、教具、校服和校车等发布或者变相发布广告，但公益广告除外。

(二) 互联网广告主体的相关法律法规

根据《广告法》《互联网广告管理暂行办法》和相关法律法规，涉及互联网广告主体的规定主要包括以下几点。

(1) 互联网广告应订立书面合同。互联网广告主、广告经营者、广告发布者之间在互联网广告活动中应当依法订立书面合同。

(2) 广告主发布互联网广告。互联网广告主发布互联网广告需具备的主体身份、行政许可、引证内容等证明文件应当真实、合法、有效。互联网广告主应当对广告内容的真实性负责。广告主可以通过自设网站或者拥有合法使用权的互联网媒介自行发布广告，也可以委托互联网广告经营者、广告发布者发布广告。互联网广告主委托互联网广告经营者、广告发布者发布广告，修改广告内容时，应当以书面形式或者其他可以被确认的方式通知为其提供服务的互联网广告经营者、广告发布者。

(3) 互联网广告发布者。为广告主或者广告经营者推送或者展示互联网广告并能够核对广告内容、决定广告发布的自然人、法人或者其他组织是互联网广告的发布者。

(4) 互联网广告发布者、广告经营者的义务。互联网广告发布者、广告经营者应当按照国家有关规定建立健全互联网广告业务的承接登记、审核、档案管理制度；审核、查验并登记广告主的名称、地址和有效联系方式等主体身份信息，建立登记档案并定期核实更新；应当查验有关证明文件，核对广告内容，对内容不符或者证明文件不全的广告，不得设计、制作、代理、发布；应当配备熟悉广告法规的广告审查人员，有条件的还应当设立专门机构，负责互联网广告的审查。

(5) 互联网广告的程序化购买广告方式及其法律法规。互联网广告可以以程序化购买广告的方式，通过广告需求方平台、媒介方平台及广告信息等所提供的信息整合和数据分析等服务进行有针对性的发布。通过程序化购买广告方式发布的互联网广告，广告需求方平台经营者应当清晰地标明广告来源。广告需求方平台是指整合广告主需求，为广告主提供发布服务的广告主服务平台。媒介方平台是指整合媒介方资源，为媒介所有者或者管理者提供程序化的广告分配和筛选服务的媒介服务平台。广告信息交换平台是提供数据交换、分析匹配、交易结算等服务的数据处理平台。广告需求方平台经营者、媒介方平台经营者、广告信息交换平台经营者及媒介方平台的成员在订立互联网广告合同时，应当查验合同相对方的主体身份证明文件、真实姓名、地址和有效联系方式等信息，建立登记档案并定期核实更新。媒介方平台经营者、广告信息交换平台经营者及媒介方平台成员对其明知或者应知的违法广告,应当采取删除、屏蔽、断开链接等技术措施和管理措施予以制止。

案例5-2

网络虚假信息误导投资者

2017年7月5日下午,互联网出现题为"传复星集团董事长失联,交易所负债"的文章并被多家网站转载。次日,复星集团控股或参股的境内外数家上市公司股价大跌,引发上证医药指数下跌0.95%。证监会调查发现,浙江核新同花顺网络信息股份有限公司(以下简称"同花顺")运营的网站自动抓取发布于2015年12月的陈旧信息后,在文章录入审核时未发现相关问题,将其作为即时新闻发布,导致信息被迅速传播,严重误导了投资者。证监会已对本案做出行政处罚。

本案警示互联网传播媒介及其从业人员在利用科技手段采集信息的同时,应切实履行审核职责,防范证券虚假信息不当传播,扰乱证券市场秩序。

资料来源:复星董事长郭广昌失联?警惕资本市场的各种谣言![EB/OL].(2017-07-24). https://www.sohu.com/a/159564524_419617.

三、互联网广告内容的相关法律法规

根据《广告法》《互联网广告管理暂行办法》和相关法律法规,关于广告内容的规定主要包括以下几个方面。

(一)广告中不得有的情形

《广告法》第九条规定,广告不得有下列情形。

第一,使用或者变相使用中华人民共和国的国旗、国歌、国徽,军旗、军歌和军徽。

第二,使用或者变相使用国家机关、国家机关工作人员的名义或者形象。

第三,使用"国家级""最高级""最佳"等用语。

第四,损害国家的尊严或者利益,泄露国家秘密。

第五,妨碍社会安定,损害社会公共利益。

第六,危害人身、财产安全,泄露个人隐私。

第七,妨碍社会公共秩序或者违背社会良好风尚。

第八,含有淫秽、色情、赌博、迷信、恐怖、暴力的内容。

第九,含有民族、种族、宗教、性别歧视的内容。

第十,妨碍环境、自然资源或者文化遗产保护。

第十一,法律、行政法规规定禁止的其他情形。

(二)互联网广告活动中不得有的行为

《互联网广告管理暂行办法》第十六条规定,互联网广告活动中不得有下列行为。

第一,提供或者利用应用程序、硬件等对他人正当经营的广告采取拦截、过滤、覆盖、

快进等限制措施。

第二，利用网络通路、网络设备、应用程序等破坏正常广告数据传输，篡改或者遮挡他人正当经营的广告，擅自加载广告。

第三，利用虚假的统计数据、传播效果或者互联网媒介价值，诱导错误报价，牟取不正当利益或者损害他人利益。

（三）行政许可、专利等事项的规定

广告内容涉及的事项需要取得行政许可的，应当与许可的内容相符合。广告使用数据、统计资料、调查结果、文摘、引用语等引证内容的，应当真实、准确并标明出处。引证内容有适用范围和有效期限的，应当明确表示。广告中涉及专利产品或者专利方法的，应当标明专利号和专利种类。未取得专利权的，不得在广告中谎称取得专利权。禁止使用未授予专利权的专利申请和已经终止、撤销、无效的专利做广告。

（四）互联网广告的可识别性规定

《互联网广告管理暂行办法》第七条规定："互联网广告应当具有可识别性，显著标明'广告'，使消费者能够辨明其为广告。付费搜索广告应当与自然搜索结果明显区分。"第八条规定："利用互联网发布、发送广告，不得影响用户正常使用网络。在互联网页面以弹出等形式发布的广告，应当显著标明关闭标志，确保一键关闭。不得以欺骗方式诱使用户点击广告内容。未经允许，不得在用户发送的电子邮件中附加广告或者广告链接。"

《互联网广告管理暂行办法》第二十四条规定：利用互联网发布广告，未显著标明关闭标志并确保一键关闭的，依照《广告法》第六十三条第二款①的规定进行处罚；以欺骗方式诱使用户点击广告内容的或者未经允许，在用户发送的电子邮件中附加广告或者广告链接的，责令改正，处一万元以上三万元以下的罚款。

案例 5-3

洛阳某职业学院诱使用户点击广告链接案

2017年7月4日，洛阳市工商局执法人员接到洛阳××技术学院举报，称洛阳某职业学院在百度推广广告中冒用其名义诱骗用户点击广告链接，损害了其相关利益。经查，洛阳××职业学院设有一个官方网站，同时，该网站下还有一个专门用于招生的二级网站，由其招生办老师负责发布一些招生信息并在线接受用户咨询。为了增加该网站的访问量，洛阳某职业学院招生办老师在该网站后台上加载标题"洛阳××技术学院2017年火爆招生"，当用户在百度搜索栏中输入"洛阳××技术学院"后，百度关键字进行宽泛搜索，同时因为洛阳某职业学院网站做了百度推广，该网站就会很容易被搜索到，而当用户点击搜索到的"洛阳××技术学院2017年火爆招生"标题时就会进入该网站，从而借机宣传推

---

① 利用互联网发布广告，未显著标明关闭标志，确保一键关闭的，由市场监督管理部门责令改正，对广告主处五千元以上三万元以下的罚款。

广洛阳某职业学院的相关招生业务。洛阳市工商局审理认为：洛阳某职业学院的上述行为违反了《互联网广告管理暂行办法》第八条第二款"不得以欺骗方式诱使用户点击广告内容"的规定，依据《互联网广告管理暂行办法》第二十四条的规定，对当事人处以罚款。

（本案例源于网络并经作者加工整理）

（五）互联网广告内容的禁止规定

对于法律、行政法规规定禁止生产、销售的产品或者提供的服务以及禁止发布广告的商品或者服务，任何单位或者个人不得设计、制作、代理、发布广告。麻醉药品、精神药品、医疗用毒性药品、放射性药品等特殊药品，药品类易制毒化学品以及戒毒治疗的药品、医疗器械和治疗方法，不得做广告。除以上药品以外的处方药，只能在国务院卫生行政部门和国务院药品监督管理部门共同指定的医学、药学专业刊物上做广告。广播电台、电视台、报刊音像出版单位、互联网信息服务提供者不得以介绍健康、养生知识等形式变相发布医疗、药品、医疗器械、保健食品广告。禁止在大众传播媒介或者公共场所、公共交通工具、户外发布烟草广告。禁止向未成年人发送任何形式的烟草广告。禁止利用其他商品或者服务的广告、公益广告宣传烟草制品名称、商标、包装、装潢及类似内容。烟草制品生产者或者销售者发布的迁址、更名、招聘等启事中，不得含有烟草制品名称、商标、包装、装潢及类似内容。

（六）互联网广告内容的审查规定

医疗、药品、特殊医学用途配方食品，医疗器械、农药、兽药、保健食品广告以及法律、行政法规规定应当进行审查的其他广告，应当在发布前由广告审查机关对广告内容进行审查；未经审查，不得发布。

四、电子邮件广告及其相关法律法规

（一）电子邮件广告的含义

电子邮件（electronic mail，E-mail）是指利用计算机网络所提供的一种媒体信件信息系统。电子邮件服务系统是处理邮件交换的软件、硬件设备，包括邮件程序、电子邮箱等。电子邮件是计算机网络中最广泛、最普遍、使用得最频繁的一项服务，这是因为电子邮件具有应用范围广泛、通信性能优越和通信手段简便等特点。

电子邮件广告（E-mail advertising）是指以电子邮件的形式通过互联网将广告发送到消费者的电子邮箱中。电子邮件广告以电子邮件为传播载体，是通过网络发送电子广告信息来达到宣传推销商品或者服务目的的相关信息。电子邮件广告具有针对性强、信息总量大的特点，因此商家喜欢采用此方式。但是，在使用电子邮件广告时，需得到电子邮件接收方的许可。

（二）电子邮件广告的法律法规限制

根据相关法律法规的规定，电子邮件制作人、发送者未经允许不得向他人发送电子邮件广告，否则要受到处罚。《广告法》第四十三条规定："任何单位或者个人未经当事人同意或者请求，不得向其住宅、交通工具等发送广告，也不得以电子信息方式向其发送广告。以电子信息方式发送广告的，应当明示发送者的真实身份和联系方式并向接收者提供拒绝继续接收的方式。"《互联网广告管理暂行办法》第八条第三款规定："未经允许，不得在用户发送的电子邮件中附加广告或者广告链接。"

五、垃圾邮件及其相关法律法规

1. 垃圾邮件的定义

关于垃圾邮件的定义和垃圾邮件判断，存在多种观点和标准。《中国互联网协会反垃圾邮件规范》中所称的垃圾邮件包括下述属性的电子邮件：第一，收件人事先没有提出要求或者同意接收的广告、电子刊物、各种形式的宣传品等宣传性电子邮件；第二，收件人无法拒收的电子邮件；第三，隐藏发件人身份、地址、标题等信息的电子邮件；第四，含有虚假的信息源、发件人、路由等信息的电子邮件。

2. 垃圾邮件的相关法律法规

近年来，我国采取了一系列的反垃圾邮件措施，主要包括成立中国互联网协会反垃圾邮件中心（2004年9月成立）、建立用户反馈举报垃圾邮件系统平台、公布垃圾邮件黑名单、反垃圾邮件技术推广应用和加强国际协作等，取得了显著的效果。

【视野拓展】
《互联网电子邮件服务管理办法》

 思考与练习

1. 简述互联网广告的定义。
2. 简述互联网广告的形式。
3. 简述互联网广告内容相关的法律法规。
4. 简述电子邮件广告的法律法规。
5. 简述什么是互联网广告管辖权。

 经典案例赏析

互联网广告还是网络信息？

2017年7月6日，辽宁省大连市工商局网监分局接到举报称大连甘井子某培训学校在其自设网站上发布违法广告，要求工商部门调查处理。该网监分局对举报情况立案调查。

经查实，当事人大连甘井子某培训学校系民办非企业单位，在互联网开设域名为qidi.cn的网站，主要用于发布与学校有关的课程信息、行业新闻、学生感言等内容。执法人员调查发现，当事人网站中的"学员感言"栏目有多个学员的姓名、所学专业、工作单位以及在该学校学习的收获和给学校的建议等内容。上述内容涉嫌以受益者的名义对学校所提供的培训服务等做推荐和证明。至被检查前，当事人并未对学员发布的感言等信息进行修改、编辑、下沉或删除。

围绕该案的定性处理，执法人员有四种不同的观点：第一种观点认为，当事人系利用受益者的名义做推荐、证明，违反了《广告法》第二十四条的规定，应当按照《广告法》第五十八条的规定对当事人进行处罚；第二种观点认为，当事人利用学员代言对产品或服务做推荐、证明，属于代言人发布广告的行为，违反了《广告法》第三十八条的规定，应当按照《广告法》第五十八条的规定进行处罚；第三种观点认为，培训学校在此过程中只是充当了类似微信、微博等互联网信息服务提供者的角色，应当对当事人是否尽到互联网信息服务提供者的责任进行调查处理；第四种观点认为，该校学员在当事人网站上发表的感言不属于广告，应当予以销案。大连市网监分局采纳了第四种观点，认为举报人所举报的大连甘井子某培训学校在其自设网站发布违法广告的事实不成立，对案件做出销案决定。

资料来源：https://www.sohu.com/a/221461454_99916761.

思考讨论题

你选择第几种观点？为什么？

第六章 跨境电子商务物流及其相关法律法规

知识目标

- 理解跨境电子商务与国际物流的关系。
- 掌握跨境电子商务的国际物流模式。
- 掌握跨境电子商务产品定价。
- 理解国际物流成本控制策略。

关键词

跨境电子商务物流 配送 配送作业 配送合同 供应配送 第三方配送 仓储 自营仓储 合同仓储 运输 承运人 跨境电子商务物流的风险

本章思维导图

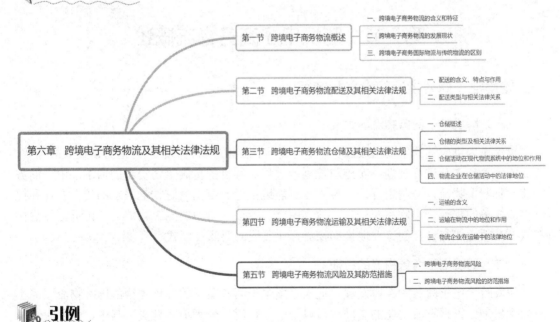

引例

邮政小包的优点和缺点

邮政小包主要通过邮政渠道,运用个人邮件形式进行递送。市面上主要使用的有中国邮政小包、新加坡邮政小包等,其他一些国家的邮政小包只在特殊的情况下使用。跨境电子商务从业者都知道邮政小包的优点,那就是价格便宜、清关方便。但是,这两个优点也慢慢地在政策形势下变得不那么突出了。以中国邮政小包为例,其原有价格为50元人民币每千克,现在价格大约为90元人民币每千克,比原有的价格涨了近1倍。同时,小包清关时,含电、粉末、液体等特殊产品的在正常渠道下已经是不可能通过了,当然市面上也有可以进行清关的,但不包通过,被检出之后整包退回还算好的,有些就直接被扣下了。这样的情况对于跨境电子商务来说是致命的,不管是在哪种平台上进行销售,这种损失都是商家承受不起的。此外,邮政小包的递送时效差、丢包率高,如果不是挂号件则无法进行跟踪。先说时效慢的问题,对于小包的递送周期,虽然所有的代理商都声称是15~30天,但几乎80%以上的包裹都是超过30天送达的。要是碰到旺季的时候,这个周期将有可能无限期延长。对于丢包的问题,相信用过邮政小包的用户都碰到过这样的情况:一个包裹发出去之后,中国海关出关信息也有了,然后过了几个月,客户来问包裹到了哪里,才发现包裹根本就没有送达。小包如果需要跟踪,就需要用挂号件,而使用挂号件要在原有的价格基础上增加挂号费,对于卖家来说无疑增加了运营成本。但由于邮政小包具有便宜、方便的优点,因此它还是会有巨大的市场,也还会占据跨境电子商务递送渠道的最大份额。

资料来源:中国邮政小包的寄送要求、优点和缺点[EB/OL]. (2019-10-19).
https://www.sohu.com/ a/348098163_328178.

辩证与思考:邮政小包的优、缺点有哪些?怎样弥补其缺点?

第一节 跨境电子商务物流概述

一、跨境电子商务物流的含义和特征

(一)跨境电子商务物流的含义

物流作为供应链的重要组成部分,是对商品、服务及相关信息从产地到消费地的高效、低成本流动和储存进行规划、实施与控制的过程,其目的是满足消费者的需求。电子商务物流又称网上物流,是利用互联网技术尽可能地把世界范围内有物流需求的货主企业和提供物流服务的物流公司联系在一起,建立中立、诚信、自由的网上物流交易市场,促进供需双方高效达成交易,创造性地推动物流行业发展的新商业模式。

(二)跨境电子商务物流的特征

随着跨境电子商务的高速发展,适应跨境电子商务需求的各种类型的国际物流服务不断衍生出来。根据物流功能的不同,可以把国际物流划分为很多种类,其中,商业快递、邮政快递、国际物流专线、海外仓物流等是跨境电子商务企业选择得最多的国际物流类型。区别于传统物流,跨境电子商务国际物流具有以下几个特征。

1. 物流反应速度快速化

跨境电子商务要求对国际物流上下游的物流配送需求做出非常快速的反应,从而使前置时间和配送间隔越来越短,商品周转和物流配送时效越来越快。

2. 物流功能的集成化

跨境电子商务将国际物流与供应链的其他环节进行集成，包括物流渠道与产品渠道的集成、各种类型的物流渠道之间的集成、物流环节与物流功能的集成等。

3. 物流作业的规范化

跨境电子商务国际物流强调作业流程的标准化，包括物流订单处理模板、物流渠道的管理标准等，使复杂的物流作业流程变成简单的、可量化的、可考核的物流操作方式。

4. 物流信息的电子化

跨境电子商务国际物流强调订单处理、信息处理的系统化和电子化，用ERP 信息系统功能完成标准化的物流订单处理和物流仓储管理模式。通过ERP 信息系统对物流渠道的成本、时效、安全性进行有效的 ERP 考核以及对物流仓储管理过程中的库存积压、产品延迟到货、物流配送不及时等进行有效的风险控制。

【视野拓展】
我国跨境电商发展中的物流现象

二、跨境电子商务物流的发展现状

跨境电子商务国际物流在广义上是指国际贸易及非贸易物流、国际物流投资及合作等；在狭义上是指存在于两个不同关境的交易主体之间的物流服务模式。例如，现阶段较有影响力的 UPS、USPS、出口易、第四方等都属于国际物流范畴。据前瞻产业研究院发布的《中国快递行业市场前瞻与投资战略规划分析报告》统计数据显示，"十三五"以来，我国快递业保持高速增长，每年增长 100 亿件。自 2014 年起，我国快递业务量已连续五年稳居世界第一，超过美、日、欧等发达经济体总和。截至 2018 年，全国快递服务企业业务量累计完成 507.1 亿件，同比增长 26.6%；业务收入累计完成 6038.4 亿元，同比增长 21.8%。其中，2018 年 12 月，我国快递发展指数达到了 160.0，同比提高了 13.6%，可见，未来我国快递行业发展潜力将无法估量。国际物流是构建跨境电子商务供应链的必要环节。跨境电子商务的流程包括谈判、立约、支付、物流等多个环节。跨境电子商务的发展也为与这些环节相关的企业的发展提供了市场机遇，特别是"国际物流"。

三、跨境电子商务国际物流与传统物流的区别

无论是跨境电子商务国际物流还是传统物流，都是在一定的可控成本下对物品的运输流通过程，但是跨境电子商务对物流的具体要求不同于传统物流，两者的区别体现在以下几个方面。

（1）物流的运营模式不同。跨境电子商务"多品种、小批量、多批次、周期短"的运营模式对物流的敏捷性和灵活性提出了更高的要求，跨境电子商务网上交易后对物流信息的更新强调了库存商品快递分拣配送原则，物流渠道的多元化也符合跨境电子商务对国际物流的柔性需求。而传统商务"少品种、大批量、少批次、长周期"的运营模式决定了传统物流的固定化和单一性。

（2）物流功能性的附加价值不同。对于跨境电子商务商家来说，国际物流不仅具有运输的功能，还关系到客户的消费体验，因为终端客户的产品体验也包括了对国际物流的时

效体验。而传统物流除了运输的功能外,附加价值的体现并不明显。

(3)跨境电子商务国际物流强调整合化和全球化,而传统物流强调的是门到门、点对点。

(4)跨境电子商务的国际物流是主动服务,而传统物流是被动服务。前者是产品、物流、信息流、资金流的统一,其在交易完成后主动把物流信息发给客户并实时监控货物直到完成投递;后者只是完成物品的运输,往往在货物送达以后才发生信息流。

跨境电子商务国际物流注重IT系统化、信息智能化。在跨境电子商务的推动下,商家可以信息技术为核心,对国际物流全过程进行优化。现在,各大国际物流服务商致力于开发技术领先的物流ERP系统,以期提供更全面、更简单的物流信息操作模式,实现跨境电子商务网上购物的一体化和智能化。而传统物流的传统作业流程相对固定且变通性不强,是对单一环节的管理,因此,其对于系统的重视程度和智能化程度远远不如跨境电子商务的国际物流商。例如,全球速卖通只认可邮政官网、UPS官网、DHL官网、FedEx官网、TNT官网、To1官网、顺丰官网、EMS官网提供的物流跟踪信息。对于无法核实真伪的物流跟踪信息,速卖通有权不予认可。

第二节 跨境电子商务物流配送及其相关法律法规

一、配送的含义、特点与作用

(一)配送的含义

配送是物流的一种特殊的、综合的活动形式,是物流的一个缩影或在某一范围内对物流全部活动的体现。按照我国国家标准《物流术语》(GB/T 18354—2006)的表述,配送是指在经济合理区域范围内,根据客户要求,对物品进行拣选、加工、包装、分割、组配等作业并按时送达指定地点的物流活动。拣选是指按订单或出库单的要求,从储存场所拣出物品的作业。组配是指配送前根据物品的流量、流向及运输工具的载重量和容积,组织安排物品装载的作业。

(二)配送的特点

配送的实质是送货,但它又不同于一般的送货。与一般的送货相比,配送服务具有以下几个特点。

(1)配送服务更注重客户的要求。在配送中,配送人必须建立"客户第一"的观念,满足不同客户的个性化要求,根据客户的指示,将货物按指定的时间送至指定的地点交给指定的收货人。

(2)配送双方当事人通常具有稳定的合作关系。配送人利用专门的技术设备和专业化的组织管理为客户提供多品种、小批量、高频率、准时的拣选、加工、组配、运送等作业,简化客户的供应事务,提高供应保证程度,降低生产成本。因此,配送人与客户之间通常会建立长期稳定的合同关系,而在一般送货中,客户并不稳定且通常只是一次性的送货服务关系。

（3）配送不仅强调送，还强调配。配送是配与送的有机结合。配送人首先必须根据客户的要求对物品进行拣选、组配等活动，然后才是运输送货。而一般送货是将物品直接送达收货人，没有拣选和组配等环节。

（4）配送人要承担多方面的责任。由于配送是配与送的结合，配送人所承担的责任也就不限于运输这一个环节，还可能涉及仓储、包装、加工等各个方面，因而，配送人在配送活动中可能要承担多方面的法律责任。而一般送货只涉及运输，故只承担运输责任。

（5）配送依靠现代生产力和现代物流科技。配送需要利用专门的技术设备和专业化的组织管理为客户提供服务，而一般送货主要依靠自发意识。

（三）配送的作用

配送与包装、运输、仓储、装卸、搬运、流通加工融为一体，构成了物流系统的功能体系。配送的作用表现在以下几个方面。

（1）提升物流服务水平。配送能够按时、按量地将品种配备齐全并送货上门，使客户免去出差采购、运输进货等奔波之苦，从而简化手续、方便客户、节省成本、提高效率。此外，配送还保障了物资供应，从而保证企业的生产和流通能够正常进行，以满足人们生产生活的物质需要与服务享受需要。

（2）提高库存周转率。通过集中库存，可最大程度地利用有限仓库、有限库存为更大范围、更多数量的客户服务。需求大、市场面广必然导致物资利用率和库存周转率得到大大提高。

（3）完善干线运输体系。采用配送作业可以在一定范围内将干线运输、支线运输与仓储等环节统一起来，使干线运输体系得到优化，形成一个将大范围物流与局部范围配送相结合的、完善的物流配送体系。

（4）强化企业竞争力。分销领域采用配送系统可降低物流成本，提高服务水平，从而进一步扩大销售市场。产成品施行配送体制，即需要配送多少就生产多少，可实现产成品零库存，从而最大程度地节约资源。采购领域利用配送可实现企业需要多少，供销商就配送多少；企业何时需要货物，供销商就何时送货。可见，企业施行配送体制可促进分销体制、生产体制、采购体制发生革命性变化，增强企业的竞争力。

（5）保护生态环境。合理的配送体系减少了运输车辆，从而缓解了交通紧张，减少了噪声污染和尾气排放，有助于保护生态环境。

【视野拓展】
配送合同的概念

二、配送类型与相关法律关系

按照经营形式的不同，可以把配送分为以下四种类型。

（一）供应配送

供应配送即客户为了自己的供应需要所采取的配送形式，一般由客户组建配送据点，集中组织大批量进货（以便取得批量折扣），然后在本企业内部组织配送。在大型企业、企业集团或联合公司中，如连锁商店，常常采用这种配送形式组织对本企业的供应。在这种配送中，客户以自己的配送中心为企业内部提供配送服务，不存在外部配送法律关系。

(二)销售配送

销售配送即销售企业为了扩大销售,获得更多销售收益,将配送作为销售战略的一个环节来进行的促销型配送。销售配送的对象一般是不固定的,而是取决于市场的占有情况,因此这种配送的随机性较强,大部分商店的配送都属于这一类。在这种配送中,客户就是商品购买者,而销售企业为客户提供的配送服务是其履行销售合同的一部分,因此不存在独立的配送合同,其权利、义务主要根据销售合同约定或由被双方视作销售合同的附属合同进行约定。这种配送实际上就是销售合同加送货上门。

(三)销售—供应一体化配送

对于基本固定的客户和基本确定的配送产品,销售企业可以在自己销售的同时承担客户有计划配送者的职能。对客户来说,采用这种配送方式能获得稳定的供应,可以大大节约组织供应所耗用的人力、物力、财力,甚至可以裁减自己的供应机构,而对于销售企业来说则能获得稳定的客户和销售渠道。在这种配送中,销售企业与客户有着长期的配送服务关系,同时销售企业居于卖方和配送人的地位,而客户则居于买方的地位。销售企业与客户双方可能分别签订销售合同和配送服务合同,也可能只签订一个统一的合同(销售配送合同)。

【视野拓展】
配送增值服务

(四)第三方配送

第三方配送是配送人从工厂、转运站接收客户(卖方或买方)的货物后,为客户储存、保管货物,按客户要求分拣、配货并运送至客户指定地点的一种配送方式。与上述三种方式不同的是,这种配送的配送人既不是第一方——销售方(卖方),也不是第二方——买方,而是一个独立的物流企业。第三方配送通过由第一方(卖方)或第二方(买方)与第三方物流企业签订配送合同来实现,而客户与第三方物流企业之间的权利、义务受配送合同支配。

【视野拓展】
独具特色的沃尔玛配送中心

> **课堂讨论:如何理解配送合同的性质?**
>
> 配送合同是一种无名合同,不是单纯的仓储合同或运输合同。从事配送业务的企业都会为客户提供仓储保管服务并将货物送至客户指定的地点,但是不能据此将配送合同定性为仓储合同或运输合同,因为配送是一系列活动,运输和仓储保管仅是这一系列活动中的一个环节,不足以涵盖配送合同的全部。

第三节 跨境电子商务物流仓储及其相关法律法规

一、仓储概述

(一)仓储的概念

仓储的概念有狭义和广义之分。狭义的仓储是指商品离开生产领域、进入消费领域之前，处于流通领域时所形成的"停滞"；广义的仓储不仅存在于生产到消费的过程中，也存在于生产过程中和消费流通过程中。概括地说，仓储是指利用仓库存放暂时未使用的物品的行为，是物品在供需双方之间转移时存在的一种暂时滞留。仓储活动是指从接收储存物品开始，经过储存保管作业，直到把货物完好地发送出去的全部活动过程，包括存货管理和仓库中货物的装卸、搬运、保养等各项作业活动。

仓储具有以下两个特点。

（1）仓储是一项商业活动。它不仅包括物品在一般的空间（仓库）中的储藏与保管，也包括物品在其他一系列设施和场地中的储存。例如，露天场地对矿砂石的储存、运输过程中运输工具对货物的储存。

（2）电子商务仓储不同于传统仓储，是一项物流活动。传统仓储一般起着长期储存原材料及产成品的作用。过去，生产商需要先生产出产品作为存货，然后再将储存在仓库中的存货销售出去，因此，多数企业都有很高的存货水平。20 世纪 80 年代以来，随着零库存、联盟及物流供应链理论的出现，仓储的战略目标转变为以较短的周转时间、较好的存货率、较低的成本和较好的顾客服务为内容的物流战略目标。在这种物流环境下，产品至多在仓库中储存几天甚至几小时。

（二）仓储的功能

1．基本功能

基本功能是指为了满足市场的基本储存需求，仓库所具有的基本操作或行为，包括储存、保管、拼装、分类等基础作业。其中，储存和保管是仓库最基础的功能。通过基础作业，货物得到了有效的、符合市场和客户需求的仓储处理。例如，拼装可以为货物进入物流过程中的下一个物流环节做好准备。

2．增值功能

通过基本功能的实现而获得的利益体现了仓储的基本价值。增值功能是指通过仓储高质量的作业和服务，使经营方或供需方获取额外的利益，这个过程称为附加增值。这是物流中心与传统仓库的重要区别之一。

增值功能的典型表现方式包括：一是提高客户的满意度。当客户下达订单时，物流中心能够迅速组织货物并按要求及时送达，这提高了客户对服务的满意度，从而增加了潜在的销售量。二是信息的传递。在仓库管理的各项事务中，经营方和供需方都需要及时而准确的仓库信息，如仓库利用率、进出货频率、仓库的地理位置、仓库的运输情况、客户需求状况、仓库人员的配置等，这些信息为用户或经营方进行正确的商业决策提供了可靠的依据，提高了用户对市场的响应速度，提高了经营效率，降低了经营成本，从而带来了额外的经济利益。

3．社会功能

仓储的社会功能体现在仓储的基础作业和增值作业会给整个社会物流过程的运转带来不同的影响，良好的仓储作业与管理会带来正面的影响，如保证了生产、生活的连续性，反之则会带来负面的效应。

可以从以下三个方面理解仓储的社会功能：第一，时间调整功能。一般情况下，生产与消费之间会产生时间差，通过储存，可以克服货物（如季节生产但需全年消费的大米）

产销在时间上的隔离。第二，价格调整功能。生产和消费之间会产生价格差，供过于求、供不应求都会对价格产生影响，因此，仓储可以克服货物在产销量上的不平衡，达到调控价格的效果。第三，衔接商品流通的功能。商品仓储是商品流通的必要条件，为保证商品流通过程连续进行，就必须有仓储活动。对供货仓库而言，这一点是非常重要的，因为若原材料供应延迟将导致产品生产流程的延迟，从而延误商品流通。

二、仓储的类型及相关法律关系

按仓库的不同使用方式，可将仓储分为以下几种。

（一）自营仓储

自营仓储是物品的仓储业务由企业自己来经营或管理的一种储存形式。我国大多数外贸公司都采用自营仓储。自营仓储具体又可分为自有仓储和租赁仓储两种形式。

（1）自有仓储，即企业使用自建或购买的仓库储存自己的产品。企业对仓库拥有所有权，利用自有仓库进行仓储活动。企业与仓库所有人为同一人，不存在第二个民事主体。在法律关系上，企业与仓库部门是上下级的行政关系，而不是平等的民事法律关系。

（2）租赁仓储，即企业使用租用的仓库储存自己的产品。企业对仓库不具有所有权，但具有使用权和经营权，企业自行经营和管理物品的仓储业务。企业和仓库所有人之间是一种财产租赁关系。其中，企业是承租人，仓库所有人是出租人，双方之间的权利、义务适用有关财产租赁的法律规定。

【视野拓展】
仓储合同的
违约责任

（二）合同仓储

合同仓储又称为第三方仓储，指企业将仓储作为物流活动的一部分转包给外部公司，由外部公司为企业提供综合物流服务。合同仓储是公共仓储发展的趋势。通常来说，合同仓储的设计水平较高并且符合特定商品的高标准、专业化的搬运要求，能够提供专业化、有效、经济和准确的分销服务与配送服务。合同仓储是一种定制的公共仓储形式。在这种形式中，合同仓储公司为客户提供通常由客户自身进行的物流服务，一般包括储存、将整装货物分装或将分装货物整装、按订单对货物分类搭配、在途配货、存货控制、安排运输、物流信息系统管理及客户所要求的任何附加的物流服务。合同仓储公司通过提供客户要求的整套的物流服务来支持客户的物流渠道，而不仅限于提供存储服务。客户与合同仓储公司签订的实际上是一份综合物流服务合同，双方是物流服务需求者和物流服务提供者的关系，其权利和义务应按照有关物流服务合同的法律规定确定。

（三）公共仓储

公共仓储是企业委托提供营业性服务的公共仓库储存物品的一种仓储方式。公共仓库是一种专业从事仓储经营管理的、面向社会的、独立于其他企业的仓库，是公用事业的配套服务设施，为车站、码头提供仓储配套服务，主要目的是保证车站、码头等的货物作业和运输正常开展。在公共仓储中，企业不仅租用仓库，同时还利用了其所提供的仓储服务。因此，企业与仓库不是单纯的财产租赁关系，而是一种仓储合同关系。其中，企业是存货人，

【视野拓展】
仓储合同中存货
人的违约责任

公共仓库为保管人，双方的权利和义务适用有关仓储合同的法律规定。

（四）战略储备仓储

战略储备仓储是国家根据国防安全、社会稳定的需要，对战略物资进行储备。战略储备仓储特别重视储备品的安全性并且储备时间较长，所储备的物资主要有有色金属、粮食、油料等。

三、仓储活动在现代物流系统中的地位和作用

仓储与运输并称为物流过程的两大支柱，是物流的中心环节，具有以下几种作用。

（一）提供了物流的时间效用

货物不仅要送达消费者需要的地点，而且要在消费者所需的时间内送达，这就是时间效用。在物流过程中，如果说运输的主要功能是实现物品空间位置上的转移，以提供物流的空间效用，那么仓储则主要是克服物品生产与消费在时间上的差异，以提供物流的时间效用。

（二）调节生产与消费的平衡

该作用源于仓储为物流提供的时间效用。以季节性消费品防冻液为例，虽然人们只在冬天使用防冻液，但生产商不会只在冬季生产，而是全年不间断地生产，如此，生产与消费就在时间上产生了矛盾。而仓储活动可以将企业全年生产的产品先行储存起来，等到销售季节到来之时再出货销售，从而协调了生产与消费的平衡。

（三）降低运输成本，提高运输效率

企业可以利用仓库的中转功能，尽量在长距离干线运输中采取大规模、整车运输，从而降低运输成本，提高运输效率。例如，企业可以分别从多个供应商处小批量地购买原材料并运至仓库，将其拼箱后再整车运输至工厂或者将各工厂的产品大批量地运到仓库，再根据客户的要求，小批量地发运给客户。

【视野拓展】
沈阳市政府与营口港联手构建海陆联运国际物流母港

（四）进行产品整合，满足客户个性化需求

根据客户要求，企业可以利用仓库将不同的产品进行调整、组合、打包，不同企业的零部件产品也可以通过在仓库中的整合组装成满足客户个性化要求的新产品。

四、物流企业在仓储活动中的法律地位

不同的物流企业参与仓储活动的方式不尽相同，则法律地位也不同。以不同的法律关系为根据，实践中，各物流企业参与仓储活动的方式大致可分为以下几种。

（一）仅为客户提供仓储服务

这类物流企业主要是指专门从事营业性服务的公共仓库。它们接受客户委托，专门为

客户提供货物的储存和保管服务，除所附带的一些搬运、装卸服务外，一般不提供其他物流服务。此时，物流企业与客户签订的是仓储合同，双方是仓储合同法律关系。其中，物流企业为保管人，客户为存货人，双方的权利和义务按有关仓储合同的法律规定确定。综合性物流企业或者其他性质的物流企业具备仓储条件，而客户只需要提供货物的储存和保管服务的，也可以与客户签订这种仓储合同。在这种情况下，物流企业（虽然本身是综合性物流企业）与客户之间也是仓储合同法律关系。

（二）为客户提供包含仓储的综合物流服务

这类物流企业一般为综合性物流企业或者具有两项以上的物流服务（包括仓储）功能的企业。它们除了为客户提供货物的储存和保管服务外，还会根据客户要求为其提供运输或者配送等物流服务。此时，物流企业与客户签订的是物流服务合同，而不是单纯的仓储合同。其中，物流企业是物流服务提供者，客户是物流服务需求者，双方的权利和义务按物流服务合同双方当事人的关系予以确定。这类物流企业与客户之间的法律关系不因仓储服务在物流企业所提供的全部物流服务中的比重或重要性不同而有所区别。例如，在经营仓储的物流企业与客户所签订的物流服务合同中，仓储服务位于主要地位，比重较大，而其他诸如运输、配送等只是其业务的扩展；在大型的配送中心与客户所签订的物流服务合同中，仓储则可能作为配送的附带服务；在一些综合性物流企业与客户签订的物流服务合同中，仓储、运输、配送等可能具有同等重要的地位。无论哪种情况，均不影响物流企业与客户之间的法律关系。

（三）以存货人的身份出现

这类物流企业一般是指没有仓储设备的综合物流企业或者虽有仓储设备但库存空间不足的物流企业。这类物流企业与客户签订含有仓储服务的物流服务合同后，由于自身仓储能力的欠缺，只能将全部或者部分仓储服务交由其他拥有仓储设备的物流企业。人们对于仓储业务的需求特别是在货物精准率和响应时间上的需求显著增加，因此，仓储物流企业应该积极寻求自己的发展路径，具体如下。

（1）提升企业信息化水平，大力开展技术研发。仓储型物流企业应当运用现代仓储管理技术，充分利用电子商务下的仓储管理信息化、网络化和智能化的优势，有效地控制进、销、存系统，确保物流、信息流、资金流保持一致，以实现资源配置的优化。

（2）培养多功能型人才，降低劳动力成本。仓储型物流企业要在激烈的竞争中取胜，人才是关键。随着机械化水平的提高，仓储型物流企业完全可以利用设备完成货品的入库和出库，所以优化人力资源配置、培养多功能复合型人才是仓储企业升级的重点。

（3）注重品牌营销，提升服务水平。物流企业进入了品牌竞争的时代，一个深入人心的品牌可以长时间地享受品牌价值带给企业的溢价功能。在仓储服务中，应了解客户的真实需求，尽最大可能地整合一切可用资源为客户制定优化流程方案，以提升企业的附加价值。

【视野拓展】
我国仓储业的发展趋势

第四节　跨境电子商务物流运输及其相关法律法规

一、运输的含义

运输是指物品借助于运力在空间上所发生的位置移动，以实现物流的空间效用。具体地说，运输就是通过火车、汽车、轮船、飞机等交通运输工具将货物从一处运送到另一处的活动。根据国家标准《物流术语》，运输就是"用专用运输设备将物品从一个地点向另一地点运送。其中包括集货、分配、搬运、中转、装入、卸下、分散等一系列操作"。运输是整个物流系统中的一个极为重要的环节，在物流活动中处于中心地位，是物流的一个支柱。

运输包括生产领域内的运输和流通领域内的运输。生产领域内的运输被称为厂内运输，有时也被称为物料搬运，通常是在企业的内部进行的，包括原材料、半成品和成品的运输，流通领域内的运输则是作为流通领域内的一个环节，是生产过程在流通领域的继续。运输是以社会服务为目的的，是对物质产品的运输，是完成产品从生产领域到消费领域在空间位置上的物理性转移的过程，实现了产品从生产者到消费者的流转。它既包括产品从生产所在地到消费（用户）所在地的直接移动，也包括产品从生产所在地到物流网点（如仓库、配送中心、物流中心等）的移动和产品从物流网点到消费（用户）所在地的移动。其中，由物流网点到消费（用户）所在地的运输由于距离短、批量小的缘故，又被称为"配送"，以区别于长途运输。

运输中的当事人包括以下几个。

（1）托运人，即与承运人订立货物运输合同的人。托运人是货物运输合同的一方当事人，是把货物交给承运人运输的人。

（2）承运人，即与托运人订立货物运输合同的人。承运人是货物运输合同的另一方当事人，负责用约定的运输方式把货物运送到指定的目的地。

（3）收货人，即在货物运输合同中指定的有权领取货物的人。收货人虽然不是签订运输合同的人，但其有权提取货物并在一定条件下受运输合同的约束。

（4）出租人，即因货物运输而与承租人订立租用交通运输工具合同的人。就运输来说，出租人是把车、船、飞机等运输工具出租给承租人使用的人。

（5）承租人，即与出租人订立租用合同的人。在运输方面，承租人是从出租人处租用车、船、飞机等运输工具的人。

（6）多式联运经营人，即与托运人订立多式联运合同的人。多式联运经营人是多式联运合同的当事人，负责组织货物运输，具有相当于承运人的地位。

> 课堂讨论：多式联运有什么优势？
>
> （1）有利于简化运输手续、降低运输成本。多式联运方式下，所有运输事项均由多式联运经营人负责办理，而货主只需订立一份运输合同，减少了分段签订合同的成本。

（2）有利于缩短运输时间。多式联运作为一个单独的运输过程而被安排和协调运作能减少在运转地的时间损失和货物灭失、损坏、被盗的风险。多式联运经营人通过联络和协调，保证各种运输方式的交接可连续进行，使货物更快速地运输，从而弥补了与市场距离远和资金积压的缺陷。

（3）有利于提高运输管理水平。多式联运可以实现各种运输方式的连续运输，做到门到门的运输，使合理运输成为现实。

二、运输在物流中的地位和作用

（一）运输是物流的主要功能要素之一

从物流的概念来说，物流是"物"的客观性运动，不但改变了物的时间状态，也改变了物的空间状态。而运输是改变物体空间状态的主要手段，它与搬运、配送等活动配合，能圆满地完成改变物体空间状态的任务。在现代物流的概念未产生以前，有不少人把运输等同于物流本身，主要原因就在于物流的大部分工作是由运输来完成的。

（二）运输是物流过程中各项业务活动的中心活动

物流过程中的其他各项活动诸如包装、搬运、装卸、物流信息等都是围绕着运输而进行的。运输条件是企业选择工厂、仓库、配送中心等地点时需要考虑的主要因素之一，运输方式决定了物品运输包装的要求，运输工具决定了配套使用的搬运装卸设备及运输节点的设置，运输状况影响着库存储备量，发达的运输系统能够适量、快速和可靠地补充库存，从而降低库存量。

（三）运输是物流过程的各项业务活动中的关键

运输是物流的"动脉"系统，是创造物流空间效用的环节；运输可提高物流速度，是发挥物流系统整体功能的中心环节；运输是加快资金周转速度、提高物流经济效益和社会效益的重点所在。

课堂讨论：物流中常见的运输方式有哪几种？

（1）陆路运输。

（2）水路运输。

（3）航空运输。

（4）管道运输。

（5）多式联运。

三、物流企业在运输中的法律地位

1. 具有运输作业能力的物流企业的法律地位

具有运输作业能力的物流企业即以自身拥有的交通运输工具自行完成物流中的运输活

动的企业。物流企业与物流需求方（即货方）签订物流服务合同，其法律地位类似于委托合同中的受托人。它可以亲自完成合同约定的运输，也可以对运输事项另做安排。很多物流企业本身就拥有一定的运输能力，尤其是由运输企业转型而来的物流企业，它们往往拥有自己的车队、船队甚至铁路专线。因而，物流企业要按照物流服务合同的约定承担受托人的义务和责任，而且这种义务和责任比运输合同中承运人的还要严格。

2. 不具有运输作业能力的物流企业的法律地位

不具有运输作业能力的物流企业即利用他人的交通运输工具组织物流中的运输活动的企业。运输虽然是物流系统的重要环节，但并不要求物流企业本身具有完成运输的作业能力。通常来说，这类物流企业通过与交通运输工具的所有人签订租用合同或者与承运人签订货物运输合同的方式完成运输活动。此时，物流企业仍然对物流需求方承担受托人的义务，但由于它为了完成运输又与实际履行的运输方签订分合同，因而根据所签订的合同不同，具有不同的法律地位。如果物流企业选择租用他人的运输工具，与运输工具的出租人签订租用合同，它就具有了承租人的法律地位，即需要承担承租人的义务和责任。如果物流企业选择与承运人签订运输合同，它就处于托运人的法律地位，在履行运输合同的过程中需要承担托运人的义务和责任。事实上，很多物流企业都与运输企业之间保持着良好物流实务操作与法律的合作关系。

【视野拓展】
物流企业对物流需求方所负的运输责任

> **课堂讨论**：调整陆路货物运输的法律法规有哪些？
>
> 我国陆路货物运输包括公路货物运输与铁路货物运输，相关法律法规包括：① 公路运输方面，如《中华人民共和国公路法》《中华人民共和国道路运输条例》《道路运输车辆维护管理规定》《道路危险货物运输管理规定》《道路货物运输及站场管理规定》《道路运输从业人员管理规定》《公路安全保护条例》《道路运输服务质量投诉管理规定》等；② 铁路运输方面，如《中华人民共和国铁路法》《铁路安全管理条例》等。

第五节 跨境电子商务物流风险及其防范措施

一、跨境电子商务物流风险

（一）转运中货物破损或丢失

常见的货物破损或丢失有可能是以下几种原因造成的：一是某些货运代理为了追求更大的利润，选择更换偏远的渠道，导致货物上网的信息非常慢；二是由于物流线路较长，一些较远的城市容易出现车辆颠簸、转运碰撞，造成货物丢失或破损；三是个别货运代理对高价值产品进行扣货，这在平时的物流中虽不常见但确有发生；四是物流操作人员操作不规范或暴力分拣。另外，香港地区出货的货品还要面临香港代理查货的风险。面对这些问题，商家们要选择正规的货运代理公司，妥善包装好产品。

（二）海关没收查验

商家在国内海关查验方面容易出现的情况主要有三个：一是假冒产品问题，我国坚决打击假冒产品，因此海关对假冒产品的查验是非常严格的。二是海关禁止出口的产品问题，电池、粉末、液体、贵金属等禁止出口的产品是无法通过海关查验的。三是冲关问题，主要指的是商业快递。有些商品是需要商检的，所以有些货运代理会建议商家虚报货值、货量较大商品的品名和价格冲关，而一旦被海关查出，货物将会被退回，严重的将被罚款。因此，商家要遵纪守法，按海关规定出口，尽量避免出现以上问题并在出口前了解需要的出口清单材料，如商检证明、报关背书等。

（三）未通过航空安检

我们都知道，危害航班、干扰信号的产品、易燃易爆产品、涉嫌假冒伪劣的产品都无法通过航空安检。因此，商家运输货物中有危险品的，要做好危险品证明并在航空公司备案；有电池类产品的，要做好MSDS（material safety data sheet，化学品安全技术说明书）；避免做涉嫌假冒伪劣的产品。

（四）转运途中的风险

航空包裹在到达目的国前要经过很多次中转，而这个过程中很容易出现很多问题，如中转过程中的货物丢失、恶劣天气导致的包裹投递延迟、分拣人员暴力分拣、中转拆包导致的外包装破损等。如果货物中有易碎物品，商家要多贴易碎品标签，在发货前多垫泡沫、气泡袋或打木架、木箱，以加固产品，保证货物安全；在货物货值较高的情况下，建议商家购买保险；对于时效要求较高的货物，商家要注意选择物流方式，慎用邮政大小包。

【视野拓展】
物流运输业加强风险控制已迫在眉睫

（五）清关问题

跨境电商关税过高、买家不愿清关、买家所在国家限制进口产品、侵权产品被海关查扣、申报价值与实际不符、货物需要退回或当地弃件及销毁等都是比较常见的清关问题。

二、跨境电子商务物流风险的防范措施

（一）选择合适的物流方式

对于物流配送速度要求高的包裹，商家可以选择商业快递。虽然商业快递的费用高，但是可以全程追踪并可在3～7天到达目的地，因此丢包和客户撤销付款的风险小，买家的购物体验较好。在对速度要求不高的情况下，商家可以选择航空小包。航空小包可以发2kg以下的货物，其特点是便宜、方便、全球通邮、价格统一，缺点是时效不稳定、更新信息慢，丢包和引发客户纠纷的风险大。不同国家的物流环境特别是物流软环境不同，所以不同国家物流运输方式的差异就很大。总的来说，EMS在各国的通关能力最强；航空小包能到达很多商业快递和邮政快递到达不了的国家和地区，几乎通邮全球。

（二）签订合同需谨慎

现代物流不是简单的签订代理、运输、仓储、保管、报关等合同，而是按一定流程管理的设计方案，要解决企业的各种疑难问题，达到简化程序、降低成本、提高管理水平、提高企业经济效益和市场竞争能力的目的，合同涉及的环节多、时间长、要求复杂，因此，在签订合同时应注意合同的合理性、完善性及是否具有可行性，是否考虑到经济性等。

（三）投保责任险获得保险理赔

有关现代物流业务的风险保险已逐步开展，但大多数的传统物流商还只停留在投保货运代理责任险的阶段。因此，一些专门从事现代物流的物流商应慎重考虑投保责任险，事先将自己的责任风险予以转移。值得注意的是，所适用的法律与合同条款中的物流商免责条款越少，赔偿限额越小，保费就越高；反之，保费就越低。由一家物流商分散单项去投保，营业额较小，保费较高；由几家公司集中多项去投保，营业额较大，保费较低。当然，还有其他一些影响保费高低的因素，如公司的资信情况好坏，营业额的大小，人员的素质、管理水平的高低，采用运输工具的好坏，采用何种运输方式，运去哪些地区与国家，适用何种法律、采用何种设施，采用何种单据，有无豁免条款，有无责任赔偿限额条款，是否发生过争议等。另外，物流商投保其责任险的目的就是当发生风险导致物流商承担责任时能及时地从保险公司得到赔偿，而索赔手续对于物流商来说是极为重要的。

（四）高度重视商品的特殊性

商家对每一个项目都要进行评估，分析风险的性质，找出可能存在风险的环节和最容易出问题的地方，从而给予高度重视，尤其是对一些特殊商品，如贵重的且价值高的商品及危险品或条件较苛刻（如在运送时间方面要求严格）的物品。当信息引起计算机系统失灵时，商家对于特殊商品更要有一套应急的机制与处理办法。

【视野拓展】
速卖通平台
产品定价

 思考与练习

1. 简述跨境电子商务物流的概念和特征。
2. 简述跨境电子商务配送的含义。
3. 简述跨境电子商务物流仓储的法律法规。
4. 简述物流企业在仓储活动中的法律地位。
5. 简述配送的类型。

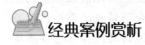 经典案例赏析

生鲜配送：华联超市物流中心

1. 华联生鲜配送业务背景

对于规模化生鲜经营的大型连锁超市集团来说，生鲜加工配送中心的建立和良性运作十分重要，它将为整合和优化生鲜供应链各方面资源和连锁超市生鲜区的标准化管理奠定

良好的基础，为超市生鲜经营积蓄充足的后续发展能力和竞争优势。

就目前超市生鲜品的采购渠道分布状况看，超市生鲜品的采购来源主要有两类，即本地采购和产地采购。本地采购的产品包括叶菜类（蔬菜基地）、鲜肉类（肉联厂）、鲜活水产（淡水养殖基地）、部分副食品（豆腐、豆浆、豆制品）、半成品凉菜、切配菜等；产地采购的产品包括大宗干菜、部分水果、冰冻水产、干鲜制品、加工制品。目前以单店生鲜经营形式为主，得不到生鲜配送服务体系支持，限于配送环节的保鲜水平不高，超市生鲜品采购集合的数量不大，使得超市生鲜区依赖于本地采购的生鲜品数量和品种比例相对较大，经营弊端一览无余。同一城市连锁超市的生鲜商品结构中同样存在严重的同构化现象，商品淘汰更新率较低，差异化经营和特色经营未能得到充分发挥，市场竞争力较弱。

在采购渠道优化方面，如果建立起生鲜加工配送服务体系，连锁超市可以在以下几个方面显现更强的市场运作优势：一是可以有效地整合本地连锁店生鲜销售的规模能力，以相当采购批量从农产品生产基地直接进货，减少中间环节；二是可以将部分农副产品从本地采购转为跨地区向产地采购，进而面向全国招标采购，扩大超市生鲜品的采购视野，为差异化经营和特色经营创造条件；三是结合采购渠道逐步向产地市场采购转移，可以淘汰一些实力弱、运作不规范的中小加工生产厂商和供应商，有效重构和优化生鲜采购渠道。

建立自己的生鲜加工配送中心，使之成为有效连接生鲜供应链上、下游可改善连锁超市生鲜经营采购运作环境的重要环节。华联物流已经拥有一个生鲜配送中心，但其信息系统开发得较早，功能、定位已经不能满足管理和业务日益增长的需求。

2. 华联生鲜中心急需解决的问题

（1）生鲜货品进货问题。华联生鲜货品进货时，有的货品有外包装，有的货品无外包装，有些蔬菜是连麻袋等容器一起收货，这样收货时有的是净重，有的是毛重。

原先的操作是以出为进，即出多少货，就认为进了多少货，这样做的好处是方便和供应商结算，弊端是管理层无法对采购人员的采购质量进行考核，因为看到的数据、到门店的货品数量都是合格的，采购质量是100%合格的。

（2）生鲜货品库存问题。生鲜货品在仓库中保存时会发生水分蒸发、变质等自然损耗，由于原先的操作是以出为进，因此，这些损耗数据无从查找。当损耗量较大或存在人为因素时，管理层也就不满意了。

（3）生鲜货品加工问题。华联生鲜加工分为两类：一类是生鲜货品进入仓库后进行简单分箱加工就可配给门店，如蔬菜。对于以出为进的方式，在这种加工过程中到底损耗了多少，谁也说不清楚。另一类涉及了成本的转移，即用到了配方，同样地，在加工过程中损耗了多少也是一笔糊涂账。

（4）生鲜配送中心的容器管理问题。华联生鲜货品中的冷链货品、蔬菜、鸡蛋等都是放在周转箱中进行装载和运输的，实际操作中，业务人员每天都要把数据记录在相应的纸质表格中，然后再手工计算送出去的数量、拿回来的数量，还要区分周转箱的类型、所属供应商，不仅费时费力且不能保证数据的准确性。如何能够通过系统自动计算出这些数据是个比较棘手但必须解决的问题。

思考讨论题

1. 如果你是公司决策人，你会用买车来解决送货效率低的问题吗？为什么？
2. 请用配送的含义分析该案例，并提出解决方法。

第七章 知识产权保护及其相关法律法规

知识目标

- 掌握电子商务对知识产权的挑战。
- 了解知识产权的类别。
- 掌握域名注册和注销的法律法规和域名纠纷的法律法规。
- 掌握网络版权的定义和网络版权的侵权情形。
- 了解著作权的法律责任和执法措施。
- 掌握网络著作权侵权纠纷案件的管辖。
- 掌握计算机软件著作权的内容和保护期限。

关键词

知识产权　电子商务知识产权　著作权　工业产权　域名　网络版权　计算机软件著作权人

本章思维导图

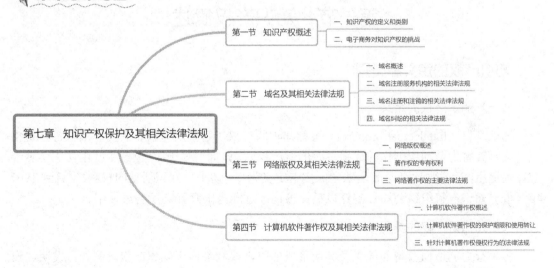

引例

商标的重要性

案例一："大王纸尿裤"案

大王会社在我国享有对"GOO.N"的商标权，同时授权大王南通公司为其生产的家庭纸用品包括"GOO.N"商标的纸尿裤等在中国大陆地区的唯一进口商、总代理商。被告森森公司未经大王会社授权进口销售带有"GOO.N"商标的纸尿裤产品,而这一纸尿裤产品正是大王会社在日本生产的。法院认定森森公司进口的大王纸尿裤商品从标识、包装、商品质量等综合因素看并无本质差异,虽然售后服务主体和流程等存在一定差别,但整体并未导致实质性差异,未影响"GOO.N"商标的识别功能,亦无证据证明森森公司的行为造成大王会社商誉的损害。另外,法院再次强调保护商标在于确保产源的真实性和可识别性,禁止他人未经许可的使用。商标权人的禁止权主要体现在商标区分性这一基本功能,而未致消费者产生商品或服务来源的混淆,亦未造成商标的弱化、丑化等对商标声誉的损害的,不宜认定为侵权行为。

案例二:"米其林"案

原告米其林是一家法国企业,其"轮胎人图形"与"MICHELIN"系列商标在我国很早便在轮胎与车辆等产品上获得注册。被告谈国强和欧灿在长沙一个小市场零售轮胎。经技术鉴定,涉案轮胎产自原告的授权厂,即米其林日本东京公司且轮胎来源渠道并无违法之处。但是,本案所涉及的被控侵权的轮胎产品在我国属于强制 3C 认证的产品,而被告所销售的轮胎并未经 3C 认证。法院认为,商标具有保证商品质量和表明商品提供者信誉的作用。对于上述功能和作用的损害,即构成商标侵权。

资料来源:栗世民,邵甜甜. 探秘国家互联网广告监测中心[EB/OL].(2016-09-06). http://www.cicn.com.cn/zggsb/2016-09/06/cms90730article.shtml.

辩证与思考:法院判决的依据是什么?

第一节 知识产权概述

一、知识产权的定义和类别

(一)知识产权的定义

知识产权(intellectual property)又称知识所有权、智慧所有权、智力成果权等,是指权利人对其智力劳动所创作的成果享有的财产权利。该词最早于 17 世纪中叶由法国学者卡普佐夫提出,后来被比利时著名法学家皮卡定义为"一切来自知识活动的权利"。直到 1967 年《世界知识产权组织公约》签订以后,该词才逐渐为国际社会所普遍使用。

(二)知识产权的类别

各种智力创造而取得的成果及其所形成的财产权利都属于知识产权。例如,发明、设计、文学艺术以及商标、产品或企业名称等都属于知识产权的范围。各国法律赋予知识产权的范围有所不同。知识产权一般分为两类,即著作权和工业产权。

1. 著作权

著作权,又称版权,是公民、法人或非法人单位按照法律享有的对自己的文学、艺术、自然科学工程技术等作品的专有权。公民、法人或者其他组织的作品,不论是否发表,均依法享有著作权。著作权是公民、法人或者其他组织依法享有的一种民事权利,属于无形财产权。

2. 工业产权

工业产权,又称产业产权,是指工业、商业、农业、林业和其他产业中具有实用经济意义的一种无形财产权,主要包括专利权与商标权。

二、电子商务对知识产权的挑战

(一)电子商务对传统知识产权概念的挑战

网络知识产权是整体性的、涉及多项内容的产权权利,而传统知识产权涉及单个知识产权权利问题,因此电子商务对传统知识产权的概念提出了挑战。例如,专利的"即发侵权"的制止问题、域名问题迫使人们将商标、厂商名称和商誉、不正当竞争结合起来考虑,提出了"一体保护"的方法;而传统的知识产权保护认为,权利尚未形成,则无权利保护可言,而且权利的保护有一定的界限并遵循单个法律判断。

(二)电子商务对传统知识产权特点的挑战

知识产权具有与有形财产不同的一些特点,如垄断性、地域性、时间性、无形性和政府确认性等。知识产权应当保证权利人的专有权利。如果地域性彻底被打破,权利就有可能成为世界通行的"全球权利"或者产生世界性统一的制度。电子商务活动建立在互联网上,网络的传输表现出"公开"的开放性和"无国界"的全球性特点及状态,而"公开"可能成为"公知""公用","无国界"又使得地域性的知识产权受到了严峻的挑战。

(三)电子商务对知识权法院管辖的挑战

传统知识产权纠纷案件多为被告所在地或者侵权行为地法院管辖。但是,互联网上的侵权行为难以确定具体的行为地点、受害地点和行为主体。网络侵权行为的跨时空性、无国界性等特点对传统的诉讼程序形成了挑战。

(四)电子商务对证据及保留的挑战

《中华人民共和国民事诉讼法》和《最高人民法院关于适用〈中华人民共和国民事诉讼法〉执行程序若干问题的解释》中规定,证据材料的"原件"是基本要求,即在认定事实的根据时,非原件的复制品在没有其他证据的情形下不被认可。而数据电文存储在计算机内,其打印出来的"书面形式"是一种复制件,难以满足原件的要求。

(五)电子商务对具体知识产权的挑战

1. 电子商务对商标权和域名的挑战

在传统商务中,商标起着识别商品的来源、品质、社会声誉等的功能,而在电子商务环境中,商标除了具有传统商标的功能外,还起着识别域名、网络声誉等功能。传统的商标是以平面的形式存在的相对固定不变的文字、图形、字母、数字等元素的组合，而在电子商务中，商标可能是动态化的视频、声音等，这使网络上商标和域名的侵权行为更难以确定。

2．电子商务对著作权的挑战

传统的著作权客体包括认可的发明、设计、文学、艺术等作品，但是在电子商务中，计算机软件、数据库、多媒体技术给版权的客体带来了新的内容。在涉及电子商务的著作权侵权问题时，法律界线不清楚，判断难度大。

3．电子商务对专利权的挑战

电子商务对专利权也提出了大量新问题。例如，计算机软件能否成为专利制度保护的客体、互联网的广泛性和开放性对专利"三性（新颖性、创造性、实用性）"中的"新颖性"特点提出的挑战、专利的电子申请方式中涉及的法律问题等，这些问题都需要在网络环境中找到解决的办法。

案例 7-1

商丘市睢县居民韩某销售商标侵权化妆品案

2017年8月，商丘市睢县工商局执法人员接到上海市长宁区市场监督管理局案件线索移送函，称睢县居民韩某在网上销售商标侵权化妆品。

经查，韩某于2017年3月在上海某信息技术有限公司运营的第三方交易平台"×××商城"以个人名义开办了一家名为"×××小屋"的网店，销售化妆品。同年4—5月，韩某共销售"百雀羚"化妆品100套。经"百雀羚"商标持有人上海百凤投资有限公司鉴定，韩某销售的化妆品属侵犯了该公司注册商标专用权的商品。

商丘市睢县工商局认为：当事人销售假冒"百雀羚"注册商标专用权化妆品的行为属于《中华人民共和国商标法》（以下简称《商标法》）第五十七条"销售侵犯注册商标专用权的商品"所指的侵犯注册商标专用权行为，依照《商标法》第六十条第二款的规定，责令当事人停止侵权行为并处罚款。

资料来源：网络诚信 消费无忧之曝光：河南省2017网络违法典型案例[EB/OL]．（2017-11-10）．https://www.ysnns.com/bbs/read.php?tid=177792．

第二节　域名及其相关法律法规

一、域名概述

域名（domain name）是在国际互联网上为了区分主机而对每台主机分配的一个专门的"地址"，用于在数据传输时标识计算机的电子方位，又称为IP地址。IP地址是互联网主机作为路由寻址用的数字形标识，但由于其不便记忆，因而产生了域名这一字符型标识。我国《互联网域名管理办法》第五十五条第一款规定，域名是指互联网上识别和定位计算机的层次结构式

【视野拓展】
《互联网域名管理办法》

的字符标识，与该计算机的 IP 地址相对应。

世界上第一个域名是在 1985 年 1 月注册的。域名最早于 1983 年由保罗·莫卡派乔斯（Paul V. Mockapetris）发明，其原始的技术规范在 882 号互联网标准办法草案（RFC 882）中发布。1987 年发布的 1034 号和 1035 号草案修正了域名技术规范并废除了之前的 882 号和 883 号草案。在此之后，对互联网标准办法的修改基本没有涉及域名技术规范部分的改动。在世界各地，每处域名注册服务机构的每一个域名的注册都是独一无二的，因此，在网络上，域名是一种相对有限的资源。

二、域名注册服务机构的相关法律法规

域名注册服务机构是指依法获得许可、受理域名注册申请并完成域名在顶级域名数据库中注册的机构。按照国家有关法律法规、《互联网域名管理办法》的规定，在我国境内从事域名注册服务的机构必须具备规定的条件并申请且经工业和信息化部或者省、自治区、直辖市通信管理局（统称"电信管理机构"）的许可。未经许可擅自设立域名注册服务机构的，电信管理机构应当根据《中华人民共和国行政许可法》第八十一条的规定，采取措施予以制止并视情节轻重予以警告或者处一万元以上三万元以下罚款。

（一）设立域名注册服务机构应具备的条件

《互联网域名管理办法》第十二条规定，申请设立域名注册服务机构的，应当具备以下条件。

第一，在境内设置域名注册服务系统、注册数据库和相应的域名解析系统。

第二，是依法设立的法人，该法人及其主要出资者、主要经营管理人员具有良好的信用记录。

第三，具有与从事域名注册服务相适应的场地、资金和专业人员以及符合电信管理机构要求的信息管理系统。

第四，具有进行真实身份信息核验和用户个人信息保护的能力、提供长期服务的能力及健全的服务退出机制。

第五，具有健全的域名注册服务管理制度和对域名注册代理机构的监督机制。

第六，具有健全的网络与信息安全保障措施，包括管理人员、网络与信息安全管理制度、应急处置预案和相关技术、管理措施等。

第七，法律，行政法规规定的其他条件。

（二）申请许可

1. 申请

申请设立域名注册服务机构的，应当向住所地省、自治区、直辖市通信管理局提交申请材料。申请材料应当包括：第一，申请单位的基本情况及其法定代表人签署的依法诚信经营承诺书；第二，对域名服务实施有效管理的证明材料，包括相关系统及场所、服务能力的证明材料、管理制度、与其他机构签订的协议等；第三，网络与信息安全保障制度及措施；第四，证明申请单位信誉的材料。

2．受理

申请材料齐全、符合法定形式的，电信管理机构应当向申请单位出具受理申请通知书；申请材料不齐全或者不符合法定形式的，电信管理机构应当场或者在5个工作日内一次性书面告知申请单位需要补正的全部内容；不予受理的，应当出具不予受理通知书并说明理由。

3．批准许可

电信管理机构应当自受理之日起20个工作日内完成审查，做出予以许可或者不予许可的决定。20个工作日内不能做出决定的，经电信管理机构负责人批准，可以延长10个工作日并将延长期限的理由告知申请单位。需要组织专家论证的，论证时间不计入审查期限。予以许可的，应当颁发相应的许可文件；不予许可的，应当书面通知申请单位并说明理由。域名注册服务机构的许可有效期为5年。为未经许可的域名注册管理机构提供域名注册服务或者通过未经许可的域名注册服务机构开展域名注册服务的以及未按照许可的域名注册服务项目提供服务的，由电信管理机构依据职权责令限期改正并视情节轻重处1万元以上3万元以下罚款，向社会公告。

4．域名注册服务

域名注册服务机构应当向用户提供安全、方便、稳定的服务；在注册服务前，应当根据工业和信息化部《互联网域名管理办法》的规定制定域名注册实施细则并向社会公开；应当按照电信机构许可的域名注册服务项目提供服务，不得为未经电信管理机构许可的域名注册管理机构提供域名注册服务。

5．变更和终止服务

域名注册服务机构的名称、住所、法定代表人等信息发生变更的，应当自变更之日起20日内向原发证机关办理变更手续。在许可有效期内，域名注册服务机构拟终止相关服务的，应当提前30日书面通知用户，提出可行的善后处理方案并向原发证机关提交书面申请。原发证机关收到申请后，应当向社会公布30日。公示期结束60日内，原发证机关应当完成审查并做出决定。

三、域名注册和注销的相关法律法规

（一）域名注册的原则

域名注册服务原则上实行"先申请先注册"，相应域名注册实施细则另有规定的，从其规定。域名注册服务机构不得采用欺诈、胁迫等不正当手段要求他人注册域名。

（二）域名注册时不得包含的内容

《互联网域名管理办法》第二十八条规定，任何组织或个人注册、使用的域名中，不得含有下列内容。

第一，反对宪法所确定的基本原则的。

第二，危害国家安全，泄露国家秘密，颠覆国家政权，破坏国家统一的。

第三，损害国家荣誉和利益的。

第四，煽动民族仇恨、民族歧视，破坏民族团结的。

第五，破坏国家宗教政策，宣扬邪教和封建迷信的。
第六，散布谣言，扰乱社会秩序，破坏社会稳定的。
第七，散布淫秽、色情、赌博、暴力、凶杀、恐怖或者教唆犯罪的。
第八，侮辱或者诽谤他人，侵害他人合法权益的。
第九，含有法律、行政法规禁止的其他内容的。

域名注册管理机构、域名注册服务机构不得为含有以上所列内容的域名提供服务。任何组织或者个人违反以上规定注册、使用域名，构成犯罪的，依法追究刑事责任；尚不构成犯罪的，由有关部门依法予以处罚。

（三）域名注册服务

域名注册服务机构提供域名注册服务时，应当要求域名注册申请者提供域名持有者真实、准确、完整的身份信息等域名注册信息。域名注册管理机构和域名注册服务机构应当对域名注册信息的真实性、完整性进行核验。域名注册申请者提供的域名注册信息不准确、不完整的，域名注册服务机构应当要求其予以补正。申请者不补正或者提供不真实的域名注册信息的，域名注册服务机构不得为其提供域名注册服务。

域名注册服务机构未对域名注册信息的真实性、完整性进行核验的，由电信管理机构依据职权责令限期改正并视情节轻重处 1 万元以上 3 万元以下罚款，向社会公告。

（四）信息公开和保护

域名注册服务机构应当公布域名注册服务的内容、时限、费用，保证服务质量，提供域名注册信息的公共查询服务。域名注册服务机构应当依法存储、保护用户个人信息，未经用户同意不得将用户个人信息提供给他人，但法律、行政法规另有规定的除外。

（五）域名注册变更

域名持有者的联系方式等信息发生变更的，应当在变更后 30 日内向域名注册服务机构办理域名注册信息变更手续。域名持有者将域名转让给他人的，受让人应当遵守域名注册的相关要求。域名持有者有权选择、变更域名注册服务机构。变更域名注册服务机构的，原域名注册服务机构应当配合域名持有者转移其域名注册相关信息。无正当理由的，域名注册服务机构不得阻止域名持有者变更域名注册服务机构。电信管理机构依法要求停止解析的域名，不得变更域名注册服务机构。

（六）应急处理

构成域名注册服务机构应当遵守国家相关法律法规和标准，落实网络与信息安全保障措施，配置必要的网络通信应急设备，建立健全网络与信息安全监测技术手段和应急制度。域名系统出现网络与信息安全事件时，应当在 24 小时内向电信管理机构报告。因国家安全和处置紧急事件的需要，域名注册服务机构应当服从电信管理机构的统一指挥与协调，遵守电信管理机构的管理要求。

（七）域名注销

《互联网域名管理办法》第四十三条规定，已注册的域名有下列情形之一的，域名注册服务机构提供应当予以注销并通知域名持有者：第一，域名持有者申请注销域名的；第二，域名持有者提交虚假域名注册信息的；第三，依据人民法院的判决、域名争议解决机构的裁决，应当注销的；第四，法律、行政法规规定予以注销的其他情形。

四、域名纠纷的相关法律法规

在我国境内发生的域名纠纷的解决方法有仲裁和司法两种，即可以向域名争议解决机构申请仲裁，也可依法向人民法院提起诉讼。《互联网域名管理办法》第四十二条规定："任何组织或者个人认为他人注册或者使用的域名侵害其合法权益的，可以向域名争议解决机构申请裁决或者依法向人民法院提起诉讼。"

根据《最高人民法院关于审理涉及计算机网络域名民事纠纷案件适用法律若干问题的解释》，关于域名的侵权纠纷案件主要包括以下几项司法内容。

（一）管辖案件适用法律

涉及域名的侵权纠纷案件一般由域名的侵权行为地或被告住所地的中级人民法院管辖。对难以确定侵权行为地和被告住所地的，原告发现该域名的计算机终端等设备所在地可以视为侵权行为地。涉外域名纠纷案件包括当事人一方或者双方是外国人、无国籍人、外国企业或组织、国际组织或者域名注册地在外国的域名纠纷案件。在中华人民共和国领域内发生的涉外域名纠纷案件，依照《民事诉讼法》第四编的规定确定管辖。

（二）注册、使用域名侵权或不正当竞争

人民法院审理域名纠纷案件，对符合以下各项条件的，应当认定被告注册、使用域名等行为构成侵权或者不正当竞争：第一，原告请求保护的民事权益合法有效；第二，被告域名或其主要部分构成对原告驰名商标的复制、模仿、翻译或音译或者与原告的注册商标、域名等相同或近似，足以造成相关公众的误认；第三，被告对域名或其主要部分不享有权益，也无注册、使用该域名的正当理由；第四，被告对域名的注册、使用具有恶意。

（三）域名的注册、使用具有恶意

被告的行为被证明具有下列情形之一的，人民法院应当认定其具有恶意。

第一，为商业目的将他人驰名商标注册为域名的。

第二，为商业目的注册、使用与原告的注册商标、域名等相同或近似的域名，故意造成与原告提供的产品、服务或者原告网站的混淆，误导网络用户访问其网站或其他在线站点的。

第三，曾要约高价出售、出租或者以其他方式转让该域名获取不正当利益的。

第四，注册域名后自己并不使用也未准备使用而有意阻止权利人注册该域名的。

第五，具有其他恶意情形的。

被告举证证明在纠纷发生前其所持有的域名已经获得一定的知名度且能与原告的注册

商标、域名等相区别或者具有其他情形足以证明其不具有恶意的,人民法院可以不认定被告具有恶意。

(四) 法律责任

人民法院认定域名注册、使用等行为构成侵权或者不正当竞争的,可以判令被告停止侵权、注销域名或者依原告的请求判令由原告注册使用该域名;给权利人造成实际损害的,可以判令被告赔偿损失。人民法院在审理域名纠纷案件中,对符合使用域名等行为构成侵权或者不正当竞争的规定的情形,依照有关法律规定构成侵权的,应当适用相应的法律规定,如《反不正当竞争法》等。

"去哪儿(qunar.com)网"和"去哪网(quna.com)"域名之争

2005 年 5 月 9 日,庄某某注册了 "qunar.com" 域名并创建了 "去哪儿网"。北京趣拿信息技术有限公司(以下简称 "趣拿公司")于 2006 年 3 月 17 日成立后,"qunar.com" 域名由庄某某转让给该公司。经过多年使用,"去哪儿""去哪儿网""qunar.com" 等服务标识成为知名服务的特有名称。

广州市去哪信息技术有限公司(以下简称"去哪公司")的前身成立于 2003 年 12 月 10 日,后于 2009 年 5 月 26 日变更为现名,经营范围与趣拿公司相近。2003 年 6 月 6 日,"quna.com" 域名登记注册,后于 2009 年 5 月转让给去哪公司。去哪公司随后注册了 "123quna.com" "mquna.com" 域名并使用 "去哪" "去哪儿" "去哪网" "quna.com" 名义对外宣传和经营。趣拿公司以去哪公司上述行为构成不正当竞争为由,请求判令去哪公司停止不正当竞争行为并赔偿损失 300 万元。

广州市中级人民法院一审认为,去哪公司使用 "去哪" "去哪儿" "去哪网" "quna.com" 服务标记的行为构成对趣拿公司知名服务特有名称的侵害,去哪公司在其企业字号中使用 "去哪" 字样的行为构成不正当竞争,去哪公司使用 "quna.com" "123quna.com" "mquna.com" 域名的行为构成对趣拿公司域名权益的侵害,遂判决去哪公司停止使用上述企业字号、服务标记、域名并限期将上述域名移转给趣拿公司;去哪公司赔偿趣拿公司经济损失 35 万元。

去哪公司不服一审判决并提出上诉。广东省高级人民法院二审认为,去哪公司使用 "去哪" 企业字号和 "去哪" 标识等构成不正当竞争行为。去哪公司对域名 "quna.com" 享有合法权益,使用该域名有正当理由,根据《最高人民法院关于审理涉及计算机网络域名民事纠纷案件适用法律若干问题的解释》第四条规定,不构成不正当竞争,去哪公司随后注册的 "123quna.com" "mquna.com" 域名也应当允许其注册和使用。双方均享有来源合法的域名权益,需要彼此容忍、互相尊重、长期共存,一方不能因为在经营过程中知名度提升,就剥夺另一方的生存空间;另一方也不能恶意攀附知名度较高一方的商誉,以牟取不正当的商业利益。据此,去哪公司虽然有权继续使用 "quna.com" 等域名,但是也有义务在与域名相关的搜索链接及网站上加注区别性标识,以使消费者将上述域名与趣拿公司 "去哪儿""去哪儿网""qunar.com"等知名服务特有名称相区分。二审法院维持了一审判决关于去哪公司停止使用"去哪"企业字号及"去哪"等标识的判决；撤销了去哪公司停止使用"quna.com"等域名并限期将上述域名移转给趣拿公司的判决并把赔偿数额相应调整为25万元。

本案区分了域名近似与商标近似判断的标准及权利冲突处理原则。去哪公司先注册域名"quna.com"，而趣拿公司经营的"去哪儿网"属于知名服务的特有名称，注册了域名"qunar.com"，两个域名仅相差一个字母"r"，构成相近似的域名，但法院认为可以共存，依据如下：域名具有全球唯一性，由于域名有长度限制，而全球的域名注册超过43亿，如果规定近似域名不得注册，从经济学角度是没有效益的；域名由计算机系统识别，而计算机对非常相似的域名也可以精确地区分开来，绝不会出现混淆情况。电子技术手段和感觉感官在精确性上的巨大差异是造成域名近似与商标近似判断标准不同的主要原因。

资料来源：quna.com域名案落幕 去哪网仍合法拥有域名[EB/OL]．（2011-01-24）．https://www.chinaz.com/news/2011/0124/156325.shtml.

第三节　网络版权及其相关法律法规

一、网络版权概述

（一）网络版权的定义

网络版权又称网络著作权，是公民、法人或非法人单位按照法律享有的对自然文学、艺术、自然科学、工程技术等作品在网络环境下所享有的专有权。网络著作权包括传统著作在网络上的著作权人所享有的专有权和网络著作在网络上的著作权人所享有的专有权。在《中华人民共和国著作权法》（以下简称《著作权法》）第十条关于著作权包括的人身权和财产权中提到，"信息网络传播权，即以有线或者无线方式向公众提供，使公众可以在其选定的时间和地点获得作品的权利"。

【视野拓展】
《中华人民共和国著作权法》

（二）网络版权的侵权情形

1. 网络上对传统著作权的侵权

网络上对传统著作权的侵权是未经网络上著作权人许可，又无法律依据，擅自在网络上上传、下载、转载、使用或以其他不正当的方式行使传统著作权人享有的权利的行为。目前，很多在网络上使用、复制、上传、下载作品的行为就是一种比较普遍的网络上对传统著作权的侵权行为。

2. 传统媒体对网络著作权的侵权

传统媒体对网络著作权的侵权是未经著作权人许可，又无法律依据，擅自在传统媒体上发表、使用、转载或以其他不正当的方式行使网络上著作权人享有的权利的行为。目前，传统媒体从网络上转载、使用、复制、下载作品的行为就是传统媒体对网络著作权的侵权行为。

3. 网络上对网络著作权的侵权

网络上对网络著作权的侵权是未经网络上著作权人许可，又无法律依据，擅自在网络上发表、使用、转载或以其他不正当的方式行使网络上著作权人享有的权利的行为。目前，从网络上转载、使用、复制作品的行为都是网络著作权的侵权行为。

【视野拓展】
《最高人民法院关于审理涉及计算机网络著作权纠纷案件适用法律若干问题的解释》

二、著作权的专有权利

《著作权法》第十条规定了著作权的专有权利的内容，包括相关的人身权和财产权共十七项。

第一，发表权，即决定作品是否公之于众的权利。

第二，署名权，即表明作者身份，在作品上署名的权利。

第三，修改权，即修改或者授权他人修改作品的权利。

第四，保护作品完整权，即保护作品不受歪曲、篡改的权利。

第五，复制权，即以印刷、复印、拓印、录音、录像、翻录、翻拍等方式将作品制作一份或者多份的权利。

第六，发行权，即以出售或者赠予方式向公众提供作品的原件或者复制件的权利。

第七，出租权，即有偿许可他人临时使用视听作品、计算机软件的原件或者复制件的权利，计算机软件不是出租的主要标的的除外。

第八，展览权，即公开陈列美术作品、摄影作品的原件或者复制件的权利。

第九，表演权，即公开表演作品以及用各种手段公开播送作品的表演的权利。

第十，放映权，即通过放映机、幻灯机等技术设备公开再现美术、摄影、视听作品等的权利。

第十一，广播权，即以有线或者无线方式公开传播或者转播作品以及通过扩音器或者其他传送符号、声音、图像的类似工具向公众传播广播的作品的权利，但不包括"信息网络传播权"规定的权利。

第十二，信息网络传播权，即以有线或者无线方式向公众提供作品，使公众可以在其选定的时间和地点获得作品的权利。

第十三，摄制权，即以摄制视听作品的方法将作品固定在载体上的权利。

第十四，改编权，即改变作品，创作出具有独创性的新作品的权利。

第十五，翻译权，即将作品从一种语言文字转换成另一种语言文字的权利。

第十六，汇编权，即将作品或者作品的片段通过选择或者编排，汇集成新作品的权利。

第十七，应当由著作权人享有的其他权利。

三、网络著作权的主要法律法规

（一）承担停止侵害、消除影响、赔礼道歉、赔偿损失等民事责任

停止侵害是指侵权人停止著作权的侵权行为；消除影响是指侵权人给著作权人造成社会影响的，应当采取措施消除影响；赔礼道歉是指侵权人采取一定的形式向著作权人赔礼道歉；赔偿损失是指侵权人给著作权人造成损失的，应当给予赔偿。这些都是对侵权人侵

犯著作权所采取的较轻的处罚。

《著作权法》第五十二条规定，有下列侵权行为的，应当根据情况，承担停止侵害、消除影响、赔礼道歉、赔偿损失等民事责任：第一，未经著作权人许可，发表其作品的；第二，未经合作作者许可，将与他人合作创作的作品当作自己单独创作的作品发表的；第三，没有参加创作，为谋取个人名利，在他人作品上署名的；第四，歪曲、篡改他人作品的；第五，剽窃他人作品的；第六，未经著作权人许可，以展览、摄制视听作品的方法使用作品或者以改编、翻译、注释等方式使用作品的，《著作权法》另有规定的除外；第七，使用他人作品，应当支付报酬而未支付的；第八，未经视听作品、计算机软件、录音录像制品的著作权人、表演者或者录音录像制作者许可，出租其作品或者录音录像制品的原件或者复印件的，《著作权法》另有规定的除外；第九，未经出版者许可，使用其出版的图书、期刊的版式设计的；第十，未经表演者许可，从现场直播或者公开传送其现场表演或者录制其表演的；第十一，其他侵犯著作权以及与著作权有关的权利的行为。

（二）侵犯著作权较严重的处罚

《著作权法》第五十三条规定，有下列侵权行为的，应当根据情况，承担停止侵害、消除影响、赔礼道歉、赔偿损失等民事责任；侵权行为同时损害公共利益的，由主管著作权的部门责令停止侵权行为，予以警告，没收违法所得，没收、无害化销毁处理侵权复制品以及主要用于制作侵权复制品的材料、工具、设备等，违法经营额五万元以上的，可以并处违法经营额一倍以上五倍以下的罚款；没有违法经营额、违法经营额难以计算或者不足五万元的，可以并处二十五万元以下的罚款；构成犯罪的，依法追究刑事责任。

第一，未经著作权人许可，复制、发行、表演、放映、广播、汇编、通过信息网络向公众传播其作品的，《著作权法》另有规定的除外。

第二，出版他人享有专有出版权的图书的。

第三，未经表演者许可，复制、发行录有其表演的录音录像制品或者通过信息网络向公众传播其表演的，《著作权法》另有规定的除外。

第四，未经录音录像制作者许可，复制、发行、通过信息网络向公众传播其制作的录音录像制品的，《著作权法》另有规定的除外。

第五，未经许可，播放、复制或者通过信息网络向公众传播广播、电视的，《著作权法》另有规定的除外。

第六，未经著作权人或者与著作权有关的权利人许可，故意避开或者破坏技术措施的，故意制造、进口或者向他人提供主要用于避开、破坏技术措施的装置或者部件的或者故意为他人避开或者破坏技术措施提供技术服务的，法律、行政法规另有规定的除外。

第七，未经著作权人或者与著作权有关的权利人许可，故意删除或者改变作品、版式设计、表演、录音录像制品或者广播、电视上的权利管理信息的，知道或者应该知道作品、版式设计、表演、录音录像制品或者广播、电视上的权利管理信息未经许可被删除或者改变，仍然向公众提供的，法律、行政法规另有规定的除外。

第八，制作、出售假冒他人署名的作品的。

(三) 赔偿损失的额度确定

侵犯著作权或者与著作权有关的权利的，侵权人应当按照权利人因此受到的实际损失或者侵权人的违法所得给予赔偿；权利人的实际损失或者侵权人的违法所得难以计算的，可以参照该权利使用费给予赔偿。对故意侵犯著作权或者与著作权有关的权利，情节严重的，可以在按照上述方法确定数额的一倍以上五倍以下给予赔偿。

权利人的实际损失、侵权人的违法所得、权利使用费难以计算的，由人民法院根据侵权行为的情节，判决给予五百元以上五百万元以下的赔偿。

赔偿数额还应当包括权利人为制止侵权行为所支付的合理开支。

人民法院为确定赔偿数额，在权利人已经尽了必要举证责任，而与侵权行为相关的账簿、资料等主要由侵权人掌握的，可以责令侵权人提供与侵权行为相关的账簿、资料等；侵权人不提供或者提供虚假的账簿、资料等的，人民法院可以参考权利人的主张和提供的证据确定赔偿数额。

人民法院审理著作权纠纷案件，应权利人请求，对侵权复制品，除特殊情况外，责令销毁；对主要用于制造侵权复制品的材料、工具、设备等，责令销毁且不予补偿或者在特殊情况下，责令禁止前述材料、工具、设备等进入商业渠道且不予补偿。

(四) 保全的法规

著作权人或与著作权有关的权利人有证据证明他人正在实施或者即将实施侵犯其权利、妨碍其实现权利的行为，如不及时制止将会使其合法权益受到难以弥补的损害的，可以在起诉前依法向人民法院申请采取财产保全、责令做出一定行为或者禁止做出一定行为等措施。为制止侵权行为，在证据可能灭失或者以后难以取得的情况下，著作权人或者与著作权有关的权利人可以在起诉前依法向人民法院申请保全证据。

(五) 复制品的侵权确认

复制品的出版者、制作者不能证明其出版、制作有合法授权的，复制品的发行者或者视听作品、计算机软件、录音录像制品的复制品的出租者不能证明其发行、出租的复制品有合法来源的，应当承担法律责任。在诉讼程序中，被诉侵权人主张其不承担侵权责任的，应当提供证据证明已经取得权利人的许可或者具有《著作权法》规定的不经权利人许可而可以使用的情形。

(六) 提供内容服务的网络服务提供者的责任确认

《信息网络传播权保护条例》第二十三条规定："网络服务提供者为服务对象提供搜索或者链接服务，在接到权利人的通知书后，根据本条例规定断开与侵权的作品、表演、录音录像制品的链接的，不承担赔偿责任；但是，明知或者应知所链接的作品、表演、录音录像制品侵权的，应当承担共同侵权责任。"

对此条规定有以下理解：第一，提供搜索或者链接服务的网络服务提供者应进入"避风港"，除非权利人向其发出了《信息网络传播权保护条例》第十四条所规定的通知；第二，搜索引擎对搜索内容的合法性不具有预见性、识别性和控制性，网络服务提供者不具有主动注意所搜索、链接内容合法性的义务。

（七）网络著作权侵权纠纷案件的管辖

《最高人民法院关于审理涉及计算机网络著作权纠纷案件适用法律若干问题的解释》第一条规定："网络著作权侵权纠纷案件由侵权行为地或者被告住所地人民法院管辖。侵权行为地包括实施被诉侵权行为的网络服务器、计算机终端等设备所在地。对难以确定侵权行为地和被告住所地的，原告发现侵权内容的计算机终端等设备所在地可以视为侵权行为地。"

案例 7-3

韩寒诉百度文库侵犯著作权案

韩寒是当代知名青年作家，因发现有多位网友将其代表作《像少年啦飞驰》（以下简称《像》书）上传至百度文库，供用户免费在线浏览和下载，韩寒多次致函经营百度文库的北京百度网讯科技有限公司（以下简称"百度公司"）协商处理未果。

韩寒认为，百度公司侵犯了其《像》书的信息网络传播权，向北京市海淀区人民法院提起了公诉，请求立即停止侵权、采取有效措施制止侵权，关闭百度文库，赔礼道歉，赔偿经济损失25.4万元等。海淀法院经审理，判决百度公司赔偿韩寒经济损失3.98万元。一审判决后，双方均未上诉。

本案广受各界关注。判决肯定了百度公司为文库这一商业模式预防侵权所做的积极努力，指出其制止侵权应注重规范化管理，而不能依赖于应急措施和技术措施。本案判决意在平衡文化产品创作者、传播者及公众的利益，促成权利人与网络企业的合作，实现互联网文化的繁荣。

资料来源：韩寒等作家诉百度 一审宣判百度侵权成立[EB/OL]．（2012-09-17）．http://news.cntv.cn/law/20120917/106411.shtml．

第四节　计算机软件著作权及其相关法律法规

一、计算机软件著作权概述

（一）计算机软件的定义

计算机软件是指计算机程序及其有关文档。计算机程序是指为了得到某种结果而可以由计算机等具有信息处理能力的装置执行的代码化指令序列或者可以被自动转换成代码化指令序列的符号化指令序列或者符号化语句序列。文档是指用来描述程序的内容、组成、设计、功能规格、组织开发情况、测试结果及使用方法的文字资料和图表等，如程序设计说明书、流程图、用户手册等。

【视野拓展】《计算机软件保护条例》

（二）计算机软件著作权的所有者和内容

1. 计算机软件著作权人

计算机软件著作权人是指按照《计算机软件保护条例》的规定，对软件享有著作权的自然人、法人或者其他组织。计算机软件著作权属于软件开发者，另有规定的除外。计算机软件开发者是指实际组织开发、直接进行开发并对开发完成的软件承担责任的法人、其他组织或者依靠自己具有的条件独立完成软件开发并对软件承担责任的自然人。如无相反证明，在软件上署名的自然人、法人或者其他组织为开发者。

2. 计算机软件著作权人的特殊情形

（1）多人开发计算机软件的情形。由两个以上的自然人、法人或者其他组织合作开发的软件，其著作权的归属由合作开发者签订书面合同约定。无书面合同或者合同未做明确约定，合作开发的软件可以分割使用的，开发者对各自开发的部分可以单独享有著作权，但是行使著作权时不得扩展到合作开发的软件整体的著作权；合作开发的软件不能分割使用的，其著作权由各合作开发者共同享有，通过协商一致行使，不能协商一致又无正当理由的，任何一方不得阻止他方行使除转让权以外的其他权利，但是所得收益应当合理分配给所有合作开发者。

（2）委托开发计算机软件的情形。接受他人委托开发的软件，其著作权的归属由委托人与受托人签订书面合同约定；无书面合同或者合同未做明确约定的，其著作权由受托人享有。

（3）由国家机关下达任务开发计算机软件的情形。由国家机关下达任务开发的软件，其著作权的归属与行使由项目任务书或者合同规定；项目任务书或者合同中未做明确规定的，软件著作权由接受任务的法人或者其他组织享有。

（4）在职开发的计算机软件的情形。《计算机软件保护条例》第十三条规定，自然人在法人或者其他组织中任职期间所开发的软件有下列情形之一的，该软件著作权由该法人或者其他组织享有，该法人或者其他组织可以对开发软件的自然人进行奖励：第一，针对本职工作中明确指定的开发目标所开发的软件；第二，开发的软件是从事本职工作活动所预见的结果或者自然的结果；第三，主要使用了法人或者其他组织的资金、专用设备、未公开的专门信息等物质技术条件所开发并由法人或者其他组织承担责任的软件。

（三）计算机软件著作权人的权利

《计算机软件保护条例》第八条规定，软件著作权人享有下列各项权利。

第一，发表权，即决定软件是否公之于众的权利。

第二，署名权，即表明开发者身份，在软件上署名的权利。

第三，修改权，即对软件进行增补、删节或者改变指令、语句顺序的权利。

第四，复制权，即将软件制作一份或多份的权利。

第五，发行权，即以出售或者赠予方式向公众提供软件的原件或者复制件的权利。

第六，出租权，即有偿许可他人临时使用软件的权利，但是软件不是出租的主要标的的除外。

第七，信息网络传播权，即以有线或者无线方式向公众提供软件，使公众可以在其个人选定的时间和地点获得软件的权利。

第八，翻译权，即将原软件从一种自然语言文字转换成另一种自然语言文字的权利。

第九，应当由软件著作权人享有的其他权利。

软件著作权人可以许可他人行使其软件著作权并有权获得报酬。软件著作权人可以全部或部分转让其软件著作权并有权获得报酬。

（四）计算机软件合法复制品所有人享有的权利

《计算机软件保护条例》第十六条规定，软件的合法复制品所有人享有下列权利：第一，根据使用的需要把该软件装入计算机等具有信息处理能力的装置内。第二，为了防止复制品损坏而制作备份复制品。这些备份复制品不得通过任何方式提供给他人使用并在所有人丧失该合法复制品的所有权时，负责将备份复制品销毁。第三，为了把该软件用于实际的计算机应用环境或者改进其功能、性能而进行必要的修改；但是，除合同另有约定外，未经该软件著作权人许可，不得向任何第三方提供修改后的软件。

《计算机软件保护条例》第十七条规定："为了学习和研究软件内含的设计思想和原理，通过安装、显示、传输或者存储软件等方式使用软件的，可以不经软件著作权人许可，不向其支付报酬。"

二、计算机软件著作权的保护期限和使用转让

（一）计算机软件著作权的保护期限

《计算机软件保护条例》第十四条规定："软件著作权自软件开发完成之日起产生。自然人的软件著作权，保护期为自然人终生及其死亡后 50 年，截止于自然人死亡后第 50 年的 12 月 31 日；软件是合作开发的，截止于最后死亡的自然人死亡后第 50 年的 12 月 31 日。法人或者其他组织的软件著作权，保护期为 50 年，截止于软件首次发表后第 50 年的 12 月 31 日，但软件自开发完成之日起 50 年内未发表的，本条例不再保护。"

《计算机软件保护条例》第十五条规定：软件著作权属于自然人的，该自然人死亡后，在软件著作权的保护期内，软件著作权的继承人可以依照《中华人民共和国民法典》的有关规定，继承该条例第八条规定的除署名权以外的其他权利。软件著作权属于法人或者其他组织的，法人或者其他组织变更、终止后，其著作权在该条例规定的保护期内由承受其权利义务的法人或者其他组织享有；没有承受其权利义务的法人或者其他组织的，由国家享有。

（二）计算机软件著作权的许可使用和转让

许可他人行使软件著作权的，应当订立许可使用合同。许可使用合同中软件著作权人未明确许可的权利，被许可人不得行使。许可他人专有行使软件著作权的，当事人应当订立书面合同。没有订立书面合同或者合同中未明确约定为专有许可的，被许可行使的权利应当视为非专有权利。

转让软件著作权的，当事人应当订立书面合同。订立许可他人专有行使软件著作权的

许可合同或者订立转让软件著作权合同,可以向国务院著作权行政管理部门认定的软件登记机构登记。中国公民、法人或者其他组织向外国人许可或者转让软件著作权的,应当遵守《中华人民共和国技术进出口管理条例》的有关规定。

三、针对计算机著作权侵权行为的法律法规

(一)情节较轻的处罚

《计算机软件保护条例》第二十三条规定,除《中华人民共和国著作权法》或者《计算机软件保护条例》另有规定外,有下列侵权行为的,应当根据情况,承担停止侵害、消除影响、赔礼道歉、赔偿损失等民事责任。

第一,未经软件著作权人许可,发表或者登记其软件的。

第二,将他人软件作为自己的软件发表或者登记的。

第三,未经合作者许可,将与他人合作开发的软件作为自己单独完成的软件发表或者登记的。

第四,在他人软件上署名或者更改他人软件上的署名的。

第五,未经软件著作权人许可,修改、翻译其软件的。

第六,其他侵犯软件著作权的行为。

(二)情节较严重的处罚

《计算机软件保护条例》第二十四条规定,除《中华人民共和国著作权法》《计算机软件保护条例》或者其他法律、行政法规另有规定外,未经软件著作权人许可,有下列侵权行为的,应当根据情况,承担停止侵害、消除影响、赔礼道歉、赔偿损失等民事责任;同时损害社会公共利益的,由著作权行政管理部门责令停止侵权行为,没收违法所得,没收、销毁侵权复制品,可以并处罚款;情节严重的,著作权行政管理部门可以没收主要用于制作侵权复制品的材料、工具、设备等;触犯刑律的,依照刑法关于侵犯著作权罪、销售侵权复制品罪的规定,依法追究刑事责任。

第一,复制或者部分复制著作权人的软件的。

第二,向公众发行、出租、通过信息网络传播著作权人的软件的。

第三,故意避开或者破坏著作权人为保护其软件著作权而采取的技术措施的。

第四,故意删除或者改变软件权利管理电子信息的。

第五,转让或者许可他人行使著作权人的软件著作权的。

有上述第一项或者第二项行为的,可以并处每件100元或者货值金额1倍以上5倍以下的罚款;有上述第三项、第四项或者第五项行为的,可以并处20万元以下的罚款。

(三)计算机软件复制品的法律责任

软件复制品的出版者、制作者不能证明其出版、制作有合法授权的或者软件复制品的发行者、出租者不能证明其发行、出租的复制品有合法来源的,应当承担法律责任。

软件的复制品持有人不知道也没有合理理由应当知道该软件是侵权复制品的,不承担

赔偿责任，但是应当停止使用、销毁该侵权复制品。如果停止使用并销毁该侵权复制品将给复制品使用人造成重大损失的，复制品使用人可以在向软件著作权人支付合理费用后继续使用。

（四）计算机软件著作权纠纷的解决途径

软件著作权侵权纠纷可以调解。软件著作权合同纠纷可以依据合同中的仲裁条款或者事后达成的书面仲裁协议向仲裁机构申请仲裁。当事人没有在合同中订立仲裁条款，事后又没有书面仲裁协议的，可以直接向人民法院提起诉讼。

案例 7-4

计算机中文字库著作权纠纷案

北京北大方正电子有限公司（以下简称"北大方正公司"）是方正兰亭字库 V5.0 版中的方正北魏楷书_GBK 等 5 款方正字体的权利人。关乐股份有限公司是网络游戏《魔兽世界》的版权所有人，上海第九城市信息技术有限公司（以下简称"第九城市公司"）对网络游戏进行汉化，北京情文图书有限公司（以下简称"情文公司"）是第九城市公司行权的网络游戏《魔兽世界》客户端软件光盘经销商之一。北大方正公司认为暴雪公司等客户端中未经许可复制、安装北大方正公司享有著作权的上述 5 款字体，侵犯了北大方正公司对上述 5 款字体的计算机软件著作权及其中汉字的作品著作权，向北京市高级人民法院提起诉讼，请求判令其停止侵权、赔礼道歉并赔偿经济损失 4.08 亿元。

一审法院认为，字库不属于《计算机软件保护条例》所规定的程序，但字库中每个字体的制作体现出作者的独创性，涉案字库中每款字体的字形是由线条构成的具有一定审美意义的书法艺术，属于受我国《著作权法》及《著作权法实施条例》保护的美术作品。第九城市公司在《魔兽世界》客户端软件和相关补丁程序中使用涉案 5 款字体并进行销售的行为以及通过计算机网络向游戏玩家提供相关客户端软件等的行为，分别侵犯了北大方正公司对涉案方正兰亭字库中的字体的美术作品著作权中的复制权、发行权及信息网络传播权，暴雪公司、九城互动公司与其承担连带责任。一审判决：暴雪公司等立即停止侵权并赔偿北大方正公司经济损失 140 万元及诉讼合理支出 5 万元。

北大方正公司、暴雪公司、第九城市公司均不服一审判决，向最高人民法院提出上诉。最高人民法院经审理认为，本案诉争字库中的字体文件的功能是支持相关字体字形的显示和输出，其内容是字形轮廓构建指令及相关数据与字形轮廓动态调整数据指令代码的结合，其经特定软件调用后产生运行结果，属于《计算机软件保护条例》第三条第（一）款规定的计算机程序。字库中的字体并非由线条、色彩或其他方式构成的有审美意义的平面或者立体的造型艺术作品，故其不属于《著作权法》意义上的美术作品。暴雪公司侵犯了北大方正公司对诉争字库计算机软件的复制权、发行权及信息网络传播权。另外，经相关计算机软件调用运行后产生的汉字只有具有《著作权法》意义上的独创性时方能认定其构成美术作品。本案中暴雪公司、第九城市公司在其游戏运行中使用上述汉字是对其表达思想、传递信息等功能的使用，无论前述汉字是否属于《著作权法》意义上的美术作品，这种使用均不侵犯北大方正公司的相关权利。二审判决：暴雪公司等停止侵权并赔偿北大方正公司经济损失200万元及诉讼合理支出5万元。

本案涉及计算机中文字库的法律属性的认定。最高人民法院在本案中认为：第一，方正兰亭字库应作为计算机软件而不是美术作品受到《著作权法》的保护；第二，计算机中文字库运行后产生的单个汉字只有具有《著作权法》意义上的独创性时方能认定其为美术作品；第三，计算机中文字库运行后产生的单个汉字，无论其是否属于美术作品，均不能限制他人正当使用汉字来表达一定思想、传达一定的信息的权利。

资料来源：计算机中文字库著作权纠纷案[EB/OL].（2013-12-14）. https://www.66law.cn/domainblog/52363.aspx.

思考与练习

1. 简述跨境电子商务知识产权的概念。
2. 简述域名知识产权相关法律法规。
3. 简述网络版权的法律法规。
4. 简述计算机软件著作权。

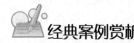
经典案例赏析

我国的知识产权保护全面加强

1. 知识产权案件情况

1985年2月，人民法院受理第一宗专利权纠纷案件。1985年至2016年，人民法院受理知识产权民事一审案件792 851件，审结76 6101件。知识产权行政案件从2002年开始单列统计，截至2016年，人民法院受理知识产权行政一审案件44 401件，审结39 113件。知识产权刑事案件从1998年开始单列统计，截至2016年，人民法院受理知识产权刑事一审案件77 116件，审结76 174件。

知识产权保护的范围涵盖了《与贸易有关的知识产权协议》所规定的各类知识产权及不正当竞争行为。在中华老字号、中医药、中国民间文学艺术、中文字库等方面的知识产权司法保护令古老的中华文明生机盎然。

2. 知识产权审判机制

1995年10月，最高人民法院成立知识产权审判庭。同年11月起，北京、广州、上海等地的知识产权法院相继成立。2017年年初，南京、苏州、成都和武汉等地的知识产权专门审判机构先后设立。2016年7月，知识产权民事、行政和刑事案件审判"三合一"在全国法院推行。

3. 知识产权司法政策

1985—2016年，最高人民法院制定涉知识产权司法解释34个、司法政策性文件40多件，有效地发挥了知识产权司法保护的主导作用。

4. 知识产权保护的基本原则

人民法院提出的基本原则包括服务大局、改革创新、司法主导、平等保护、严格保护、分类实施、比例协调和开放发展等。

5. 知识产权保护的重点措施

第一，公正、高效地审理各类知识产权案件；第二，建立有效机制确保法律正确实施；第三，全面推进知识产权民事、行政和刑事审判"三合一"；第四，不断完善知识产权案件管辖制度；第五，适时制定知识产权诉讼证据规则；第六，不断完善技术事实查明机制；第七，构建以充分实现知识产权价值为导向的侵权赔偿制度；第八，开展知识产权诉讼特别程序法问题研究；第九，推动健全知识产权审判专门机构；第十，研究构建知识产权案件上诉机制。

资料来源：我国知识产权保护全面加强[EB/OL].（2019-04-29）. http://www.xinhuanet.com/tech/2019-04/29/c_1124430187.htm.

思考讨论题

1. 你认为我国的知识产权保护现状如何？
2. 你认为我国的网络知识产权侵害主要有哪些情形？如何采取措施加强对网络知识产权的保护？

第八章　跨境电子商务税收及其相关法律法规

知识目标

- 掌握跨境电子商务税收的定义和跨境电子商务对税收的影响。
- 掌握我国跨境电子商务税收的政策选择和做法。
- 了解各国和主要国际组织的跨境电子商务税收基本概况。
- 明确现行跨境电子商务税收已有的相关法律制度。
- 掌握如何完善和发展我国跨境电子商务税收的法律制度。

关键词

电子商务税收　跨境电子商务试验区　跨境电子商务主体　跨境电子商务平台

本章思维导图

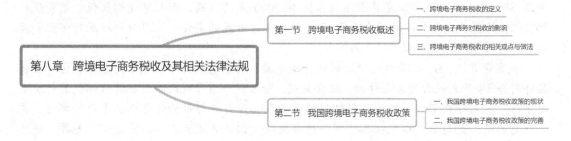

引例

消费者购买跨境电子商务零售进口化妆品如何征收关税

2016 年 4 月 20 日，消费者 A 在海关联网跨境电子商务交易平台进行身份信息认证后购买跨境电子商务零售进口化妆品，价值 800 元人民币（完税价格，下同）。2016 年 3 月 20 日，消费者 B 从国外旅游邮寄进口化妆品，价值 800 元。2016 年 4 月 24 日，消费者 C 未进行身份信息认证，以其他人的名义付款，购买跨境电子商务零售进口化妆品，价值 800 元。已知化妆品消费税税率为 30%，增值税税率为 17%，关税为 0，化妆品原行邮税税率为 50%，现行化妆品行邮税税率为 60%。消费者 A、B、C 分别需要缴纳进口税款的计算过程如下。

1. 消费者 A

消费者 A 在 2016 年 4 月 20 日购买跨境电子商务零售进口化妆品后应按照规定，以实际交易价格（包括货物零售价格、运费和保险费）作为完税价格，分别计算并缴纳关税、增值税与消费税进口环节税款，也可由跨境电子商务企业、电子商务交易平台企业或物流企业代收代缴。应纳消费税税额=(完税价格+实征关税税额)÷(1-消费税税率)×消费税税率×70%=(800+0)÷(1-30%)×30%×70%=240（元），应纳增值税税额=(完税价格+实征关税税额+实征消费税税额)×增值税税率×70%=(800+0+240)×17%×70%=124（元），合计进口税收应纳税额=实征关税税额+实征消费税税额+实征增值税税额=0+240+124=364（元）。

2. 消费者B

消费者B由于是在2016年3月20日之前购买进口化妆品的，仍按照原行邮税政策纳税，即应纳进口税税额=完税价格×进口税税率=800×50%=400（元）。

3. 消费者C

消费者C虽然在2016年4月24日购买跨境电子商务零售进口化妆品，但未通过海关联网的跨境电子商务交易平台进行身份信息认证且物品的货款非本人支付，也未超过单次2000元的购买限额，故适用现行行邮税政策，即应纳进口税=完税价格×进口税率=800×60%=480（元）。

由此可以看出，跨境电子商务零售进口货物税收政策各异。根据规定，自2016年4月8日起，在跨境电子商务零售进口商品单次交易限值人民币2000元、个人年度累计交易限值人民币20 000元内的，增值税、消费税暂按法定应纳税额的70%的优惠政策征收。如果是超过单次限值、累加后超过个人年度限值的单次交易以及完税价格超过2000元限值的单个不可分割商品，均按照一般贸易方式全额征税。消费者A购买跨境电子商务零售进口化妆品800元，未超过单次交易限值为人民币2000元的限额，因此享受增值税、消费税按70%征收的税收优惠。而消费者B和C不符合优惠政策的条件，应当分别按原行邮税和现行行邮税政策缴纳进口税。

从消费者A、B、C缴纳税款的对比分析来看，消费者购买跨境电子商务零售进口化妆品并符合18号文税收优惠条件的，征收关税、增值税与消费税比之前征收行邮税的税负有所下降。但对于购买同一款适用行邮税的化妆品，现行行邮税的税负略高于原行邮税。需要注意的是，此案例是以化妆品为例进行分析的，但并非所有物品均有此税负差异，还要根据物品的进口税收政策与行邮税税率的大小等因素而定。现行新政与原政策相比，对税收优惠的限值大幅提高，但取消了进口环节免征增值税、消费税的规定，单次购买小价值进口商品也要缴纳税款。自海关放行之日起30日内退货的，可申请退税并相应调整个人年度交易总额。

资料来源：张继东. 电子商务法[M]. 北京：机械工业出版社，2011.

第一节　跨境电子商务税收概述

一、跨境电子商务税收的定义

税收是指国家为了实现其职能，凭借政治权力，依据法律规定，集中一部分国民收入形成财政收入的一种分配。税收是个古老的概念，随国家产生而产生。税收是国家取得财政收入的一种主要且重要的方式。税收的主要职能包括为国家取得财政收入、调节社会经济、促进社会经济发展、维护国家权益等。税收通常具有强制性、无偿性和固定性三个基本特征。税收法是税收最为基本的原则，因此，税收法是国家法律体系的重要组成部分。

跨境电子商务税收是指在现代信息时代，国家为了实现其职能，凭借政治权力，依据法律规定，集中利用现代信息手段进行的商务活动所创造的国民收入的一部分形成财政收入的一种分配。跨境电子商务税收是随着跨境电子商务的产生和发展而产生的，近年来备受关注。

【视野拓展】
跨境电子商务税收问题的相关资料

二、跨境电子商务对税收的影响

（一）对税收原则的影响

税收原则是指一国或国际上通行的制定税收政策和税收制度的基本准则。公认的两大基本原则是税收公平原则和税收效率原则，而跨境电子商务的产生和迅猛发展对这两个税收基本原则发起了挑战。

1. 对公平原则的影响

就税收的公平原则而言，纳税者税收条件相同，应负担相同的税收，而不论其经营性质、经营地点和经营方式是否相同。但是，尽管跨境电子商务发展迅猛，成交量大增，但是，大多数国家对电子商务并不征税，形成了传统交易、有形经营销售征税，而在互联网基础上的现代交易、无形经营销售却不征税的状况，这显然是有悖于税收公平原则的。

2. 对税收效率原则的影响

就税收的效率原则而言，税收政策应对社会经济的运行、发展发挥最有效的调节作用，同时，税收的征管要讲究效率，做到不增加纳税者的额外负担，节省征管的费用支出，实现征收的税款与国家的税收收入之间的差额最小且纳税者相关的纳税费用支出也最小。但是，跨境电子商务对这两个方面均提出了挑战。

目前，大多数国家对跨境电子商务不征税，长期发展下去将会使社会经济扭曲，不利于社会经济的长远发展。若对跨境电子商务征税，其经营销售地点的不确定性、结算方式的特殊性、税收信息取得难度大、费用高的特点均会加大税收征管的复杂性，势必增加税收征管的费用。

（二）对常设机构确定的影响

常设机构是税收的一个基本问题，其定义决定着生产、经营的所得来源地及征税的相关事项。因此，常设机构的定义是税收的基础性内容。通常而言，常设机构是指生产经营者进行生产经营的固定场所。通过以常设机构来确定生产经营所得的来源地并按照规定征税。但是，跨境电子商务经营者可以通过设在服务器上的不同的网址来进行经营销售，而经营者并不在此服务器所在地（国家或地区），这时要确定常设机构并非易事。传统意义上的常设机构由此受到了跨境电子商务的挑战。

(三）对税收管辖权的影响

税收管辖权是指国家或地区间税收管理和税收收入归属的权限问题，既涉及国家或地区间的主权和税收分配关系，又关系到经济利益的划分。税收管辖权有收入来源地管辖权、居民管辖权和两者结合的管辖权三种。跨境电子商务对税收管辖权提出了新的挑战。对税收的收入来源地管辖权而言，在进行网上交易时，经营者的服务器地点不一定设立在其收入实现地或结算地，而且网上销售无形商品或提供服务也不受地域和时间的限制，因此收入来源地的确定绝非易事。由此可知，跨境电子商务的发展使税收的收入来源地管辖权受到挑战。就税收的居民管辖权而言，在进行网上交易时，常设机构的难以判断导致其法人的居民身份不容易划定，而自然人可以在世界上任何一个互联网的终端实现与其他人或机构的交易、服务或工作以及收入或工作报酬的支付，由此导致自然人的居民身份也难以准确划定。

> **课堂讨论：什么是税收法律？**
>
> 广义的税收法律与税法同义。狭义的税收法律是指拥有税收立法权的国家机关依照法律规定的程序制定和颁布的调整税收关系的规范性文件，是税法的主要表现形式。在我国，只有全国人民代表大会及其常务委员会依法定程序制定和颁布的规范性文件才能被称为税收法律。

（四）对税收征管的影响

跨境电子商务是以互联网作为交易基础而进行的，其交易和结算基于互联网。与有形的、现实的劳务、商品、特许权交易不同，在征税时，要区分劳务的收入、商品的收入和特许权收入并分别按照规定的税种、税率、计算征收办法征税是非常困难的。例如，通过互联网销售计算机软件产品时，买家直接从网上下载来完成购买，往往仅需几秒钟或几分钟，而款项由网上银行或其他电子支付办法交付，这样一笔交易按照现行的税收办法将涉及以下几个新问题。

1. 交易的性质难以确定

在确定交易是销售货物还是提供劳务，是转让无形资产还是提供（销售）特许权时，涉及是按照销售货物收入、劳务报酬还是按照转让无形资产收入、提供特许权收入确定相应的实行的税收法规等问题。

2. 纳税人的地点、身份难以确定

通过互联网销售产品时，销售者的地点、身份只能根据其网站、服务器及电子信箱来确认，而网站的进一步确认需要根据 IP 地址，但以 IP 地址来确定销售者的地点是不充分、不科学的。这是因为服务器和电子信箱是可以免费使用或租用的，同时销售者的身份在大多数情况下是虚假的，并没有人进行真实性审核，特别是在免费的情况下。

3. 销售收入难以确定

通过互联网销售产品时，交易可能是无形的，如计算机软件产品可以通过下载在很短的时间内完成，而且结算方式电子化、复杂化，很难控制。在现实的实物交易中，收入的实现要真实地记在纸介质上,能"有账可查",不容易被人为地修改、删除,但是在电子商务中,交易记录是在磁介质上的,而且使用的是多样化的交易结算方式,因此原始记录的更改、删除非常容易。尽管纳税者也可以记录一份在纸介质上,但其真实性将大大降低。

4. 税收信息难以掌握

通过互联网销售产品时,其销售的地点、数量、金额、环节以及纳税者的身份、销售者的收入、销售的性质、销售实现的具体时间等诸多信息都难以被税务征管机关控制。税收信息的掌握不能及时、准确、有效将必然造成税收征管的漏洞。跨境电子商务的迅猛发展使传统的税收征管模式受到严峻的挑战。

(五)对国际重复征税和避税的影响

由于在跨境电子商务税收中,常设机构的认定、税收管辖权的运用等存在难以划分清楚的问题。因此,各主权国家或地区在对跨境电子商务征税时,重复征税和避税问题的产生在所难免。在跨境电子商务活动中,纳税者可以通过研究各国家或地区对跨境电子商务的税收办法,采取在不同的地点设立或租用服务器,将网站和电子信箱分设各地,以虚假的身份或虚拟的地址进行网上交易等手段逃避纳税。例如,部分机构会在免税或低税国家而不在居民或公司的居住地或生产场所所在地租用服务器或设立网站销售或经营电子产品等,以达到逃避税收的目的。而若一国政府为了阻止国际避税,保障自己的税收利益,而实行较为严厉的税收管辖权的交叉运用,则会造成国际重复征税。

(六)对国家间税收利益的影响

世界各地经济发展水平不同,计算机人均拥有量的差别也很大,由此导致世界各地电子商务的发展差别很大。发达国家的跨境电子商务较为发达,而发展中国家虽然较落后,但是发展速度迅猛。各国家或地区是否对跨境电子商务征税以及税收法规的不同会使国家间发生税收利益冲突,这就需要国际组织通过国际协议来协调或由各个国家通过税收谈判来协商,以避免存在免税区、重税区,从而解决国际税务冲突,协调国家间税收利益关系。

三、跨境电子商务税收的相关观点与做法

(一)美国坚持对跨境电子商务免税

目前,美国是世界上跨境电子商务最发达的国家之一,却坚持对跨境电子商务采取免税政策。美国于1996年11月颁布的《全球跨境电子商务的税收政策框架》对跨境电子商务的主要特征和技术性问题做了详尽的探讨,提出了对跨境电子商务不开征新税、实行税收中性原则的观点,美国认为对跨境电子商务征税将会对经济行为产生扭曲作用。1997年7月1日,美国发布了《全球互联网贸易框架》的报告,建议美国官员同世界贸易组织合作,在一年内建立互联网自由贸易区,强烈要求不要对国际互联网贸易征收新税。1998年10月21日,美国颁布《互联网免税法案》,明确对跨境电子商务实行免税政策。2000年5月10日,美国参议院通过了跨境电子商务咨询委员会提出的将跨境电子商务免税期延长5年的方案。

（二）欧盟坚持对跨境电子商务征税

欧盟是世界上跨境电子商务发达地区之一，其坚持对跨境电子商务征收间接税，不开征新税，保持税收中性。欧盟委员会认为，应保证跨境电子商务税收具有确定性、简便性和税收中性并促进跨境电子商务的发展。欧盟委员会发布的新跨境电子商务增值税方案规定，坐落于欧盟以外的，通过互联网向欧盟境内没有进行增值税纳税登记的顾客销售货物或提供应税劳务，销售额在 10 万欧元以上的企业，要在欧盟境内进行增值税纳税登记并缴纳增值税。欧盟于 1997 年 7 月签署的《波恩声明》中规定，不对国际互联网贸易征收关税和特别税，但不排除对跨境电子商务征收商品税。1998 年，欧盟委员会确立的跨境电子商务税收原则主要是：不开征新税，保持税收中性，推行无纸化记账及增值税报表的电子化填写等。自 2003 年 7 月 1 日起，凡是通过互联网向欧盟成员国的个人消费者出售书籍、软件及音像制品的非欧盟成员国的企业，将和其他行业一样向欧盟缴纳增值税。

（三）国际避税问题

国际避税是由于不同国家税法和政府监管或各国的税收协定存在欠缺，而跨国应纳税人利用这种欠缺，采取某种公开或形式上不违法的方式，减轻或规避法律要求其承担的纳税义务的行为。国际避税实质上是国内避税在国际上的延伸，对于避税是否是违法行为，学术界一直存在争议，未达成统一观点。

跨境电商的常用的避税手段有以下两种。

（1）利用常设机构避税。电子商务活动的主要参与者是网络交易平台提供者以及商品服务销售者，网络交易平台提供者向客户提供互联网作为媒介。与此同时，网络本身具有虚拟性、跨国性等特征，使广大公众可以轻易地运用互联网，他们通过向境外消费者销售商品或服务获得境外经济收入。针对这种跨境收益，现有的税收协议与原则一般规定，收入取得者所在国与收入来源国均有税收管辖权。"为了协调营业利润来源国税收管辖权和纳税人居住国的税收管辖权，常设机构概念应运而生。"

通过对 OECD（Organization for Economic Cooperation and Development，经济合作与发展组织）范本的解读，我们发现传统的常设机构概念中，跨国企业必须有固定的经营场所或营业代理人。但目前互联网交易日益成熟，空间对交易的限制弱化，传统常设机构的概念已失去意义。跨境电商在从事经济活动中几乎不可能主动设立一个常设机构，那么税收监管部门仍依照传统方式进行监管则行不通。

（2）利用转让定价避税。转让定价是跨国公司常用的避税手段之一。在传统的交易方式中，转让定价主要指关联企业之间在销售货物、提供劳务、转让无形资产等时制定的价格。通过该手段，利润从高税率国转移到低税率国，从而在最大程度上减轻税负。判断企业是否存在"转移定价"，首先要确认双方企业是否构成关联企业，该判定在传统交易中很困难，而跨境电子商务的自身特点使之更难以辨别。

（四）跨境电子商务税务监管现有立法

1. 经济合作与发展组织

经济合作与发展组织（OECD）在国际税收方面始终走在前列，其意见是各国立法参考的主要来源。1997 年，OECD 在《电子商务税务政策框架报告》中对电子商务征税问题进行过原则性表述，为税收的国际合作构建了结构性框架。1998 年 OECD 部长级会议上通过《渥太华宣言》，明确指出"应当避免对电子商务进行全新的税收管理措施"。

2．世界贸易组织

相比 OECD，WTO 在电子商务税收方面仅提出一些建设性意见以供各国立法参考。WTO 在该问题上反对国家过度干预，认为干预是必要的，但仅限于轻微触及。

（五）国际社会的探索

针对国际社会税收立法滞后性与跨境电子商务蓬勃发展的问题，各国都从不同角度提出了自己的建议，主要有下列几种。

1．征收电子商务新税种

信息技术的发展给立法带来新挑战，电子商务与传统商务有许多差异，导致现行税制已不能满足政府要求，为此，许多学者提出，应针对电子商务开辟新税种。例如，1998 年，联合国曾建议对电子商务征收比特税，即以交易网站流量大小作为征税标准。该方案虽然能有效防止虚拟领域内交易的逃、避税问题，但该操作标准过于单一，既不区分利润规模，也不区分商品性质，强行将本质相同的电子交易与实体交易区分开，缺乏灵活性，许多国家都表示了反对。

2．预提税

由于"常设机构"概念在虚拟电子交易中难以确定并且不利于协调来源国与征税国之间的利益，因此以著名国际税法学者多恩伯格为代表的一部分学者提出预提税方案。该方案借鉴各国税收协定中对于跨国股息、利息等实行的来源地国优先于居住国征税的原则。在来源国与税收国有税收协定的情况下，电子商务交易买方在向境外卖方支付货款前，应当由卖方向所在地政府主动缴纳部分所得税税款。该方案简单并且能有效保护来源国税收利益，但其弊端也显而易见，首先该做法过于武断，没有考虑纳税人交易的成本；其次，该方案对积极营业所得与消极投资所得相同对待，该做法有悖税法精神，不利于电子商务的健康发展。

3．常设机构虚拟化

相较其他方案，虚拟常设机构侧重确定电子商务交易下纳税人与来源国是否存在实质性经济联系。它不同于传统物理识别，是以虚拟空间的虚拟存在为依据，综合考量、判断非居民纳税人是否在来源国实施了非偶然的、实质的营业活动。若存在该种营业活动，则可以认定存在国际法意义上的虚拟常设机构并以此作为征税依据。

【视野拓展】
国外对跨境电商如何征税？

第二节　我国跨境电子商务税收政策

一、我国跨境电子商务税收政策的现状

根据财政部、海关总署、国家税务总局于 2016 年 3 月 24 日发布的《关于跨境电子商

务零售进口税收政策的通知》，2016年4月8日起，取消跨境电商进口物品按邮寄物品征收行邮税的纳税方式，改为按货物征收关税、进口环节增值税、消费税，跨境电子商务由此彻底告别"免税时代"。按照上述通知，跨境电子商务零售进口商品的单次交易限值为人民币2000元，个人一年的交易限值为人民币20 000元。在规定的金额以内，跨境电子商务零售进口商品关税税率暂设为0%；进口环节增值税、消费税取消免征税额，暂按法定应纳税额的70%征收。超过单次规定的金额、累加后超过个人年度规定金额的单次交易以及完税价格超过2000元限值的单个不可分割商品，均按照一般贸易方式全额征税。

此次税收政策调整虽然在短时间内对跨境电子商务造成了一定影响，即使商家在价格方面丧失部分吸引力，缩短了跨境电子商务与传统贸易形式的竞争力，但从长久来看，这次调整对跨境电子商务的中长期发展是绝对利好的，原因在于以下几点：一是明确了跨境电子商务的贸易属性，可不断引导其进入规模化、规范化的发展轨道。二是使得之前行邮税的整体低税负水平变成了税负水平较高的跨境电子商务综合税，增加了国家税收收入。三是取消500元免征额的做法在很大程度上控制住了原先的税收漏洞问题，使传统贸易方式与跨境电子商务方式之间、国内商品和国外商品之间的税负水平处在同一起跑线上，更显公平性。四是使得由于行邮税政策漏洞产生的"拆单""分包"等常用逃税手段难以实现，极大程度地减少了国家在跨境电子商务方面的税收流失。五是取消在试点城市的税收优惠，改为在全国范围内试用的举措使国内各城市回归同一起点。

二、我国跨境电子商务税收政策的完善

我国对待跨境电子商务税收征管应该坚持税收中性原则，不再对其征收新税或者附加的税种，尽量把跨境电子商务税收征管范围约束在现有的税收体制内。只有让跨境电子商务这一贸易形式更好地发展，才能促进我国实体经济的不断发展，才能从根本上扩大税基，否则我国跨境电子商务的税收征管将会变成无源之水。

跨境电子商务的存在加大了税务机关对于居民企业和居民自然人的管控难度，因此需要建立适应跨境电子商务的税收征管系统。税务登记可以较为容易地对居民企业涉及的税种、税率等进行统计，从而方便征管，但对于居民自然人，尤其是个体工商户等则很难识别其行为是个人转账行为还是贸易转账行为，所以要建立一套行之有效的税收征管系统，对居民自然人加以管控，防止税收流失。

互联网的发展，各国经济关系的日益密切，各国税收制度和税负的差异以及电子商务新形势带来的新漏洞，使得各国税务机关更加难以监控和防范发生在其领土之外的纳税人利用税收法律漏洞进行逃税、避税的情况。因此，各国税务机关需要加强国与国之间的税务合作交流，通过分享最新税务政策，尽可能多地规避逃税、避税行为。基于此，我国应结合国情，在尊重国际税收管理的前提下，积极参与国际税收协调，协助相关组织制定出符合税收公平、效率、中性原则的国际税收协定，以此来维护国家主权，在全球税收协调中获取更大的利益。

【视野拓展】
《网络发票管理办法》

【视野拓展】
我国跨境电子商务税收方面存在的问题

第八章 跨境电子商务税收及其相关法律法规

1. 简述跨境电子商务税收的概念。
2. 简述跨境电子商务对税收的影响。
3. 简述我国跨境电子商务税收政策。
4. 简述我国跨境贸易电子商务税收的现状。

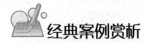

一次蹊跷的账目调整

近日，国家税务总局杭州市税务局第二稽查局成功查处一起企业逃避代扣代缴个人所得税案件。

在涉案企业百般遮掩并试图通过"设计"诉讼掩盖事实的情况下，检查人员缜密调查，在法院的帮助下，确认了涉案企业未按规定代扣代缴个人所得税的违法事实并依法对涉案企业做出补缴个人所得税216万元、罚款108万元的处理决定。

杭州市W创投公司主要从事创业投资和为其他企业提供投资咨询服务业务，该公司自2010年开业至2014年连续亏损，2015年开始实现盈利，其中，2015年应纳税所得额6050万元，2016年应纳税所得额4015万元。不久前，根据浙江省税务机关专项检查抽查计划，W创投公司作为省级重点税源企业被列入专项检查名单，核查内容为该企业2014—2016年的纳税情况。

根据专项检查程序，该公司自查无问题后转入重点检查阶段。检查人员针对其业务特点拟订了检查计划，准备逐一梳理该公司检查年度投资项目并采用逆查法审查盈利项目，分析利润来源。

检查人员发现，该公司2015年的主要盈利来源是减持了Z公司限售股股票。W创投公司持有Z公司股份源于该企业风投的D公司被Z公司整体收购，获得这笔投资收益后，W创投公司并未就减持行为申报缴纳营业税及附加税费。对此，W创投公司表示会尽快补缴税费。但随着检查的深入，细心的检查人员发现，有一笔与这个风投项目相关的往来业务在会计处理上"形迹可疑"：2015年1月，W创投公司突然对账目中记载的D公司法定代表人王某的680万元借款进行了科目调整，调整后这笔借款变成了与该公司经营项目无关的营业外支出。

思考讨论题

W创投公司对D公司的风投项目已经成功并有盈利，为何与D公司法定代表人王某之间有资金支出？这笔款项到底是什么性质？W创投公司为什么要做账目调整？

第九章 电子商务消费者权益保护及其相关法律法规

知识目标

- 掌握电子商务消费者的定义和特点。
- 掌握电子商务消费者权益保护的难点。
- 掌握电子商务消费者各种权益保护法律法规的内容。
- 掌握电子商务争议在线解决方式的类别。
- 掌握电子商务争议在线解决方式的优点和问题。

关键词

消费者　电子商务消费者　消费者知情权　消费者选择权　消费者退货权　消费者索赔权　替代争议解决方式　在线争议解决方式

本章思维导图

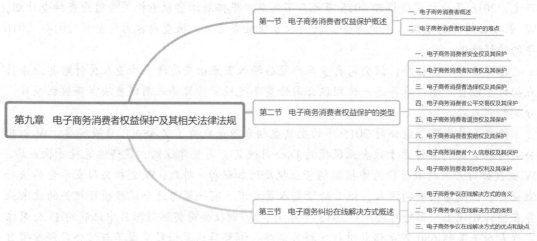

引例

企业为职工购买疫情防护用品产生纠纷

【基本案情】

2020 年 2 月，案外人冯某受重庆某防水工程有限责任公司委托通过微信向被告赵某、程某购买口罩 10 000 个并支付了货款 36 000 元。2020 年 2 月 15 日，重庆某防水工程有限责任公司收到货后因产品质量问题在微信上向被告提出异议并要求退款。2020 年 2 月 18

日，被告退还货款 4000 元。2020 年 2 月 29 日，冯某向市场监督管理局举报该批口罩外包装均为外文，无执行标准，无任何中文标示，没有质量合格证明，无厂名、厂址等生产信息。2020 年 3 月 25 日，重庆某防水工程有限责任公司委托重庆医疗器械质量检验中心对前述口罩进行了检验。检验结论认为送检产品不符合一次性使用医用口罩的标准要求。

【裁判结果】

法院经审理认为，重庆某防水工程有限责任公司所购买的口罩用于疫情期间这一特殊时期的防护措施，欲用于企业复工复产，而口罩并非该企业日常生产经营所必需的生产资料，属于最终消费品，应认定该公司系为生活消费需要而购买涉案口罩，可以适用《中华人民共和国消费者权益保护法》的相关规定。程某等人在销售时明确承诺口罩系具有相应生产资质的厂家生产的合格口罩且多次发送口罩生产企业的生产许可证照片，但实际提供的产品无任何生产厂家信息，无任何生产执行标准，不管从外观上还是实际检测结果上均远远达不到一次性医用口罩的质量要求。由此可以认定，程某在销售过程中存在欺诈行为，应承担退一赔三的赔偿责任，故判令赵某、程某退还重庆某防水工程有限责任公司货款并支付三倍赔偿金及鉴定费。程某、赵某不服，提起上诉，最终双方当事人自愿达成调解，由程某、赵某在 2021 年 3 月 31 日前一次性支付重庆某防水工程有限责任公司货款 32 000 元、赔偿款 36 000 元、鉴定费 5500 元，共计 73 500 元；若程某、赵某未按时足额支付前述款项，则双方当事人均按一审民事判决内容执行。

第一节　电子商务消费者权益保护概述

一、电子商务消费者概述

（一）消费者及电子商务消费者的定义

1. 消费者的定义

消费者是指为生活需要而购买、使用商品或接受服务的，由国家法律法规确定消费权益的单位和个人。

一般所说的消费者是从法律意义上讲的，法律上的确认更强调消费者的权益及其保护。消费者是一个群体，体现的是为生活而消费的目的性。对于消费者购买、使用商品及接受服务所涉及的相关事项，国家法律法规予以确认，加以保护。《中华人民共和国消费者权益保护法》（以下简称《消费者权益保护法》）第二条规定："消费者为生活消费需要购买、使用商品或者接受服务，其权益受本法保护；本法未做规定的，受其他有关法律、法规保护。"消费者应该包括单位和个人，凡是在消费领域中为生产或生活目的消耗物质资料的人，都应该被称为消费者。消费者的消费应该包括直接消费和间接消费。购买商品后，消费者直接用于自身的使用、消费或者用于他人使用、消费以及他人购买用于自身使用、消费，都属于消费范畴；消费者自己付费自己接受服务、他人付费自己接受服务和自己付费他人接受服务，也属于消费的范畴。

【视野拓展】
《中华人民共和国消费者权益保护法》

从《消费者权益保护法》对消费者的定义来看,其体现了对交易中消费者群体的正当权益的确认、保护,体现了公平原则。这一定义与有关国际组织和其他国家的观点与做法相一致。例如,国际标准化组织(ISO)认为,消费者是以个人消费为目的而购买使用商品和服务的个体社会成员。

2. 电子商务消费者的定义

电子商务消费者,又称网络消费者、互联网消费者,是指通过网络、现代信息技术手段,为生活需要而购买、使用商品或接受服务的,由国家法律法规确定消费权益的单位和个人。

(二)电子商务消费者的特点

电子商务消费者的特点主要表现在需求的个性化和差异性、选择的理性化和主动性、购物的快捷化和体验性等方面。

1. 需求的个性化和差异性

电子商务消费者需求的个性化和差异性是由网络消费的特殊性决定的。网络市场的可定制性和可扩充性强,其丰富的商品和服务内容及方式为满足个性化和差异性的消费者需求提供了条件。同时,网络消费者需求的个性化和差异性也促进了电子商务市场的发展。电子商务的经营者必须在商品的构思、设计、制造、包装、销售等方面充分考虑消费者需求的个性化和差异性并采取可行手段在满足消费者需求的同时扩大销售、增加利润。

2. 选择的理性化和主动性

电子商务消费者能够充分利用网络掌握商品和服务的信息,通过比对、权衡后做出购买的决策。这种理性化和主动性的购买决策依靠现在的网络技术完全可以实现。电子商务中,消费者主动提出对商品和服务的需求,对商品和服务的制作、加工、包装要求,甚至是提出设计思路方法,这些都是可以实现的。

3. 购物的快捷化和体验性

电子商务消费者在网络上购物和消费不仅是为了满足购物需求,更多的是追求购买的方便和购物的乐趣。一方面,由于生活节奏加快,消费者会对购物的方便性有越来越高的要求,他们希望尽量节省时间和劳动成本,希望用更少的时间获得更高的价值,希望少一点麻烦、多一些选择,对需求和品牌相对稳定的日常消费者来说尤其如此;另一方面,由于劳动生产率的提高,人们可供自由支配的时间增加,网络购物已经成为网络消费者的一种生活乐趣。

二、电子商务消费者权益保护的难点

网络环境下,消费者权益保护存在经营主体确定难、证据不明确、权益易受损害、购物后退货索赔难等难点。

1. 经营主体确定难

对于网上购物来说,网络销售的经营主体不容易确认,网络消费者维权难度大。网络消费者的一项网上购物活动涉及电子商务平台(网站)、网店(网站自营,他人在电商平台开户的网店)和网络销售的商品的供应商等。如果购物出现问题,找谁去解决?现在的网络消费者通常是先找网店，而网店很难按照相关法律法规解决问题。另外，消费者对商品质量的认定比较困难，因此问题得到合法解决还是比较难的。向电商平台（网站）、当地市场监督管理部门投诉来解决问题也会有一些实际困难。由于多数网店与电商平台（网站）不在同一地区，很多网店和网络销售者并未在市场监督管理部门办理登记，生产供应商地址比较分散，因此，电商平台（网站）、市场监督管理部门在受理消费者网购消费投诉时很难对经营主体的违法行为进行查处。

2．证据不明确

网络消费者在电商平台特别是C2C电商平台上购物时，由于交易额较小，基本上不开具销售发票，因此交易双方真实身份认证难。在网上购物后，除了网站购物记录外，一般无其他实质性凭据，即使有凭据，也缺乏法律效力。消费者无法提供有效购物证据，则维权比较难。

3．权益易受损害

网络消费权益比传统消费权益更容易受到损害，这是由互联网的虚拟性、开放性和信息杂乱造成的。具体来说，网上商品及其广告的相关信息的真实性、有效性难以考证，如有些商店相互抄袭商品信息，包括文字、图片和视频资料，欺诈行为、无效信息、干扰信息比较普遍。网络消费者不能直接看到商品，只能依靠商家介绍来判断，而夸大的宣传和广告很容易使消费者动心。因此，消费者的选择权、安全权、退货权等容易受到侵害。

4．购物后退货索赔难

在网络购物时，消费者主要通过网店上的宣传语和图片等资料了解商品信息，十分有限，对商品的内在质量和功能等了解得较少，等到商品到手后才能仔细查看和试用。若发现问题，要么将就着用，要么退货，但是退货索赔比较困难。网络购物退货索赔难的原因是多方面的：一是电子商务平台（网站）上展示或提供的经营者的详细信息资料不可靠；二是经营者未明确真实的名称、地址和联系方式等资料；三是选择物流快递公司退货时涉及手续、费用等具体问题的承担或分担；四是电子商务平台和商品经营者的相关退货赔偿的办法大多不健全或不能按照法律法规的规定解决消费者的问题。

案例 9-1

2017年全国消协组织受理投诉情况分析

2018年1月29日，中国消费者协会发布的《2017年全国消协组织受理投诉情况分析》报告显示，远程购物投诉持续多发。

1．投诉的主要问题

报告显示，随着我国电子商务的迅猛发展，移动商务的普及和推广，以网络购物、电视购物、广播购物等为代表的远程购物由于其独有的便捷性和直观性，已经被广大消费者认同和接受，但同时也成为消费者投诉的多发领域。2017年，全国消协组织受理销售服务类投诉69 397件，同比增长78.25%。其中，远程购物投诉尤为突出，占销售类服务投诉的59.31%；远程购物中的网络购物占销售服务类投诉的41.90%，比2016年同期增加33.97%。在远程购物中，消费者投诉的对象主要涉及电商平台、以微商为代表的个人网络商家和电视购物等。电商平台被投诉的问题有三个:一是商品服务、质量不合格和假冒产品问题;二是消费者个人信息泄露;三是网上支付安全难保障。

2. 案例一

贵州省大方县消费者刘先生在某团购网站看到当地某摄影楼写真照的拍摄价格为398元,当即被低廉的价格所吸引并全款预订,内容包括室内、室外写真各两套。拍摄当天,经营者只给刘先生拍摄了室内写真,以天气不佳为由拒绝拍摄室外写真,对刘先生提出的延期拍摄的建议也予以拒绝。于是刘先生到大方县消费者协会投诉,最终在消费者协会的调解下,经营者按当时活动承诺内容为刘先生补拍了写真。

3. 案例二

2016年9月,南京市消费者王先生向江苏省消费者权益保护委员会(以下简称"江苏省消保委")投诉,称自己于2015年8月通过某购物网站购买了某品牌折叠山地自行车一辆,价格为600元;2016年6月10日,王先生在其所在小区骑车时,因车辆折叠部分连接部件脱落而摔倒,造成全手腕粉碎性骨折,前后花了数万元医疗费用。王先生与网店联系,要求赔偿,但网店客服拖延未决,后杳无音信。自行车厂家在天津,购物网站在浙江,客服人员在广州,消费者却在南京,一件网购引发的人身伤害案件牵涉一个品牌、两家企业、三个地方,王先生在四处联系、求助无果的情况下,只得向江苏省消保委投诉。江苏省消保委接到投诉后,几经周折联系到自行车生产厂家,要求厂家积极主动处理好消费者的投诉并赔偿相关损失,厂家一开始同意退货并支付王先生医保报销范围以外的医疗费用,后来又提出先进行检测再确认赔偿。江苏省消保委联系了相关检测机构,要求厂商派员到南京共同确认产品和检测方案,却再也无法联系上厂商。2017年"3·15",江苏省消保委通过新闻媒体公开了此事,同时再次通过购物网站等渠道要求厂商妥善解决王先生的诉求,但依然没有任何进展。江苏省消保委派出公益律师支持王先生诉讼,通过司法途径解决此投诉,最终法院判王先生胜诉。

资料来源:2017年全国消协组织受理投诉情况分析[EB/OL]. (2018-03-05). https://www.sohu.com/a/224854759_100121231.

第二节 电子商务消费者权益保护的类型

一、电子商务消费者安全权及其保护

(一)消费者安全权的定义

消费者的安全权是指消费者购买商品或接受服务中所涉及的生命安全权、健康安全权、财产安全权等权利。其中,生命安全权、健康安全权属于人身权,财产安全权属于财产权。

1. 消费者的生命安全权

消费者的生命安全权是指消费者的生命不受危害的权利。例如,因商品内含有的部件或整件爆炸而致使消费者身体乃至生命受到损害就是侵害了消费者的生命安全权。

2. 消费者的健康安全权

消费者的健康安全权是指消费者的身体健康不受损害的权利。例如，因商品含有的有毒物质超标而致使消费者身体受到损害就是侵害了消费者的健康安全权。

3. 消费者的财产安全权

消费者的财产安全权是指消费者的财产不受损失的权利。例如，财产的外观损毁、财产的价值减少等就是侵害了消费者的财产安全权。《消费者权益保护法》第七条规定："消费者在购买、使用商品和接受服务时享有人身，财产安全不受损害的权利。消费者有权要求经营者提供的商品和服务符合保障人身、财产安全的要求。"

（二）消费者安全权的保护

人身权和财产权是民事主体的重要民事权利。人身权和人身紧密相连，包括人身健康权、姓名权、名誉权、肖像权等权利内容；财产权是与人身权相对的，与人身无关，含有财产内容的权利。侵犯消费者安全权的行为主要有经营者出售过期的商品，出售变质的食品或食品中含有对身体有害的物质以及出售伪劣产品等易使消费者的人身和财产受到损害的行为。《消费者权益保护法》第十一条规定："消费者因购买、使用商品或者接受服务受到人身、财产损害的，享有依法获得赔偿的权利。"对于消费者安全权遭到损害时的具体赔偿内容，法律也有明确规定。《消费者权益保护法》第四十九条规定："经营者提供商品或者服务，造成消费者或者其他受害人人身伤害的，应当赔偿医疗费、护理费、交通费等为治疗和康复支出的合理费用以及因误工减少的收入。造成残疾的，还应当赔偿残疾生活辅助具费和残疾赔偿金。造成死亡的，还应当赔偿丧葬费和死亡赔偿金。"

二、电子商务消费者知情权及其保护

（一）消费者知情权的定义

消费者知情权是指消费者享有知悉其购买、使用的商品或者接受的服务的真实情况的权利。根据商品或者服务的具体情形不同，消费者对商品或服务的信息的要求也会有所差别。在选择、购买、使用商品或服务的过程中，凡是与消费者做出正确的判断有直接联系的信息，消费者都有权了解，具体包括商品或者服务的基本信息、技术信息和销售信息。

1. 商品或者服务的基本信息

商品或者服务的基本信息主要包括商品名称、商标、产地、生产者名称和生产日期等。电子商务平台上列明的商品的产地、生产者等应该是明确的，因为产地、生产者不同可能决定了商品的品质和性能也不同。

2. 商品或者服务的技术信息

技术信息主要包括商品用途、性能、规格、等级、所含成分、有效期限、使用说明书和检验合格证书等，如食品的生产日期、有效期限等。

3. 商品或者服务的销售信息

销售信息主要包括商品或服务的价格、运输、安装和售后服务等。售后服务是与消费者联系得比较密切的事项，包括保修期、服务站点和收费等内容。

《消费者权益保护法》第八条规定："消费者享有知悉其购买、使用的商品或者接受的服务的真实情况的权利。消费者有权根据商品或者服务的不同情况，要求经营者提供商品的价格、产地、生产者、用途、性能、规格、等级、主要成分、生产日期、有效期限、检验合格证明、使用方法说明书、售后服务或者服务的内容、规格、费用等有关情况。"第二十八条规定："采用网络、电视、电话、邮购等方式提供商品或者服务的经营者以及提供证券、保险、银行等金融服务的经营者，应当向消费者提供经营地址、联系方式、商品或服务的数量和质量、价款或者费用、履行期限和方式、安全注意事项和风险警示、售后服务、民事责任等信息。"

（二）消费者知情权的保护

生产者、经营者违反法律法规的规定，没有向消费者公开或宣告商品、服务相关信息的，应该受到处罚。《电子商务法》第十九条规定："电子商务经营者搭售商品或者服务，应当以显著方式提请消费者注意，不得将搭售商品或者服务作为默认同意的选项。"《侵害消费者权益行为处罚办法》第六条规定，经营者向消费者提供有关商品或者服务的信息应当真实、全面、准确，不得有下列虚假或者引人误解的宣传行为：第一，不以真实名称和标记提供商品或者服务；第二，以虚假或者引人误解的商品说明、商品标准、实物样品等方式销售商品或者服务；第三，做虚假或者引人误解的现场说明和演示；第四，采用虚构交易、虚标成交量、虚假评论或者雇用他人等方式进行欺骗性销售诱导；第五，以虚假的"清仓价""甩卖价""最低价""优惠价"或者其他欺骗性价格表示销售商品或者服务；第六，以虚假的"有奖销售""还本销售""体验销售"等方式销售商品或者服务；第七，谎称正品销售"处理品""残次品""等外品"等商品；第八，夸大或隐瞒所提供的商品或者服务的数量、质量、性能等与消费者有重大利害关系的信息误导消费者；第九，以其他虚假或者引人误解的宣传方式误导消费者。《消费者权益保护法》第五十六条规定，经营者有下列情形之一，除承担相应的民事责任外，其他有关法律、法规对处罚机关和处罚方式有规定的，依照法律、法规的规定执行；法律、法规未做规定的，由工商行政管理部门或者其他有关行政部门责令改正，可以根据情节单处或者并处警告、没收违法所得、处以违法所得一倍以上十倍以下的罚款，没有违法所得的，处以五十万元以下的罚款；情节严重的，责令停业整顿、吊销营业执照。

第一，提供的商品或者服务不符合保障人身、财产安全要求的。

第二，在商品中掺杂、掺假，以假充真，以次充好，或者以不合格商品冒充合格商品的。

第三，生产国家明令淘汰的商品或者销售失效、变质的商品的。

第四，伪造商品的产地，伪造或者冒用他人的厂名、厂址，篡改生产日期，伪造或者冒用认证标志等质量标志的。

第五，销售的商品应当检验、检疫而未检验、检疫或者伪造检验、检疫结果的。

第六，对商品或者服务做虚假或者引人误解的宣传的。

第七，拒绝或者拖延有关行政部门责令对缺陷商品或者服务采取停止销售、警示、召回、无害化处理、销毁、停止生产或者服务等措施的。

第八，对消费者提出的修理、重做、更换、退货、补足商品数量、退还货款和服务费用或者赔偿损失的要求故意拖延或者无理拒绝的。

第九，侵害消费者人格尊严、侵犯消费者人身自由或者侵害消费者个人

【视野拓展】
《侵害消费者权益行为处罚办法》

信息依法得到保护的权利的。

第十，法律、法规规定的对损害消费者权益应当予以处罚的其他情形。

经营者有上述规定情形的，除依照法律、法规规定予以处罚外，处罚机关应当记入信用档案，向社会公布。

三、电子商务消费者选择权及其保护

（一）消费者选择权的定义

消费者的选择权是指消费者根据自己的需要，自主选择自己愿意的商品或服务，然后决定是否购买或接受的权利。消费者有权根据自己的情况和意愿，包括收入、需要、意向、兴趣等自主地选择愿意购买的商品或接受的服务。《消费者权益保护法》第九条规定："消费者享有自主选择商品或者服务的权利。消费者有权自主选择提供商品或者服务的经营者，自主选择商品品种或者服务方式，自主决定购买或者不购买任何一种商品、接受或者不接受任何一项服务。消费者在自主选择商品或者服务时，有权进行比较、鉴别和挑选。"

（二）消费者选择权的保护

任何经营者、组织，乃至政府及其部门强行或者违背购买者的意愿，销售、搭售商品或其他不合理的条件等，都是对消费者选择权的侵害。《电子商务法》第十七条规定："电子商务经营者应当全面、真实、准确、及时地披露商品或者服务信息，保障消费者的知情权和选择权。电子商务经营者不得以虚构交易、编造用户评价等方式进行虚假或者引人误解的商业宣传，欺骗、误导消费者。"《消费者权益保护法》第十六条第三款规定："经营者向消费者提供商品或者服务，应当恪守社会公德，诚信经营，保障消费者的合法权益；不得设定不公平、不合理的交易条件，不得强制交易。"

四、电子商务消费者公平交易权及其保护

（一）消费者公平交易权的定义

保证交易的公平性是维护消费者权益的重要内容。消费者公平交易权是消费者在购买商品或者服务时所享有的与经营者进行公平交易的权利，具体包括获得质量保障、价格合理和计量正确等公正交易条件的权利。《消费者权益保护法》第十条规定："消费者享有公平交易的权利。消费者在购买商品或者接受服务时，有权获得质量保障、价格合理、计量正确等公平交易条件，有权拒绝经营者的强制交易行为。"

（二）消费者公平交易权的保护

公平交易的关键是消费者以一定数量的货币换得同等价值的商品或服务。《消费者权益保护法》第十六条规定："经营者向消费者提供商品或者服务，应当依照本法和其他有关法律、法规的规定履行义务。经营者和消费者有约定的，应当按照约定履行义务，但双方的约定不得违背法律、法规的规定。经营者向消费者提供商品或者服务，应当恪守社会公德，诚信经营，保障消费者的合法权益；不得设定不公平、不合理的交易条件，不得强制交易。"

五、电子商务消费者退货权及其保护

（一）消费者退货权的定义

消费者的退货权是指消费者按照法律规定或者约定，在期限内对所购买商品无条件要求退货，而经营者应当无条件予以退货的权利。退货权是消费者的一种特殊权利，其实质是对消费者知情权和选择权的延伸，有人称之为"反悔权"，是一种对处于弱势地位的消费者的保护方法。

（二）消费者退货权的保护

《消费者权益保护法》第二十四条规定："经营者提供的商品或者服务不符合质量要求的，消费者可以依照国家规定、当事人约定退货或者要求经营者履行更换、修理等义务。没有国家规定和当事人约定的，消费者可以自收到商品之日起七日内退货；七日后符合法定解除合同条件的，消费者可以及时退货，不符合法定解除合同条件的，可以要求经营者履行更换、修理等义务。依照前款规定进行退货、更换、修理的，经营者应当承担运输等必要费用。"第二十五条规定，经营者采用网络、电视、电话、邮购等方式销售商品，消费者有权自收到商品之日起七日内退货且无须说明理由，但下列商品除外：第一，消费者定做的；第二，鲜活易腐的；第三，在线下载或者消费者拆封的音像制品、计算机软件等数字化商品；第四，交付的报纸、期刊。除上述所列商品外，其他根据商品性质并经消费者在购买时确认不宜退货的商品，不适用无理由退货。消费者退货的商品应当完好。经营者应当自收到退回商品之日起七日内返还消费者支付的商品价款。退回商品的运费由消费者承担；经营者和消费者另有约定的，按照约定。《网络购买商品七日无理由退货暂行办法》第三条规定："网络商品销售者应当依法履行七日无理由退货义务。网络交易平台提供者应当引导和督促平台上的网络商品销售者履行七日无理由退货义务，进行监督检查并提供技术保障。"

案例 9-2

打折"福袋"遭遇退货难

小赵被一网商的"反季促销，300元惊喜福袋"吸引，出于捡漏儿的心理，小赵一次性购买了3个"福袋"，收货后，他发现"福袋"中的衣服均已缩水，想要退换却被对方以打折商品不退换为由拒绝。2017年10月9日，小赵决定通过新闻渠道为自己讨个公道。对此，山东众成清泰（德州）律师事务所律师黄鹏表示，"打折商品概不退换"本身就属于霸王条约，是对消费者退货权的侵害，因此小赵可以将这些商品退回。

资料来源：打折"福袋"遭遇退货难[EB/OL]．（2020-04-15）．http://www.sohu.com/a/201859645_100010411．

六、电子商务消费者索赔权及其保护

（一）消费者索赔权的定义

消费者索赔权是指消费者购买、使用商品或者接受服务导致合法权利受到损害时享有依法获得赔偿的权利。《消费者权益保护法》和相关法律法规中规定的消费者的索赔权利主要包括：消费者安全权（人身损害和财产）受到损害的索赔权；超时服务的索赔权（事后索赔、事中索赔）；产品存在缺陷造成损害的索赔权等。

（二）消费者索赔权的保护

《消费者权益保护法》第五十五条规定："经营者提供商品或者服务有欺诈行为的，应当按照消费者的要求增加赔偿其受到的损失，增加赔偿的金额为消费者购买商品的价款或者接受服务的费用的三倍；增加赔偿的金额不足五百元的，为五百元。法律另有规定的，依照其规定。经营者明知商品或者服务存在缺陷，仍然向消费者提供，造成消费者或者其他受害人死亡或者健康严重损害的，受害人有权要求经营者依照本法第四十九条[①]、第五十一条[②]等法律规定赔偿损失并有权要求所受损失二倍以下的惩罚性赔偿。"

《消费者权益保护法》第四十八条规定，经营者提供商品或者服务有下列情形之一的，除《消费者权益保护法》另有规定外，应当依照其他有关法律、法规的规定，承担民事责任。

第一，商品或者服务存在缺陷的。

第二，不具备商品应当具备的使用性能而出售时未做说明的。

第三，不符合在商品或者其包装上注明采用的商品标准的。

第四，不符合商品说明、实物样品等方式表明的质量状况的。

第五，生产国家明令淘汰的商品或者销售失效、变质的商品的。

第六，销售的商品数量不足的。

第七，服务的内容和费用违反约定的。

第八，对消费者提出的修理、重做、更换、退货、补足商品数量、退还货款和服务费用或者赔偿损失的要求故意拖延或者无理拒绝的。

第九，法律、法规规定的其他损害消费者权益的情形。

经营者对消费者未尽到安全保障义务，造成消费者损害的，应当承担侵权责任。

《消费者权益保护法》第四十四条规定："消费者通过网络交易平台购买商品或者接受服务，其合法权益受到损害的，可以向销售者或者服务者要求赔偿。网络交易平台提供者不能提供销售者或者服务者的真实名称、地址和有效联系方式的，消费者也可以向网络交易平台提供者要求赔偿；网络交易平台提供者做出更有利于消费者的承诺的，应当履行

[①] 经营者提供商品或者服务，造成消费者或者其他受害人人身伤害的，应当赔偿医疗费、护理费、交通费等为治疗和康复支出的合理费用以及因误工减少的收入。造成残疾的，还应当赔偿残疾生活辅助具费和残疾赔偿金。造成死亡的，还应当赔偿丧葬费和死亡赔偿金。

[②] 经营者有侮辱诽谤、搜查身体、侵犯人身自由等侵害消费者或者其他受害人人身权益的行为，造成严重精神损害的，受害人可以要求精神损害赔偿。

承诺。网络交易平台提供者赔偿后,有权向销售者或者服务者追偿。网络交易平台提供者明知或者应知销售者或者服务者利用其平台侵害消费者合法权益,未采取必要措施的,依法与该销售者或者服务者承担连带责任。"

七、电子商务消费者个人信息权及其保护

(一)消费者个人信息及个人信息权的定义

1. 个人信息的定义

《最高人民法院关于审理利用信息网络侵害人身权益民事纠纷案件适用法律若干问题的规定》第十二条规定:网络用户或者网络服务提供者利用网络公开自然人基因信息、病历资料、健康检查资料、犯罪记录、家庭住址、私人活动等个人隐私和其他个人信息,造成他人损害,被侵权人请求其承担侵权责任的,人民法院应予支持,但下列情形除外。

(1)经自然人书面同意且在约定范围内公开。

(2)为促进社会公共利益且在必要范围内。

(3)学校、科研机构等基于公共利益为学术研究或者统计的目的,经自然人书面同意且公开的方式不足以识别特定自然人。

(4)自然人自行在网络上公开的信息或者其他已合法公开的个人信息。

(5)以合法渠道获取的个人信息。

(6)法律或者行政法规另有规定。

网络用户或者网络服务提供者以违反社会公共利益、社会公德的方式公开前款第(4)项、第(5)项规定的个人信息或者公开该信息侵害权利人值得保护的重大利益,权利人请求网络用户或者网络服务提供者承担侵权责任的,人民法院应予支持。

国家机关行使职权公开个人信息的,不适用以上规定。

这是我国法律第一次明确个人信息的内涵。

《中华人民共和国网络安全法》(以下简称《网络安全法》)第七十六条第五款规定:"个人信息,是指以电子或者其他方式记录的能够单独或者与其他信息结合识别自然人个人身份的各种信息,包括但不限于自然人的姓名、出生日期、身份证件号码、个人生物识别信息、住址、电话号码等。"

【视野拓展】
《中华人民共和国网络安全法》

个人信息又称个人数据、个人资料等,与个人隐私的概念有所差别。隐私包括私人信息、私人空间、私人活动,而个人信息既包括隐私的信息(如个人生理信息、财产信息等),也包括个人信息(如年龄、联系方式等)。因此,个人隐私与个人信息的范围存在交叉部分,但各有独立的内容。

2. 个人信息权的定义

个人信息权是指个人享有的对本人信息的支配、控制和排除他人侵害的权利。个人信息权的内容主要包括信息决定权、信息保密权、信息查询权、信息更正权、信息封锁权、信息删除权和信息报酬请求权等。

关于个人信息权利,《民法典》第一百一十一条规定:"自然人的个人信息受法律保

护。任何组织或者个人需要获取他人个人信息的,应当依法取得并确保信息安全,不得非法收集、使用、加工、传输他人个人信息,不得非法买卖、提供或者公开他人个人信息。"

(二)消费者个人信息权的保护

消费者个人信息是指经营者在提供商品或者服务活动中收集的消费者姓名、性别、职业、出生日期、身份证件号码、住址、联系方式、收入和财产状况、健康状况、消费情况等能够单独或者与其他信息结合识别消费者的信息(《侵害消费者权益行为处罚办法》第十一条第二款)。《消费者权益保护法》对个人信息的保护做出了明确的规定,对于保护消费者个人信息,特别是在网络环境下保护消费者个人信息,提供了重要的法律依据和支撑。《电子商务法》第二十三条规定:"电子商务经营者收集、使用其用户的个人信息,应当遵守法律、行政法规有关个人信息保护的规定。"《电子商务法》第二十四条规定:"电子商务经营者应当明示用户信息查询、更正、删除以及用户注销的方式、程序,不得对用户信息查询、更正、删除以及用户注销设置不合理条件。电子商务经营者收到用户信息查询或者更正、删除的申请的,应当在核实身份后及时提供查询或者更正、删除用户信息。用户注销的,电子商务经营者应当立即删除该用户的信息;依照法律、行政法规的规定或者双方约定保存的,依照其规定。"《电子商务法》第二十五条规定:"有关主管部门依照法律、行政法规的规定要求电子商务经营者提供有关电子商务数据信息的,电子商务经营者应当提供。有关主管部门应当采取必要措施保护电子商务经营者提供的数据信息的安全并对其中的个人信息、隐私和商业秘密严格保密,不得泄露、出售或者非法向他人提供。"《消费者权益保护法》第二十九条规定:"经营者收集、使用消费者个人信息,应当遵循合法、正当、必要的原则,明示收集、使用信息的目的、方式和范围并经消费者同意。经营者收集、使用消费者个人信息,应当公开其收集、使用规则,不得违反法律、法规的规定和双方的约定收集、使用信息。经营者及其工作人员对收集的消费者个人信息必须严格保密,不得泄露、出售或者非法向他人提供。经营者应当采取技术措施和其他必要措施,确保信息安全,防止消费者个人信息泄露、丢失。在发生或者可能发生信息泄露、丢失的情况时,应当立即采取补救措施。经营者未经消费者同意或者请求,或者消费者明确表示拒绝的,不得向其发送商业性信息。"侵犯消费者人身自由或者侵害消费者个人信息依法得到保护的权利的,除承担相应的民事责任外,其他有关法律、法规对处罚机关和处罚方式有规定的,依照法律、法规的规定执行;法律、法规未做规定的,由工商行政管理部门或者其他有关行政部门责令改正,可以根据情节单处或者并处警告、没收违法所得、处以违法所得一倍以上十倍以下的罚款,没有违法所得的,处以五十万元以下的罚款;情节严重的,责令停业整顿、吊销营业执照。

《侵害消费者权益行为处罚办法》第十一条规定,经营者收集、使用消费者个人信息,应当遵循合法、正当、必要的原则,明示收集、使用信息的目的、方式和范围并经消费者同意且经营者不得有下列行为:第一,未经消费者同意,收集、使用消费者个人信息;第二,泄露、出售或者非法向他人提供所收集的消费者个人信息;第三,未经消费者同意或者请求,或者消费者明确表示拒绝,向其发送商业性信息。

跨境电子商务法律法规

八、电子商务消费者其他权利及其保护

消费者的其他权利主要包括消费者的结社权、知识获取权、受尊重权、监督权和检举权等。

（一）消费者结社权及其保护

消费者结社权是指消费者享有依法成立维护自身合法权益的社会团体的权利。《消费者权益保护法》第十二条规定："消费者享有依法成立维护自身合法权益的社会组织的权利。"

（二）消费者知识获取权及其保护

消费者知识获取权是指消费者享有获得有关消费和消费者权益保护方面的知识的权利。消费者获取有关知识，接受相关教育，是权利，同时也是义务。《消费者权益保护法》第十三条规定："消费者享有获得有关消费和消费者权益保护方面的知识的权利。消费者应当努力掌握所需商品或者服务的知识和使用技能，正确使用商品，提高自我保护意识。"

（三）消费者受尊重权及其保护

消费者受尊重权是指消费者在购买、使用商品和接受服务时享有其人格尊严、民族风俗习惯得到尊重的权利。消费者的人格权主要包括生命健康权、姓名权、肖像权、名誉权、荣誉权等。我国《宪法》第三十七条第一款规定："中华人民共和国公民的人身自由不受侵犯。"第三款规定："禁止非法拘禁和以其他方法非法剥夺或限制公民的人身自由，禁止非法搜查公民的身体。"第三十八条规定："中华人民共和国公民的人格尊严不受侵犯。禁止用任何方法对公民进行侮辱、诽谤和诬告陷害。"

《消费者权益保护法》第十四条规定："消费者在购买、使用商品和接受服务时，享有人格尊严、民族风俗习惯得到尊重的权利，享有个人信息依法得到保护的权利。"第五十条规定："经营者侵害消费者的人格尊严、侵犯消费者人身自由或者侵害消费者个人信息依法得到保护的权利的，应当停止侵害、恢复名誉、消除影响、赔礼道歉并赔偿损失。"第五十一条规定："经营者有侮辱诽谤、搜查身体、侵犯人身自由等侵害消费者或者其他受害人人身权益的行为，造成严重精神损害的，受害人可以要求精神损害赔偿。"

（四）消费者监督权和检举权及其保护

消费者监督权是指消费者享有对商品和服务以及保护消费者权利工作进行监督的权利。监督权的内容主要包括消费者对商品和服务的质量、价格、计量、品种、供应、服务态度、售后服务等进行监督的权利。消费者检举权是指消费者检举工作人员在保护消费者权益工作中的违法失职行为，同时对消费者权益工作提出批评和建议的权利。《消费者权益保护法》第十五条规定："消费者享有对商品和服务以及保护消费者权益工作进行监督的权利。消费者有权检举、控告侵害消费者权益的行为和国家机关及其工作人员在保护消费者权益工作中的违法失职行为，有权对保护消费者权益工作提出批评、建议。"

第三节　电子商务纠纷在线解决方式概述

一、电子商务争议在线解决方式的含义

电子商务争议在线解决方式是指通过网络，用被法律程序接受的协议而非强制性的、有约束力的裁定来解决电子商务争议的非诉讼、非仲裁的选择性争议解决方式。电子商务争议在线解决方式是一种网络化的快速解决电子商务争议纠纷的模式。《电子商务法》第六十三条规定："电子商务平台经营者可以建立争议在线解决机制，制定并公示争议解决规则，根据自愿原则，公平、公正地解决当事人的争议。"

电子商务争议和纠纷之所以选择在线争议解决方式，主要是因为：电子商务争议的双方当事人很可能相隔万里，无法当面解决问题或者当面解决争议的费用较高，用时较长；电子商务争议当事人所在国的法律与对方国家的差异很大，无法找到解决争议的统一标准；电子商务争议数量大，若选择正常途径，则费时费力。

《电子商务法》第六十二条规定："在电子商务争议处理中，电子商务经营者应当提供原始合同和交易记录。因电子商务经营者丢失、伪造、篡改、销毁、隐匿或者拒绝提供前述资料，致使人民法院、仲裁机构或者有关机关无法查明事实的，电子商务经营者应当承担相应的法律责任。"

二、电子商务争议在线解决方式的类别

（一）在线清算

在线清算是一种通过网络清算系统进行电子商务清算的解决电子商务争议的方式。

（二）在线仲裁

在线仲裁是指电子商务争议双方当事人自愿将争议交给第三者通过网络评判、裁决并约定自觉履行该裁决的一种方式。例如，中国国际经济贸易仲裁委员会域名争议解决中心暨网上争议解决中心网站以"网上争议解决"的方式解决域名、通用网址、无线网址、短信网址抢注纠纷的争议。

（三）在线消费者投诉

在线消费者投诉是指通过网络上设置的投诉和处理系统来解决电子商务争议的方式。例如，中国消费者协会专门设立了"中国消费者协会投诉和解监督平台"，供消费者直接向经营者提出诉求。

【视野拓展】
中国消费者协会投诉和解监督平台相关信息

（四）在线调解

在线调解是指双方当事人在共同选择的中立者的帮助下，通过网络和计算机技术，就争议的问题相互妥协与让步，以达成协议来解决电子商务争议的方法。适用在线调解的争议有：有关网络消费者权益保护、租赁关系的民

事争议；当事人相互依赖、关系复杂，规格和实力相当，当事人不希望破坏彼此之间良好或长期的合作关系的情况；特定的电子商务较大争议。

（五）网上法庭

网上法庭是指以网络服务平台为依托，在线进行起诉、立案、举证、开庭、裁判等网上庭审的各项工作的一种网络司法方式。

例如，浙江法院电子商务网上法庭于2015年8月正式上线，这是我国电子商务争议在线解决方式的有益尝试，对快速、有效地解决日益增多的电子商务争议和纠纷，规范电子商务交易秩序，促进法院改革，提高审判效率，充分利用司法资源都具有重要意义。

三、电子商务争议在线解决方式的优点和缺点

（一）电子商务争议在线解决方式的优点

1．成本低、速度快

电子商务交易发生在网上，当事人双方不在一处且互不见面，当出现争议和纠纷时，在线解决方式与传统解决方式相比更加快速，成本更低。

2．方式多样

电子商务争议的在线解决方式灵活多样，从在第三方的协助下进行谈判到正式的仲裁，当事人可以根据争议的性质选择不同类型的解决方式，既能够充分体现当事人选择解决争议的意思，又可以通过确定最适合的争议解决方式获得最满意的结果。

3．实现双赢

电子商务争议的在线解决方式能够最大程度地解决争议，而且双方或者多方都能够接受，实现双赢或多赢。因此，电子商务争议的在线解决方式又称"双赢法庭的解决办法"，备受电子商务各方的欢迎。

4．维护声誉

电子商务争议的在线解决方式的突出优势是维护争议双方或者多方的个人或组织的声誉。

5．解决跨国争议

电子商务争议的在线解决方式能够有效地协调和解决跨境电子商务的争议与纠纷。跨境电子商务涉及的经营者、代理人、消费者等处于不同的国家或地区，而生产、经营地址和国籍的不同导致电子商务争议所适用的法律存在差异，因此，在线解决方式通过网络争议解决系统可以有效地协调双方或多方的利益。

（二）电子商务争议在线解决方式的缺点

1．缺乏广泛性

电子商务争议在线解决方式在解决争议和纠纷问题上的突出表现受到了广泛关注，但是其法律效力和作为解决电子商务争议与纠纷的一般方式运用还是存在一些法律上的难度。

2．没有强制力

电子商务争议在线解决方式有效地解决了电子商务方面的争议和纠纷，但是涉及一些

具体权利和义务的履行时,如果当事人遇到实际困难和问题,双方或者多方达成的一致解决办法并没有强制力,这是电子商务争议在线解决方式的难点。

3. 透明度较差

由于协商、商议等不公开,电子商务争议在线解决方式的透明度差。如果争议和纠纷的解决缺少透明度,不被社会公众或者第三方所知,那么很可能会存在公正性问题,这是在所难免和不易解决的。

4. 收费过高

电子商务争议在线解决方式用于不同的争议和纠纷时,涉及的情况比较复杂和多变,并不能完全做到省时、省力、省钱,会出现相关费用高的现象。

5. 语言问题

涉及不同国家、地区电子商务相关争议和纠纷的解决时,语言是一个较大的障碍。不可否认,电子商务争议在线解决方式在解决跨境电子商务争议和纠纷时起到了很好的作用,但是需要关注当事人语言的差异化并予以改进措施。

案例 9-3

电子商务个人信息保护

1. 常发生电子商务用户信息大规模泄露

用户信息泄露是 2017 年上半年电商行业较为敏感的话题之一。"小红书"出现用户信息大面积泄露事件,导致被泄露信息的用户接到诈骗电话。诈骗分子以退款为诱饵,通过蚂蚁借呗、来分期、马上金融等借贷平台进行诈骗,使用户遭受不同程度的经济损失。中国电子商务投诉与维权公共服务平台近年来接到的用户投诉案例表明,近年来,互联网电商行业"泄密"事件频频出现,重大、典型的包括 5173 中国网络游戏服务网数次被"盗钱"、"小红书"疑似信息泄露致用户被骗、"当当网"多次用户账户遭盗刷、"1 号店"员工内外勾结泄露客户信息、腾讯 7000 多万 QQ 群遭泄露、携程技术漏洞导致用户个人信息及银行卡信息等泄露、微信朋友圈小游戏窃取用户信息、快递单贩卖成"灰色产业链"、13 万 12306 用户信息外泄事件等,而无一例外的是,在这些"泄密"事件背后,消费者的权益都受到了不同程度的损害。

2. 顺丰"丰密运单"让个人信息不再随包裹泄露

2017 年 10 月 21 日,新华社记者在深圳的一家顺丰营业网点看到,"丰密运单"上的寄件人信息全部隐藏,收件人只有地址和姓名信息,电话信息已隐藏;"丰密运单"上有条形码和二维码,用于分拣操作及必要时的信息查询需要。据顺丰速运有限公司(深圳)相关负责人介绍,贴有"丰密运单"的快件在派件时只有当班次出仓当票快件的收派员可以通过手机智能终端扫描看到收件人的电话信息;而在快件运输环节中,包括顺丰公司员工在内,没有人能看到隐藏的信息,从而保证了收件人、寄件人的信息安全。2017 年 10 月中旬,顺丰宣布"丰密运单"正式上线,目前已在全国各地实现全覆盖。现今所有通过顺丰快递员便携式打印机打印的寄付快件均为"丰密运单",可以实现快递收件人、寄件人姓名、手机、地址等信息的隐藏或加密化,让个人信息不再随着快递包装泄露。

资料来源:三门峡市工商行政管理局. 2017 网络违法典型案例[EB/OL]. (2017-11-11). http://www.sohu.com/a/201859645_100010411.

1. 简述电子商务消费者权益保护的难点。
2. 试述电子商务消费者索赔权的保护。
3. 论述电子商务争议在线解决方式的优点和缺点。

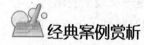

共享单车押金难退,群体投诉频发

共享单车快速发展,截至 2017 年 7 月,全国共有共享单车运营企业近 70 家,累计投放车辆超过 1600 万辆,注册人数超过 1.3 亿人次,累计服务超过 15 亿人次。但随着共享单车市场竞争的加剧,悟空单车、3Vbike、町町单车等先后退出运营,引发了消费者对自身押金安全的担忧,纷纷提出退还押金,遂出现了退款难等问题。被投诉方主要是酷骑单车、小鸣单车、小蓝单车等被媒体报道倒闭的共享单车经营者。消费者反映,向商家申请退还押金时隔一个星期甚至一个月仍未收到押金。

共享单车退押金投诉的特点有三个:一是投诉量大,共享单车的注册用户多,仅酷骑单车一家涉及的消费者就达上百万;二是个案金额小,主要是押金,从 99 元到 299 元不等,但因受众群体大,涉及总额非常大;三是有组织,共享单车事件的社会影响大,社会上有律师、维权人士组织消费者进行集体维权。

案例一:江先生在 2017 年 5 月因使用小鸣单车交了 199 元押金,用完之后就申请退还押金。小鸣单车承诺 7 个工作日即可退还押金,结果过了一个月还未退回。小鸣单车的客服电话一直打不通,微信公众号也未回复江先生的咨询。与江先生一样的众多消费者投诉至深圳市消费者协会。深圳市消费者协会最高峰时每日接收 400 多件同类投诉,基本都是反映商家迟迟不退押金的问题。

案例二:2017 年 8 月起,酷骑(北京)科技有限公司(以下简称"酷骑公司")因押金、预付资金退还出现严重问题,先后关闭网上和线下网点等退款通道。虽然酷骑公司留了电话,但一直打不通,导致消费者大面积投诉,引发社会广泛关注。自 2017 年 11 月 23 日起,中国消费者协会不断收到酷骑单车消费者来信,要求退还押金、预付费,控告酷骑公司涉嫌集资诈骗等。截至 2018 年 1 月 3 日,中国消费者协会共收到消费者关于共享单车的信件 2383 封。经中国消费者协会调查,北京酷骑单车总部已人去楼空。2017 年 12 月 12 日,中国消费者协会向酷骑公司发出公诉信,要求酷骑公司相关责任人主动配合有关部门调查取证,依法承担企业及个人应负法律责任，主动回应消费者关切和公众质疑并向消费者公开道歉。

中国消费者协会对酷骑公司无视消费者权益的恶劣行径表示强烈愤慨，于 2017 年 12 月 13 日向有关公安机关提交刑事举报书，举报酷骑公司及其主要负责人涉嫌刑事犯罪，申请公安机关立案侦查。

资料来源：共享单车押金难退，群体投诉频发[EB/OL]．（2018-02-11）．http://www.ce.cn/cysc/newmain/yc/jsxw/201802/11/t20180211_28150742.shtml．

思考讨论题

1．你认为共享单车押金难退的主要原因是什么？从消费者权益保护出发应当采取什么措施？

2．你注册、使用过共享单车吗？是哪家的？交押金和使用情况怎么样？你认为我国共享单车应当如何管理（包括法律、法规、行政、自律等）？

第十章 跨境电子商务海关监管及其相关法律法规

知识目标

- 理解跨境电子商务的海关监管的内涵。
- 理解跨境电子商务的海关监管的目标。
- 掌握跨境电子商务的海关监管的优化方式。

关键词

海关监管　海关注册登记　海关税收征管体系　征税对象　海关风险防控体系　税收征管

本章思维导图

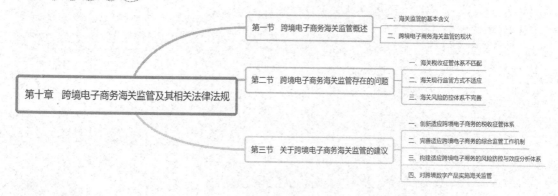

引例

加强出入境检验检疫管理

据广州出入境检验检疫局 2015 年 5 月 3 日通报,该局从入境快件中查获原产国为日本的奶粉 632 罐。该批奶粉以跨境电子商务 B2B2C 入境,共 537.2 千克、货值近 6 万元。由于该批奶粉外包装标注的产地为东京都,属日本福岛核泄漏事故后中国禁止进口食品等相关产品的地区且该电子商务企业无法提供日本政府出具的放射性物质检测合格的证明、原产地证明等资料,因此广州检验检疫局驻邮局办事处已按相关规定对该批奶粉做出退运处理。

2011 年,日本福岛核泄漏事故后,国家质检总局在当年 4 月发布第 44 号公告《关于进一步加强从日本进口食品农产品检验检疫监管的公告》:鉴于日本福岛核泄漏事故对食品、农产品质量安全的影响,禁止从日本福岛县、群马县、栃木县、茨城县、宫城县、山

第十章 跨境电子商务海关监管及其相关法律法规

形县、新潟县、长野县、山梨县、琦玉县、东京都、千叶县 12 个都县进口食品、食用农产品及饲料。2011 年 6 月，国家质检总局发布《关于调整日本输华食品农产品检验检疫措施的通知》，允许日本山梨、山形两个县 2011 年 5 月 22 日后生产的符合中国要求的食品、食用农产品和饲料进口。

随着跨境电子商务的发展，广州检验检疫局驻邮局办事处加大对入境 B2B2C 的检验检疫监管力度，特别是对入境食品、婴幼儿用品、奶粉、玩具加大抽查和抽样监测的比例。在此，广州检验检疫局驻邮局办事处提醒承运人要严格遵守中国相关规定并及时告知境外电子商务企业不要发运来自上述日本 10 个都县的食品、食用农产品及饲料；若进口日本其他地区生产的同类产品，报检时应提供日本政府出具的放射性物质检测合格的证明、原产地证明，避免造成不必要的经济损失。

资料来源：专家解读跨境电商检验检疫[EB/OL].（2015-05-12）. https://www.sohu.com/a/14717505_116610.

答题思路

辩证与思考：作为跨境电子商务企业，如何避免因检验检疫管理不合格而造成的损失？

第一节　跨境电子商务海关监管概述

一、海关监管的基本含义

海关作为进出境监督管理部门，承担对跨境贸易电子商务的监管职责，一方面要提供便利、促进发展；另一方面要防控风险、打击违法行为，为跨境电商提供公平公正、规范有序的市场竞争环境。所谓海关监管，是指海关为规范和管理进出境行为，实现贸易及其他管制目标而设定的进出口申报、查验、征税制度。跨境电子商务的现行海关监管有一般贸易货物通关监管、快件及邮递物品通关监管、跨境产业园区监管、电商平台跨境电子商务监管等几种模式。当前，跨境贸易电子商务的迅猛发展对海关传统监管发起了严峻的挑战。为适应跨境贸易电子商务的发展，海关提出一般出口、特殊区域出口、网购保税和直购进口四种新型通关监管模式。由我国海关总署开发的全国统一的跨境贸易电子商务出口通关系统于 2014 年 7 月 1 日正式上线运行并率先在广东投入使用，这个通关系统依托电子口岸平台，实现了和电商、物流、支付三方企业的高效对接；通过"清单核放、汇总申报"的方式，实现了便捷通关和有效监管，提高了通关效率，降低了企业成本。

课堂讨论：跨境电商如何进行海关注册登记？

根据海关总署 2018 年第 194 号、第 219 号公告等海关企业注册登记管理有关规定和跨境电商管理有关要求，跨境电子商务企业应当向海关进行注册登记。纳入海关注册登记的参与企业的范围为：① 跨境电子商务平台企业、物流企业、支付企业等参与跨境电子商务零售进口业务的企业；② 境外跨境电子商务企业的境内代理人；③ 跨境电子商务企

跨境电子商务法律法规

业、物流企业等参与跨境电子商务零售出口业务且需要办理报关业务的企业。对其他参与企业，确有需要的，可以办理无报关权其他企业登记。

二、跨境电子商务海关监管的现状

跨境电子商务属于新生事物，海关应主动适应进出口新型业态的变化发展，积极探索适合国情的电子商务监管模式。各地海关在探索监管模式的过程中逐步形成了"监管、清单核放、汇总申报、平台管理"的海关基本监管模式，即电子商务进出境货物、物品进入跨境贸易电子商务监管中心，由海关实施监管；电子商务企业或者个人向海关提交电子申报清单，办理商品通关手续。同时，电子商务企业或者个人、监管中心经营人、支付企业、物流企业通过电子商务通关服务平台向电子商务通关管理平台传送交易、支付、仓储和物流等数据，海关通过相关数据与电子申报清单的比对分析进行监控管理。

在进口方面，逐步形成了两种海关监管模式：一是建立阳光跨境直购渠道，即国内消费者向卖家下单后，商品以国际小包或者国际快递的形式进到境内，而海关通过与跨境电子商务平台合作，提早掌握商品的相关信息，优化快件和邮包的监管手段，做到监管快捷便利、税费应收尽收。二是充分发挥海关特殊监管区域的保税功能优势。电子商务企业将商品以保税状态批量进入海关特殊监管区域物品专用仓库，节省国际邮件运输成本；消费者在购物网站下单购买，然后商品的订单和支付单信息发送至"电子商务通关服务平台"，进一步完善运单信息后提交海关审核；海关按进口物品征税放行后，商品以包裹状态运出特殊监管区域，交至国内消费者手中。

在出口方面，为解决中小微企业不能结汇、退税的问题，海关通过将出口货物、物品集中到监管的园区，优化园区内海关、电商企业、物流企业之间的流程，实现园区内"现场通关"。企业的货物可以先用清单形式出关，再将某个时间段的出口总数向海关统一申报，形成报关单后办理出口退税业务。

随着信息技术的发展，以往通过纸张、磁带、光盘等物质载体作为媒介交易的书籍、软件、音乐、电影等产品，而今都可以通过网络以电子方式进行交付。这种通过网络传输交付的内容产品被称为数字产品。数字产品具有以下特点：一是非物质性，即产品无固定形态，其内容与载体的形式无关，只要存储介质允许，可包含无限多的信息；二是非独占性，即产品使用过程中不会减少、损耗，一个人使用时并不影响其他人的使用；三是非稀缺性，即产品无明显国界区别，可以电子数据的方式在网络上传输，速度快，几乎不花费运输成本。

【视野拓展】
跨境电商新手必备报关小常识

案例10-1

从美剧看跨境数字产品的发展

公开数据显示，美国控制了世界上75%的电视节目，包括影视节目在内的美国娱乐节目已经成为美国仅次于飞机的第二大出口产品。我国网络视频业务也经过了起步、成长、快速发展阶段。截至2013年12月,我国网络视频用户规模达2.8亿,较2012年增长了2%;手机在线收看或下载视频的用户数为2.47亿,较2012年增长83.8%。自2010年优酷正式建立美剧频道起,搜狐、爱奇艺等视频网站也相继加入美剧播出竞争之列。数据显示,美剧在五大视频网站上的播出量为300～400部,而美剧在五大视频网站的版权销售达2亿美元。

从《纸牌屋》看美剧引进流程:《纸牌屋》是一部由大卫·芬奇执导,凯文·斯派西主演的美国政治题材剧,其发行平台和播映形式的大胆创新首创了大数据时代下的"网络直播模式"。该剧由全球最大的在线影片租赁服务商Netflix花费1亿美元获得首播版权,首季《纸牌屋》同时在网上播出,同期向海外网络播映平台出售版权。我国搜狐视频获得了《纸牌屋》的国内网络独播权。在豆瓣"美剧新片排行榜"中,《纸牌屋》第二季名列排行榜第一名。美国福布斯网站评论:"《纸牌屋》是第一部完全绕过传统的公共电视和有线电视的生态系统的美剧""我们在欣赏《纸牌屋》的精彩故事的同时,也会由衷感觉到,这将是电视史上具有重大意义的时刻。"

(本案例源于网络并经作者加工整理)

1996年,美国《全球电子商务纲要》宣告互联网为"免税区",强调税收中性原则、国际税收协调原则、电子商务免税等原则。1997年,美国发布了《全球电子商务框架》,再一次明确了美国对于无形商品或网上服务等经由网络进行的交易一律免税;对有形商品的网上交易,其税赋应比照现行规定办理并向世贸组织总理事会提交了涉及相关内容的报告。1998年5月,WTO部长级会议通过了《全球电子商务宣言》,宣布对电子传输不予征收关税。2001年,多哈部长级会议明确表示征收关税问题讨论延期至第五次坎昆部长级会议。2003年,坎昆部长级会议对此问题不置可否。2005年,WTO第六次部长级会议《香港宣言》明确"在下次部长级会议之前,成员将维持现行的做法,不对电子传输征收关税"。2009年11月,日内瓦第七次部长级会议决定继续维持目前做法,直到下次会议。2011年,日内瓦第八次部长级会议延续以往决议,成员对电子交易暂不征收关税。2013年,巴厘岛第九次部长级会议维持不对电子交易征收关税的现行做法,直至2015年召开的下次部长级会议。

发达国家之所以倡导数字产品零关税,是因其在信息技术、高科技产品和电子商务方面占有绝对优势,是数字产品的净出口国。关税征收延期暂时缓解了WTO成员方对数字产品的争议,但其作用非常有限,具体原因包括:① 宣言只是成员方的一个政治性承诺,不具有长期性和确定性,并不能作为WTO争议解决机制强制执行。② 宣言与技术中性原则不一致。数字产品以有形载体跨境交易时要征收关税,以电子传输时就可以免征关税,这无疑是对有形运输的歧视。

从实际情况看,对跨境数字产品实施海关监管尚面临以下几个难题。

(1)监管难题。《中华人民共和国海关法》(以下简称《海关法》)第二条规定:"海关依照本法和其他有关法律、行政法规监管进出境的运输工具、货物、行李物品、邮递物品和其他物品(以下简称进出境运输工具、货物、物品),征收关税和其他税、费,查缉走私并编制海关统计和办理其他海关业务。"由此可见,海关对有实际载体进出境的影视产品拥有监管权，而对于通过网络传输、并无实际载体进出境的数字电影拷贝，《海关法》并无明确规定。

（2）归类难题。商品归类是确定是否征收关税及如何征收关税的关键。对于通过电子或网络方式传递或交付的无形商品属于 WTO 的《关税及贸易总协定》（General Agreement on Tariffs and Trade，GATT）的调整范围还是《服务贸易协定》（General Agreement on Trade in Services，GATS）的调整范围，WTO 各成员方的分歧较大。美国主张数字贸易应当适用 GATT 并积极倡导数字贸易的零关税。欧盟主张适用 GATS，其在西雅图会议前向 WTO 总理事会提交的文件中指出，电子商务包括两种交付方式：一种是通过互联网订购并以实物的形式交付，应该受 GATT 管辖；另一种是"电子交付"，其由服务构成并因此受 GATS 管辖。欧盟认为，无论是关于一般义务、特殊承诺还是一般例外的所有 GATS 条款，均适用于电子交付。

（3）税收难题。传统的海关征收关税是以实物为载体，以物流为依托的。当交易达成之后，卖方总要将货物通过物流送到买方手中，那么海关就会在通关过程中依法进行监管和征收关税。但数字产品是直接通过互联网进行传输的，可以完全不借助有形载体，因此，海关就丧失了对此类商品进行监管的能力。据了解，自 2013 年 9 月中影集团公司首次通过网络传输方式获得美国电影《蓝精灵 2》的数字拷贝起，该公司已完全采用数字化传输方式进口商业影片并停止向海关缴纳关税。由此，海关不仅会丧失每年 2 亿余元的税款，还将失去对进口商业影片的监管权。

（4）技术难题。数字产品通过网络传输，并无明显的国土地域限制和进出境环节。由于法律、政策、技术、语言等差异，海关与境外电商平台联网较为困难，因此，无法有效管理在境外网站成交的跨境数字产品。就目前的技术手段而言，海关尚未能对跨境数字产品贸易实施有效监管。如何实现对数字跨境贸易的管控是海关当前面临的一个全新的难题。

第二节　跨境电子商务海关监管存在的问题

一、海关税收征管体系不匹配

（一）完税价格难以准确认定

关税完税价格指的是经海关审查确定的计税价格。因为我国目前采用的是以课税对象的价格作为标准进行课税，因此准确地界定一个商品的进出口货物完税价格是至关重要的。而在海关估价中，对于一般商品而言，最常用的便是成交价格估价法。进口货物的成交价格为买方实付、应付的并且按照有关规定调整后的价款总额。当然，如果进口货物不存在所谓的交易价格或者他们的成交价格并不符合一些必备的条件，那么海关就需要与纳税人之间进行价格调整，依次采用相同货物成交价格估价法、类似货物成交价格估价法、倒扣价格估价法、计算价格估价法和合理估价法来最终确定关税的完税价格。

以上这些估价方法都是建立在存在可信的纸质票据的基础之上的。传统的税收征管主要是以纳税人的账簿、合同、运费发票等作为计算和审查完税价格的重要依据的，而跨境电子商务由于其独特的无纸化特性，唯一能得到的只有有关交易的网上电子记录，这给海关监管增加了难度。一方面，电子记录不仅可以人为篡改且不留修改痕迹，也不具有时效性，造成征税机关在征税过程中的重要证据的可靠性和真实性降低。另一方面，由于电子数据或信息具有易被破坏的特点，如果没有可参照的副本，一旦遭遇电脑病毒入侵或是发生软件兼容性问题就会危害数据安全，降低电子证据的可信度，而海关一旦失去了重要的征管和审查凭证，就无法准确地认定货物和物品的完税价格，从而增大了执法难度。

（二）征税对象、归类审价和交易地点难以确定

跨境电子商务交易涉及有形商品、无形商品和附带无形商品的有形商品，它改变了交易对象的物质形态，即利用新兴技术手段，将传统的有形产品如书籍、报刊等转变和复制为数字化产品，把不能直接传输的商品如教程、软件等以光盘或者其他形式进行交易。而这样做会对无形资产、有形资产及特许权使用费的概念有所模糊，使相关部门很难鉴别某项收入属于哪种类别，又应按哪一种类别的货物征收税款。以虚拟环境为基础进行交易的跨境电子商务的监管环境和监管条件在很大程度上区别于原有的利用凭证进行审计、追踪、稽核的传统监管手段，这给海关部门造成了巨大的冲击，也增加了现有税收的稽查难度。

跨境电子商务条件下，不仅课税对象无法准确认定，对于相关方的交易行为的认定也存在困难。跨境电商主要利用开放性的互联网进行业务洽谈、协商和资金输送，而这种交易方式剥离了货物与资金的传送时间节点，改变了传送渠道。交易过程的数字化和虚拟化使得监管方原有的追踪与监管手段失效，也就不能及时发现和准确认定交易行为。

二、海关现行监管方式不适应

（一）法律法规滞后，执法依据不足

首先，政策制定原则性文件多、细则性规章少导致监管现场出现执法尺度不一、随意性大的特点，产生了较大的执法和廉政风险。例如，对于进境邮递品"自用合理数量"的划分缺乏具体的界定，导致对于进境的邮递品是自用物品还是网购代购商品，一般难以进行主观认定，这给海关的税款征收带来了技术上的困难。海关往往是对超过规定限值或免税值的物品补征税款后采取放行措施，这往往使走私分子能够免于刑事处罚，从而降低了违法成本。其次，政策制定缺乏操作性，具体实践存在困难。以完税标准的制定不尽合理为例，《中华人民共和国进境物品完税价格表》（以下简称《进境物品完税价格表》）中对不同品牌、种类的商品未加区分，使得商品在完税价格认定上存在偏差，尤其体现在奢侈品与普通商品的价格上。例如，《进境物品完税价格表》中 06010200 项下的挎包、背包、提包的完税价格认定为每个为 200 元人民币，然而 LV、GUCCI 等一线奢侈品的提包价格往往都在 10 000 元人民币以上，即使是二线的 COACH、CK 等品牌包，其价格也在千元水平，而跨境网购的箱包往往为这类国际大牌，因此完税价格标准的不合理容易导致税款的大量流失。

（二）个人物品监管属性界定难以确定

无论是税收征管、对外付汇、出口退税还是海关监管，跨境电子商务的核心问题都是

对商品属性的判定和管理。从《海关法》上看,海关的监管对象涉及货物和物品。从货物和物品的区分来看,二者的实质区别是货物进出境属于贸易性质,而物品进出境属于非贸易性质。正是由于货物和物品具有上述区别,二者才在进出口监管要求和税则税率适用上产生差异。从跨境电子商务进出口实践来看,问题主要表现在直接涉及消费者的进出口业务上。跨境电子商务商品大多采用航空小包、邮递包裹、快递等运输方式进出境,既具有货物的贸易特点,又具有物品的监管特点。正是其货物和物品的双重特点导致单独套用任何一种管理方式对跨境电子商务商品进行管理都存在很大的不适应,无法达到理想的管理效果。

(三)限值监管规定难以落实

跨境网购"个人物品"一般以邮政快递或国际快件方式进境。我国对邮递物品或个人物品类快件的监管,执行《关于调整进出境个人邮递物品管理措施有关事宜》(海关总署公告〔2010〕43号)的规定,即个人寄自或寄往港、澳、台地区的物品,每次限值为800元人民币;寄自或寄往其他国家和地区的物品,每次限值为1000元人民币,而超出限值的邮递物品或个人物品类快件退运或按货物规定办理通关。在网络市场虚拟化的背景下,对邮递物品或个人物品类快件的限值监管规定难以真正落到实处。

三、海关风险防控体系不完善

(一)邮递渠道走私风险突出

近年来,跨境电子商务隐含的利用新兴网络交易、海外代购等走私的风险越来越突出,走私渠道也有从货运渠道"漂移"至快件、旅检渠道的趋势。各地海关查处了多起利用快件渠道分单申报"化整为零"、旅检渠道水客偷运、"蚂蚁搬家"等方式走私奶粉、电子产品、奢侈品、保健品等生活消费品的案件。首先,邮递物品通关尚无系统支持,仅依靠手工单证作业(有的口岸海关自行开发了系统),不能适应跨境网购物品监管的要求;其次,快件通关系统不够完善,如报关单数据项不全、数据统计功能不完备、风险布控功能缺失等;最后,网购商品信息、价格资料比较缺乏,制约了跨境网购物品的通关管理,加大了通关管理风险。

(二)信用体系缺失

电子商务是基于网络虚拟性及开放性的商务模式,由此产生的参与者信用不确定性已经成为电子商务发展中的桎梏。《2010年中国网络购物安全报告》指出,2010年,国内约1亿在线消费者受到虚假网络信息侵害,诈骗金额高达150亿元。相关机构的调研也显示,有能力网购而不进行网购的消费者中,80%是出于信用及安全方面的担忧。国内电子商务交易信用问题突出的同时,国内供应商的假冒伪劣成为跨境外贸电子商务发展的顽疾,因为侵犯知识产权而被海关扣留货物的情况时有发生,而2013年年初,国内某知名外贸电子商务网站被曝信用欺诈,更使得跨境外贸电子商务信用问题凸显。相比国内电子商务交易,跨境电子商务更需要完善跨地区、跨文化的信用体制来适应其复杂的交易环境。在实际操作中，由于各国法律不同且存在地区差异，缺乏统一的信用表示，各国的信用管理体系尚不能很好地应用到跨境电子商务领域。相比信用体系建设及管理相对完备的欧美国家，我国的企业信用管理机制则显得滞后很多。跨境电子商务信用体系建设是一项系统工程，需要各国政府及相关机构协调配合，制定行业规范、完善认证体系以及寻求在法律框架下的信用制定安排，而这些都将是跨境电子商务发展中亟需解决的问题。

（三）监管服务对接指导相对滞后

一方面，对于跨境网购物品虚拟收发货人、拆分申报进口、伪报个人物品、虚拟价格等现象，配套的应对处置还不够及时和有效，实际监管还比较乏力；另一方面，在指导电商物流企业跨境电子商务通关、合理审定跨境网购物品完税价格、规范跨境贸易电子商务通关作业、促进跨境贸易电子商务发展等方面，我们的对接指导还不够及时和到位，服务促进还比较滞后，存在一定的潜在监管风险。此外，跨境贸易电子商务监管方式滞后，存在一定的贸易管制风险。

第三节　关于跨境电子商务海关监管的建议

一、创新适应跨境电子商务的税收征管体系

（一）完善税收征管法规，改革税收征管方式

在 WTO 规则的指导下，我国秉持对电子商务与传统贸易公平平等对待的原则，积极修订《海关法》，增补跨境电子商务关税征管条例方面的空白，尤其是对网络产品、无形数字产品的征管予以明确；推进修订《中华人民共和国进出口关税条例》，对跨境电子商务的关税征收原则、完税价格的审定、原产地的适用税种税收的认定以及产品属性认定等一系列问题予以明确，保证海关税收征管的法律法规在跨境电子商务的交易行为中发挥应有的法律效应，实现依法征税，保证应收尽收。跨境电子商务虽然与传统贸易的交易方式不同，是一种新型的交易业态，但是仍需要严格遵守关税征管规定。面对跨境电子商务新时代的特征，现行的征管方式也需要与时俱进，严格区分跨境网购物品与个人行邮物品的界限，区别两种性质物品的关税征管方式，坚决封堵电子商务及物流企业规避纳税义务的通道，防控风险，严格打击走私行为的发生，保证跨境贸易电子商务税收征管与现行税制的平衡统一。

（二）搭建信息化系统，税收征管必须加强对境外资金流的监管

在传统模式下，海关要实现对进出境货物的有效监管，需要实现对信息流、单证流、物流等各个环节的全方位的实时控制。随着现代物流业的快速发展，跨境电子商务实现网络交易，导致单证流在交易环节中消失，从而导致海关监管环节缺少了一个重要的证据记录。相对于传统监管的要素要求，该环节的缺失对货物的实际监管和关税的征管带来了重大影响。但是从跨境电子商务的实际交易过程来看，由于跨境交易的全过程都实现了网络化，因而信息流贯穿了交易的整个环节。单证流虽在交易环节中缺失，但功能依然存在，

而且信息流还实现了资金流、物流的信息化。在现代信息技术、大数据技术的支持下,跨境电子商务全程网络化使单证流缺失带来的损失得到了很好的弥补。在强化信息流的保障下,实现电子商务平台、海关通关征管平台、对外支付平台的"三方联动"是跨境电子商务税收征管问题的重要解决途径。在跨境电子商务交易环节中,海关通关作业征管系统实现与电子商务平台系统、银行的支付平台系统的相互联网可以实时掌握企业对外贸易结汇情况,同时在海关登记注册的电子商务企业的 ERP 系统、企业管理系统也要实现与海关通关作业系统相互联网,以便海关实现对企业贸易信息的全面、实时掌握。在此基础上,建议海关总署联合银行系统积极研发海关与银行之间的征税系统,通过银行对企业对外付汇环节设立电子关卡,对资金流实时监控,以便对跨境电子商务实施有效的收税征管。因此,无论何种电子商务形式,结汇环节都要通过银行完成对外支付。

(三)统一税负水平,平衡税负差异

由于关、检、汇、税四部分监管标准存在差异,因此在总结上海、广州、杭州、宁波、重庆、深圳等 7 个城市跨境贸易电子商务服务试点工作经验的基础上,为了保障跨境电子商务的健康发展,明确监管服务的政策标准和跨境电子商务涉及的征税机制、应税范围、征管标准、结汇付汇等相关问题的执行标准,建议国家有关部委联合研究制定"跨境电子商务监管服务指导意见",统一跨境贸易电子商务涉税企业的税负水平,平衡各地各行业的税负差异,实现同属性商品税负的公平与合理。

二、完善适应跨境电子商务的综合监管工作机制

(一)调整跨境电子商务监管政策规定

由于跨境电子商务贸易方式涉及多个监管部门,关系到宏观管理政策和电子商务发展企业前景,为了协调各方利益,需建立多层级的制度。建议在"规范引导、科学发展、服务促进"原则的指导下进行顶层设计。首先是国务院的行政法规。由于跨境贸易电子商务监管服务及检验检疫、监管通关、税收征管、结汇付汇等都有各自的行业标准和操作规范,因而急需与之配套的监管制度和机制,这就要求根据政策规定,构建各部门相互协调的综合监管机制,明确政策规定要求,积极推进各部门相互协作的监管一体化进程。其次是部门规章和操作规程。各部门根据行政法规制定本单位的规章,以构建专业化的监管制度,适时调整与跨境电子商务发展不相适应的监管政策,对跨境网购的个人物品、货样广告品等跨境电子商务的贸易属性和监管要求予以明确定位,规范跨境电子商务的操作规程,对现行的按个人邮递物品、限值监管和按无商业价值货样广告品免征关税等进口环节的监管做法予以取消,坚决取缔跨境网购监管的灰色地带。

(二)创新跨境电子商务监管模式

建议条例成熟时,可考虑在总署、直属海关增设"电子商务监管处",承担电子商务监管职能与现场监督管理职责,建立以跨境贸易电子商务"信息流""资金流""货物流"为主线、以跨境电子商务物流配送企业为单元的监管工作机制,研究、制定跨境电子商务

监管制度,建立部门协作联动机制,加强"事前分析""事中监管""事后监控",实现对跨境电子商务时空维度的全方位监管。

> **课堂讨论:《电子商务法》正式实施,有哪些要点是跨境电商企业要特别注意的?**
>
> 第二十六条:"电子商务经营者从事跨境电子商务,应当遵守进出口监督管理的法律、行政法规和国家有关规定。"
>
> 第七十一条:"国家促进跨境电子商务发展,建立健全适应跨境电子商务特点的海关、税收、进出境检验检疫、支付结算等管理制度,提高跨境电子商务各环节便利化水平,支持跨境电子商务平台经营者等为跨境电子商务提供仓储物流、报关、报检等服务。国家支持小型微型企业从事跨境电子商务。"
>
> 第七十二条:"国家进出口管理部门应当推进跨境电子商务海关申报、纳税、检验检疫等环节的综合服务和监管体系建设,优化监管流程,推动实现信息共享、监管互认、执法互助,提高跨境电子商务服务和监管效率。跨境电子商务经营者可以凭电子单证向国家进出口管理部门办理有关手续。"
>
> 第七十三条:"国家推动建立与不同国家、地区之间跨境电子商务的交流合作,参与电子商务国际规则的制定,促进电子签名、电子身份等国际互认。国家推动建立与不同国家、地区之间的跨境电子商务争议解决机制。"

三、构建适应跨境电子商务的风险防控与效应分析体系

(一)建立海关统一的跨境电子网上服务平台

建议中国电子口岸建立跨境电子商务综合服务平台,将跨境电子商务网购支付与电子商务物流相关信息集约在一个统一的综合服务平台上,为跨境贸易电子商务在线通关、结汇、退税申报等提供服务支撑,实现综合服务平台与海关管理系统的联网对接,提供跨境网购消费者、消费物品订单、消费付款及物流等信息,为跨境贸易电子商务监管提供支持。例如,广州海关快速验收模式。

(二)研发跨境电子商务通关监管系统

建议借鉴快件通关管理系统现有的技术架构,结合跨境网购的特点,开发跨境贸易电子商务通关管理系统,重点扩充通关管理系统报关数据容量,扩展跨境电子商务网购商品申报栏目、报关单电子数据汇总统计和通关风险预警处置等功能模式,增设跨境网购消费者身份信息查询、网购商品及订单信息查询和网购商品价格及货款支付信息查询等管理系统模块,确保通关管理的高效和便捷。

(三)完善跨境电子商务监管服务体系

建议建立跨境电子商务企业备案管理机制,实行跨境电子商务及物流企业年审制度,

建立跨境电子商务通关管理规则，明确电子商务申报要求，规范电子商务物流企业申报行为，引导企业诚信守法经营，建立电子商务出口营销监管中心，为跨境电子商务出口提供低成本、快速通关便利，完善跨境电子商务通关服务，制定跨境电子商务通关作业标准，规范通关、审单、估价、征税、查验操作，提升跨境贸易电子商务的监管服务效能。

四、对跨境数字产品实施海关监管

（一）将数字产品纳入海关监管范畴

数字产品未纳入海关监管和免征关税已引起了经济主体的行为偏好。剔除交易方式和载体类别，数字产品和传统文化产品在本质上并无差别，因此对数字产品免征关税已经构成了对传统贸易方式的歧视性待遇。跨境数字产品发展迅猛，已大大改变了传统文化产品的进口方式。跨境数字产品交易是买卖双方共同的意思表达，有明确的交易记录，符合商业合同要义，因此应当将跨境数字产品贸易纳入海关监管范畴和海关统计目录，建设数字海关，行使网络数据进出口监督管理职责，维护国家主权。但是监管要遵循合法原则和适度原则：① 遵循互联网和电子商务发展的客观规律，在促进电子商务行业发展和鼓励创新的前提下，尽可能地避免和减少不必要的行政干预；② 进行适度有效监管，合理、有效的政府监管有利于电子商务的健康有序发展，但政府监管应保持克制，尊重电子商务发展的客观规律，顺势而为，因势利导。

具体要如何监管，需抓住信息流和资金流这两个核心要素。从理论上讲，可以利用政府强制命令、法律甚至技术手段，严格监视信息传输的每一个数字单位（bit），使每一笔电子商务贸易都有"据"可查，建立起网上商业用户与税务、海关、银行之间的强制性连接，以杜绝规避网上关税的行为，但行政命令式强制监管不符合市场经济和互联网精神，往往达不到管理效果。因此，要着重互联网发展规律和电子商务交易习惯，实行顺势监管，积极发挥跨境电子商务行业自律和主体自治的作用，抓住信息流、资金流这两个核心要素对跨境数字产品进行监管。

信息流以提供数字产品的平台企业为主体。以影视作品为例，各视频网站在跨境数字产品中起到购买、引进、提供影视作品给国内用户的作用，应当承担交易记录，网络技术保障，向政府申报、纳税等义务。管住各主要视频网站的进口行为，也就管住了跨境影视作品进境传播的源头和主线。

资金流的主体是贸易中的对外支付行为。在跨境数字产品交易中，交易双方必须通过银行系统结算付汇，因此跨境支付也是外汇管理和金融监管的重点。以支付体系为重点，可使海关较为便利地从银行存储的数据中掌握电子商务交易数据。对此，欧美国家提出了建立以监管支付体系为主的电子商务税收征管体系的构想。

（二）分阶段、分步骤实现关税由"不征"到"征"的转变

关税不仅体现一国的主权，同时也是一国调整国际经济关系与国内经济及经济结构的重要手段，更是一国财政收入的重要来源。对于跨境数字产品贸易征收关税问题，建议分情况、分阶段采取灵活的立场。

（1）近期内，遵循WTO协议，对跨境数字产品不征收关税。目前，我国海关对经互

联网传输的数字产品贸易在技术、能力上尚未达到征收关税的实施条件。虽然零关税政策会使我国税收收入有所流失,但也给我国电子商务的发展带来了很多机会。因此,建议在电子商务征税方面采取以下态度:首先,在 WTO 谈判中不阻挠电子商务尤其是数字产品贸易免征关税,即实行电子商务"零关税"政策;其次,对数字产品贸易主张适用 GATS 规则,避免 GATT 规则下贸易高度自由化可能给我国电子商务带来的冲击;最后,对于延期宣言,应否定其具有永久性效力。

（2）对境外影视数字产品应征收进口环节税。影视作品具有双重属性,即文化属性和经济属性、货物属性和服务属性,它也关系着意识形态和我国文化安全。因此,我国应当借鉴欧盟的"文化例外"原则,重视数字产品的文化特性,制定相应的市场准入政策,在保护我国文化多样性的基础上促进数字产品贸易的发展。以引进国外影视产品的视频网站为主体,在其合理规避关税的情况下,以其每年购买外国影视作品的商业合同成交价为完税价格来征收进口增值税,加强对国外影视数字产品的监督管理。

（3）对以 B2B 方式、以营利为目的且主要用于国内销售的数字产品征收关税。B2B 模式下的跨境交易具有金额大、种类多、不具备最终消费特征等特点,应按照进出境货物实施管理,由海关征收关税和进口环节代征税。例如,对网络游戏、计算机软件等数字产品,要求按照实际购买金额以一定税率缴纳关税。

（4）长远期,对以 B2C/C2C 方式且主要是个人用户通过网络传输的数字产品,不征或征收少量关税。由于该模式针对终端消费者,其交易特点是规模小、批次多、品种杂、符合个性化要求、最终消费特征明显等,因此应当按照进出境物品实施管理,由海关应征收行邮税,但在鼓励行业发展的前提下,应遵循合理自用原则,提高征税限额,减少甚至不征关税。

如果对跨境数字产品征收关税,建议遵循以下原则:① 关税征收不能阻碍国际贸易自由化,应遵循世贸组织已达成的基本规则;② 关税征收应当是透明的、简单易行的,以降低买卖双方的交易成本;③ 关税征收应与现行国际税收、国内税收体系的基本原则相一致,避免与现行政策相抵触的税收管辖权和双重征税问题。

（三）完善海关监管、税收政策法规

（1）修改《海关法》和相关法律法规,将跨境数字产品纳入海关监管范畴。首先,建议海关总署出台文件,明确对跨境数字产品海关监管的指导意见。其次,由国务院关税税则委员会在《中华人民共和国海关进出口税则》中增加类似于"数字产品"的类别,为海关对数字产品在线跨境交易的征税提供依据。再次,对《海关法》第二条、第五十三条中"货物"概念进行扩充解释,使之涵盖"数字产品"的内容。最后,对《海关法》进行修改,在法律中明文规定类似于"数字产品"的内容,为我国数字产品的国际贸易创造良好的法制环境。

（2）尽快与跨境电子商务和外汇支付平台联网,构建"网上海关"。海关应与电子商务平台及第三方支付系统联网,保证海关对 B2B、B2C 模式下跨境数字产品信息的全面掌握;应该与新闻出版管理部门、商务部门等政府部门联网,实现对企业贸易信息的全面掌握;应与外汇管理机构和银行联网,掌握企业对外结汇情况。在此基础上,通过银行对企

业对外付汇的资金流设置电子关卡，对跨境电子商务实施有效的税收征管。

（3）加快企业认证和信用体系的建设。海关对数字产品的监管从根本上离不开公开诚信的社会环境。要整合现有资源，加快制定电子商务认证管理办法，加强政府监管、行业自律和部门间的协调与联系，建立电商企业和视频网站的交易诚信档案，促进企业诚信交易。鼓励符合条件的第三方信用服务机构、电商平台企业协会、中介组织对电子商务经营主体开展网络消费信用评价。推进电子商务信用信息与其他社会领域信息的对接和共享，加强电子商务纠纷处理、争议调解、法律咨询等综合服务体系的建设，营造公平的交易环境。

（4）加强宣传引导，营造良好氛围。数字产品与社会公众的切实利益相关，影响面广且受关注度高。海关出台监管、税收等政策时，要考虑民众的接受度和容忍度，要做好海关监管法律的政策解读及沟通工作，取得民众对海关监管政策的理解与认同，形成全社会关注、参与和促进电子商务发展的浓厚氛围。

1．简述跨境电子商务海关监管的基本内涵。
2．试着分析目前跨境电子商务海关监管存在的问题。
3．简述海关监管的基本含义。
4．简述海关监管的目标。
5．简述海关现行监管方式不适应的挑战。

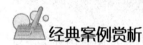

电商到底该如何缴税？

数据显示，今年我国网上零售额突破 5 万亿元，增幅达 26.2%。互联网经济的快速崛起，使电商纳税话题越来越受到社会和行业的关注。目前，我国电商纳税的实际情况究竟如何？对电商征税存在哪些政策和技术上的难点？征税后，消费者网购还能享受到实惠的价格吗？

哪些电商没缴税？

大型电商缴税还算规范，个人开的网店不缴税或少缴税比较普遍，与实体店相比，去年少缴税逾 500 亿元。

"电商近年来增速很高，其中固然有技术进步的推动，但更多与逃避税收、低价倾销等带来的不正当竞争优势有关。"步步高集团董事长王填对记者直言。作为全国人大代表，今年两会期间，他提交了关于推进电商公平纳税征管办法的议案。王填说，进入"新零售"时代，线上线下将会高度融合，电商公平纳税到了必须切实解决的阶段，以便营造实体和电商公平竞争的环境。

京东集团首席执行官刘强东近期也表示，在电商平台上，存在部分企业法人以自然人名义开网店避税，造成实体店与网店税收不公平。

记者了解到，电子商务的运营模式以三种形式为主：企业对企业（B2B）、企业对消费者（B2C）、个人对个人（C2C）。企业对企业交易量较大，无论是销售方还是采购方，一般需要开发票入账，通常都是正常缴税。一般的网购主要指 B2C 和 C2C 两种模式，对电商纳税的争议也主要集中在这一块。那么，这两种电商的缴税情况如何？

今年初，中央财经大学税收筹划与法律研究中心发布的电商税收研究报告显示，大型电商缴税较为规范，天猫、京东商城、苏宁易购等十余家第三方平台的 B2C 电商均已进行税务登记并实施正常纳税。只有个别商户，会通过不开发票或虚开假发票进行避税。相比之下，C2C 电商，也就是个人开的网店不缴税或少缴税的情况比较普遍，在 2012 年至 2016 年期间，少缴的税收额呈现逐年增长趋势。

这份报告的分析样本主要来自某大型电商平台 B2C 与 C2C 模式网店，各 210 家，涵盖电器、服装、食品、图书、酒水、家具和化妆品等 7 个行业。该课题组按照所在行业平均税负，测算了全国 C2C 电商少缴的两个主要税种，即增值税和个人所得税的数额。与实体店相比，C2C 电商 2015 年少缴税在 436.6 亿~614.33 亿元；2016 年少缴税在 531.53 亿元~747.92 亿元；课题组预测，2018 年 C2C 电商少缴税数额可能会超过 1000 亿元。

"这个数据计算是比较保守和谨慎的，包括小微电商享受税收减免的情况，已经考虑在内了。"课题组组长、中央财经大学税收筹划与法律研究中心主任蔡昌介绍，调查结果具有广泛的代表性，可以较真实地反映出电商纳税问题的现状。不过，由于部分电商平台监管不严，存在刷单、夸大交易数据等现象，这部分数据无法进行鉴别，也可能一定程度上影响税收额度的测算值。

中国连锁经营协会也在近期发布了一份促进电商公平纳税问题的研究报告。报告估算，2015 年约有 1.8 万亿元的 C2C 电商销售额税负基本为零，按 2.5%的综合税率估算，比实体企业少缴税约 450 亿元。

公平缴税咋实现？

在当前减税降费的大背景下，实现电商与实体店之间的公平税负，应当主要做"减法"，对电商建立规范的纳税秩序，对实体店进一步降低税费负担

"电商要不要纳税是一个伪命题，电子商务一直适用现有税法，并没有所谓的免税待遇。"中国社科院财经战略研究院税收研究室主任张斌表示，我国现行税法并没有针对电子商务交易的特殊规定，电商只是交易方式的改变，无论在网上销售货物还是提供劳务，均与线下传统交易适用相同的税法。

对此，蔡昌持有相同观点。他认为，从公平角度看，税收不应由于商业模式不同而有所差异，对电商征税，既不需要专门出台法律法规，也不需要为电商单独设立一个税种，现有税收体系里的财产税、行为税、货劳税、所得税等，都可以适用于所有的电商。只有对电商实现征税监管，才能有效规范市场行为，形成有序竞争、有效市场。

2016 年 11 月，国务院办公厅发出《关于推动实体零售创新转型的意见》，明确提出营造线上线下企业公平竞争的税收环境。

从国际经验看，发达国家普遍以保持税收中性为基本原则，对电商企业和传统企业进

行公平课税,英国早在 2002 年就制定了《电子商务法》,明确规定所有在线销售商品都需缴纳增值税,税率与实体经营一致,实行"无差别"征收;美国也在 2013 年通过了开征在线销售税的《市场公平法案》。

事实上,我国的电商企业,特别是有长远发展规划的电商企业,并没有一味追求税收方面的特殊政策,而是在积极履行纳税义务:阿里巴巴集团披露的财务数据显示,该集团及蚂蚁金服去年合计缴税 238 亿元。随着行业发展,一些 C2C 电商收入和规模不断增长,也逐步成为纳税的主体。

百草味,原本只是杭州下沙高校周边的一家零食店铺,2011 年布局淘宝平台后,营收规模不断扩大,2015 年百草味纳税额跃升至 4400 万元。不仅是百草味,总部位于北京通州的裂帛、济南高新区的韩都衣舍、广州海珠的茵曼,都是在淘宝网诞生的互联网品牌,并成为当地的纳税主力。

"好的电商企业肯定不是靠税收优势生存的,阿里从一开始就建立了严格的税收制度,不希望税收问题成为企业发展的隐患。"阿里巴巴董事局主席马云说,目前集团平均每个工作日缴税 1 亿元,全年带动平台缴税至少 2000 亿元。

一位电商企业财务人员告诉记者,企业发展过程中,必然面临银行贷款、上市融资的问题,这些都与企业的纳税状况息息相关,电商纳税的问题迟迟不解决,长远看对企业发展壮大并不利。

"电商缴税,早晚要面对,而公平应该成为追求的主要目标。"上海财经大学公共政策与治理研究院院长胡怡建认为,解决电商纳税,应该兼顾线上与线下、效率与公平,在支持新兴产业的同时,更好体现行业公平,营造中性的税制环境。

胡怡建说,在当前减税降费的大背景下,实现电商与实体店之间的公平税负,应当主要做"减法",对电商建立规范的纳税秩序,对实体店则进一步降低税费负担,逐步减小两者的税负差异。

税收征管难不难?

可通过电商平台实行"代扣代缴",大部分小微电商符合免税条件,网店依然会有价格优势。既然对电商征税不存在制度障碍,为何会出现电商少缴税的现象?专家表示,电商与实体店的税负不公平,主要基于现实中的两个因素,即登记制度的缺失和保护新兴产业的考量。

我国目前对企业的税收管理是以税务登记为基础的,2014 年工商总局出台的《网络交易管理办法》规定,从事网络商品交易的自然人,应当向第三方交易平台提交其姓名、地址等真实身份信息,具备登记注册条件的,依法办理工商登记。这一政策虽然简化了自然人经营网店的手续,但也客观上造成部分超过免税标准的企业以网店形式躲避税收征管。现实中,该规定被理解为自然人卖家只需要向平台登记,不需要工商登记,而工商登记是税务登记的前提条件。一些地方出于鼓励新兴产业发展的考虑,也没有对电商平台采取严格的征管措施。

"电子商务活动的数字化和虚拟性,是税收征管的一个难题。此外,社会上不少人认为网购不开发票、不需要缴税,也给税务机关'以票控税'带来困难。但这些问题都是可以解决的。"蔡昌认为,在大数据条件下,网络交易会在资金支付和快递物流两个环节留痕,税务部门要获得电商的经营数据,一定程度上比实体店还要简单。

例如,虽然缺少工商登记,但税务部门可以依托电商平台实行"代扣代缴"制度。在美国,以亚马逊为代表的电子商务企业普遍被要求代征销售税,截至 2015 年 1 月,亚马逊已在美国 23 个州代征销售税,覆盖了美国一半以上的人口。

同时,电商纳税的法律环境正在完善,去年底提交全国人大常委会审议的电子商务法草案规定,电子商务经营主体应当依法履行纳税义务,依法办理工商登记。修订中的税收征管法要求建立纳税人识别号制度,今后自然人、法人都将有唯一的识别号,实现社会全覆盖。

也有人担心,电商与实体店一视同仁、规范纳税,会不会导致经营成本上升,消费者网购时就买不到便宜货了?

实际上,这是多虑了。相关数据显示,目前淘宝平台上 96% 的商家,都符合国家关于小微企业增值税免税条件。电商与实体店公平征税,对这些小网店几乎没有影响,消费者还是能淘到价廉物美商品的。再说,电商本身还有场地、人工、物流方面的成本优势,大多数网店依然有价格竞争力。

资料来源:吴秋余,李丽辉. 电商到底该如何缴税? [N]. 人民日报,2017-04-24(18).

思考讨论题

商品存在着实质性差异时商标权用尽规则是否适用?

第十一章 跨境电子商务检验检疫及其相关法律法规

知识目标

- 掌握跨境电子商务检验检疫的基本内涵。
- 理解跨境电子商务的海关监管的清单管理。
- 理解跨境电子商务的海关监管的备案管理。

关键词

检验检疫　清单分类　备案管理　申报放行　电子商务备案　检验检疫监管模式　法定检验

本章思维导图

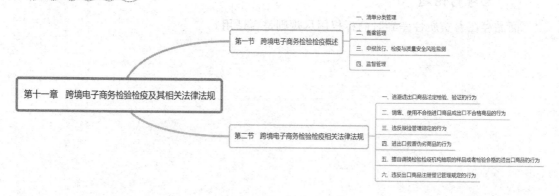

引例

出口食品样品未经报检遭罚

2014年5月23日,宁夏检验检疫局接到国家质检总局下发的核查信息:银川某出口食品企业出口枸杞粉遭到韩国官方通报。

经调查,该企业向韩方出口10千克枸杞粉样品,在韩国通关时,因检出未申报的亚硫酸盐而被韩国食药厅通报。该样品在出口时以植物提取物名义进行申报,被视为工业品而未办理报检手续。这一行为属于逃避法定检验检疫的行为,违反了《中华人民共和国进出口商品检验法》的相关规定,宁夏检验检疫局依法对其处以货值20%的罚款。

经过调查分析,检验检疫执法人员认为此案发生的原因主要有以下三个:一是企业外贸工作人员法律意识淡薄,对出口食品样品没有给予足够重视;二是轻信货物代理公司,

第十一章 跨境电子商务检验检疫及其相关法律法规

把出口食品样品误申报为工业品，逃避了检验检疫手续；三是没有对出口食品样品进行认真自检，导致被国外通报。

该案例反映出一些企业对出口食品样品在认识上存在误区，对我国和进口国检验检疫相关法律法规不够了解。同时，检验检疫部门应加大对检验检疫法律法规的宣传，提升出口企业的法律意识和质量意识。

资料来源：出口食品样品未经报检遭罚[EB/OL]．（2014-06-25）．http://finance.china.com.cn/roll/20140625/2494572.shtml.

辩证与思考：检验检疫人员执法的依据是什么？

第一节　跨境电子商务检验检疫概述

本着"事前备案管理、事中风险监测、快速审核放行、全程质量追溯"的原则，我国海关总署对跨境电子商务实施备案管理、商品清单分类管理、电子商务商品全申报、口岸监督管理和快速核查放行等检验检疫监督管理，同时严格实施检疫和按照风险级别实施质量安全风险监测并实施后续质量追溯，同时通过对电子商务经营主体和跨境电子商务监管场所的管理，控制质量安全风险。

一、清单分类管理

按照不同的质量安全风险等级，我国海关对入境跨境电子商务商品实施清单分类管理，建立负面清单和高风险商品清单，不在此两类清单中的商品为一般风险商品，负面清单按照国家市场监督管理总局规定及有关法律法规的规定实施，列入负面清单的商品不得以跨境电子商务的贸易方式入境。高风险商品清单根据国家有关法律法规、国内外疫病疫情及商品质量安全监测状况等信息制定、发布并动态调整。另外，对列入高风险商品清单的商品实施质量安全风险重点监测。

二、备案管理

我国海关对跨境电子商务经营主体及跨境电子商务商品实施备案管理。在受理跨境电子商务经营主体备案时应收集并核对以下资料。

（1）出入境检验检疫机构的跨境电子商务企业备案表。

（2）企业法人、营业执照复印件或同等效力的证明文件、组织机构代码证复印件或同等效力的证明文件。

（3）《质量诚信经营承诺书》。

（4）电子商务企业和有自营业务的电子商务平台企业应提供拟在交易过程中提示消费者确认的个人自用承诺声明样本。

电子商务企业在商品首次上架销售前，应当向检验检疫机构提供商品备案信息，但同一企业已备案的商品再次出入境时无须再次备案。具备条件的，商品备案可实施无纸化作业。一般风险商品备案时，应提交商品名称、品牌、HS 编码、规格型号、原产国别、供应商名称和跨境电子商务经营主体名称等信息。高风险商品备案时，除上述信息外还应提供商品适用质量安全标准和有效的质量安全评估文件（如第三方检测报告、认证、注册、登记、备案证书或证明等）。简化出境跨境电子商务商品备案要求，备案时只需提交商品名称、HS 编码、原产国别、跨境电子商务经营主体名称等信息。负面清单商品不予备案。

三、申报放行、检疫与质量安全风险监测

我国海关对电子商务商品实施全申报管理，由已办理报检企业备案手续的跨境电子商务经营主体或其代理企业在商品出入境前向各分支局实施申报。全申报数据可以以清单形式提交。出境电子商务商品全申报信息包括商品信息、企业信息、订单信息和电子商务平台信息等。入境电子商务商品全申报信息包括商品信息、企业信息、电子商务平台信息、订单信息、支付信息、物流信息、追溯信息（如条形码或二维码）、消费者个人信息及自用承诺等。

入境电子商务商品整批入境、集中存放、按订单分批销售的，在入境前申报商品信息、企业信息；在出仓申报时提交订单信息、支付信息、物流信息、消费者个人信息及自用承诺信息，对其进行核销管理。跨境电子商务商品的放行以核查放行为主。对申报信息进行核查，符合要求的，予以快速放行。一般情况下，申报实施全面无纸化作业。申报人通过地方政府公共服务平台或质检口岸公共服务平台提交电子申报数据，无须提交纸质资料。

我国海关对跨境电子商务商品严格实施检疫和风险监测。对出境电子商务商品以检疫监管为主，辅以打击假冒伪劣商品为目的的低质量安全风险监测。对入境电子商务商品按法律法规要求实施检疫，同时根据我国法律法规和标准开展基于风险评估的质量安全风险监测。质量安全风险监测的主要对象是高风险电子商务商品和涉及人身安全、健康、环保的重点项目。风险监测手段主要包括在交易平台展示、集中储存期间、通关现场等环节进行查验、符合性验证和监督抽查，辅以低比例的抽样检测。风险监测可逐步采信有资质的第三方检测报告。风险监测的方式和频次应根据企业信用、商品风险等级等情况进行调整。

【视野拓展】
《中华人民共和国进出口商品检验法》《中华人民共和国进出口商品检验法实施条例》

检验检疫机构要突出电子商务经营企业保障入境商品应当符合我国法律法规和标准要求的质量安全主体责任，对违反生物安全和其他相关规定的行为要依法查处。检验检疫机构在质量安全风险监测中发现跨境电子商务商品涉及人身安全、健康、环保的重点项目不符合要求的，应及时将有关信息通报跨境电子商务经营主体，视情况监督其对商品实施停止销售、召回、退运或销毁等措施。

四、监督管理

检验检疫机构应监督电子商务企业和电子商务平台建立质量安全管理制度并对其实施情况进行监督管理。电子商务企业的质量安全管理制度主要包括质量安全管理制度、流向溯源管理制度、召回和主动报告制度、消费者权益保护制度、质量问题投诉的处理制度等。

电子商务平台的质量安全管理制度主要包括对入驻电子商务及其上架商品的审核制度、电子商务商品质量安全评估和监测制度、消费者权益保护制度、质量问题投诉的处理制度等。跨境电子商务平台和电子商务企业质量安全管理制度完善且运行有效的，检验检疫机构可适当降低风险监测频次。

检验检疫机构应监督跨境电子商务企业在电子商务网站上真实全面地展示电子商务商品信息并对其真实性和准确性进行抽查。电子商务商品信息主要包括名称、规格、品牌、功能、用途、价格、生产国家、生产企业、食（使）用方法与注意事项等。食品还应包括配料表、营养成分表、生产日期或保质期说明以及相应产品标准中强制要求必须标示的适用人群、警示说明和使用方法等信息；化妆品还应包括全成分表、保质期说明、警示说明等信息。

检验检疫机构应监督跨境电子商务企业在交易过程中就消费者个人自用承诺声明向消费者进行提示并要求其确认。检验检疫机构应监督跨境电子商务经营主体建立质量安全追溯体系，能够通过条形码、二维码或其他追溯方式对商品信息、通关信息、销售流向等信息进行追溯并对追溯情况进行抽查。

检验检疫机构应监督跨境电子商务经营主体每年提交一次跨境电子商务商品质量情况报告。涉及消费者质量投诉、召回、退运销毁的，质量情况报告应包括其后续处理措施实施情况和结果。对跨境电子商务经营主体实施信用管理，根据不同的信用等级实施差别化监管措施。信用记分标准和差别化管理参照《出入境检验检疫企业信用管理办法》执行。同时，应对跨境电子商务经营主体在备案、申报、质量安全责任落实、投诉处理等过程中出现的失信行为进行记录并按年度对跨境电子商务经营主体的质量安全管理情况及信用差错记分情况进行综合评定。

【视野拓展】
《关于跨境电子商务零售进出口商品有关监管事宜的公告》（海关总署公告2018年第194号）

第二节　跨境电子商务检验检疫相关法律法规

一、逃避进出口商品法定检验、验证的行为

根据《中华人民共和国进出口商品检验法》（以下简称《进出口商检法》）和《中华人民共和国进出口商品检验法实施条例》（以下简称《进出口商检法实施条例》）的规定，逃避进出口商品法定检验、验证的行为包括以下几类。

（1）擅自销售、使用未报检或者未经检验的属于法定检验的进口商品。其中，"销售"是指将进口商品售卖给他人，使商品所有权发生转移；"使用"包括对进口商品的加工、装配、组装、调运、安装、调试等多种形式；"未报检"是指未向出入境检验检疫机构办理报检手续；"未经检验"是指虽然已经向出入境检验检疫机构报检，但未在出入境检验检疫机构规定的时间和地点接受检验。要注意的是，该类违法行为不仅包括擅自销售、使用未向出入境检验检疫机构报检的进口商品，还包括擅自销售、使用已向出入境检验检疫机构报检，但未在出入境检验检疫机构规定的时间和地点内接受检验的进口商品。

（2）擅自销售、使用应当申请进口验证而未申请的进口商品。

（3）擅自出口未报检或者未经检验的属于法定检验的出口商品。这里的"出口"包括：货物已经出口到国外；货物虽未出口到国外，但所有人已完成海关报关手续；货物虽未完成海关报关手续、取得海关报关单证，但已向海关报关。擅自出口未向出入境检验检疫机构报检的商品，以及擅自出口虽已向出入境检验检疫机构报检、但未经出入境检验检疫机构实施检验的商品的，均属该类违法行为。

（4）擅自出口应当申请出口验证而未申请的出口商品。

根据《进出口商检法》第三十三条、《进出口商检法实施条例》第四十五、四十六条的规定，对逃避进出口商品法定检验、验证的违法行为，尚未构成犯罪的，由出入境检验检疫机构没收违法所得，并处商品货值金额5%以上20%以下的罚款。

【视野拓展】
国境卫生检疫
法律责任

二、销售、使用不合格进口商品或出口不合格商品的行为

《进出口商检法实施条例》第四十七条明确规定："销售、使用经法定检验、抽查检验或者验证不合格的进口商品，或者出口经法定检验、抽查检验或者验证不合格的商品的，由出入境检验检疫机构责令停止销售、使用或者出口，没收违法所得和违法销售、使用或者出口的商品，并处违法销售、使用或者出口的商品货值金额等值以上3倍以下罚款；构成犯罪的，依法追究刑事责任。"

三、违反报检管理规定的行为

根据《进出口商检法实施条例》第四十六条、五十四条、五十五条的规定，违反报检管理规定的行为包括以下几个方面。

（1）进出口商品的收货人、发货人、代理报检企业或者出入境快件运营企业、报检人员不如实提供进出口商品的真实情况，取得出入境检验检疫机构的有关证单的。对此类违法行为，由出入境检验检疫机构没收违法所得，并处商品货值金额5%以上20%以下罚款。

（2）进出口商品的收货人、发货人、代理报检企业或者出入境快件运营企业、报检人员对法定检验的进出口商品不予报检，逃避进出口商品检验的。对此，由出入境检验检疫机构没收违法所得，并处商品货值金额5%以上20%以下罚款。

（3）进出口商品的收货人或者发货人委托代理报检企业、出入境快件运营企业办理报检手续，未按照规定向代理报检企业、出入境快件运营企业提供所委托报检事项的真实情况，取得出入境检验检疫机构的有关证单的。对该类违法行为，由出入境检验检疫机构对委托人没收违法所得，并处商品货值金额5%以上20%以下罚款。

（4）代理报检企业、出入境快件运营企业、报检人员对委托人所提供情况的真实性未进行合理审查或者因工作疏忽，导致骗取出入境检验检疫机构有关证单的结果。对该类违法行为，由出入境检验检疫机构对代理报检企业、出入境快件运营企业处2万元以上20万元以下罚款。

（5）代理报检企业、出入境快件运营企业违反国家有关规定，扰乱报检秩序的。对该类违法行为，由出入境检验检疫机构责令改正，没收违法所得，可以并处10万元以下罚款，

海关总署或者出入境检验检疫机构可以暂停其6个月以内代理报检业务。

从事进出口商品检验鉴定业务的检验机构超出其业务范围，或者违反国家有关规定，扰乱检验鉴定秩序的。对该类违法行为，由出入境检验检疫机构责令改正，没收违法所得，可以并处10万元以下罚款，海关总署或者出入境检验检疫机构可以暂停其6个月以内检验鉴定业务；情节严重的，由海关总署吊销其检验鉴定资格证书。

四、进出口假冒伪劣商品的行为

进口或者出口属于掺杂掺假、以假充真、以次充好的商品或者以不合格进出口商品冒充合格进出口商品的，属于进出口假冒伪劣商品的行为。

根据《进出口商检法》第三十五条的规定，任何单位或者个人违反国家法律法规的规定，进口或者出口属于掺杂掺假、以假充真、以次充好的商品或者以不合格进出口商品冒充合格进出口商品，尚未构成犯罪的，属于进出口假冒伪劣商品的行为，由出入境检验检疫机构责令停止进口或者出口，没收违法所得，并处货值金额50%以上3倍以下的罚款。

五、擅自调换检验检疫机构抽取的样品或者检验合格的进出口商品的行为

法定检验进出口商品经出入境检验检疫机构检验合格后，出入境检验检疫机构出具相关的凭证，允许该批商品进出口。擅自调换出入境检验检疫机构检验合格的进出口商品，把没有经过检验合格的商品冒充检验合格的商品进出口，其行为也严重影响出入境检验检疫机构工作的开展，影响出入境检验检疫机构职权的正常行使。《进出口商检法实施条例》第五十条规定："擅自调换出入境检验检疫机构抽取的样品或者出入境检验检疫机构检验合格的进出口商品的，由出入境检验检疫机构责令改正，给予警告；情节严重的，并处商品货值金额10%以上50%以下罚款。"

六、违反出口商品注册登记管理规定的行为

对涉及人身财产安全、健康的重要出口商品实施出口商品注册登记管理是《进出口商检法实施条例》的明确规定。凡实施出口商品注册登记管理的出口商品，有关生产企业必须在出入境检验检疫机构规定的期限内向出入境检验检疫机构办理申请手续，获得注册登记后，方可出口。根据《进出口商检法实施条例》第五十一条规定，出口属于国家实行出口商品注册登记管理而未获得注册登记的商品的，由出入境检验检疫机构责令停止出口，没收违法所得，并处商品货值金额10%以上50%以下罚款。

【视野拓展】
出入境检验检疫行政复议

【视野拓展】
出入境检验检疫国家赔偿

思考与练习

1. 试述跨境电子商务检验检疫制度备案管理制度。

2. 如何对跨境电子商务的检验检疫进行监督管理?

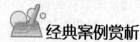

中大门——全国首家"秒通关"跨境购物公园

【客户背景】

作为河南保税物流中心的全资子公司,中大门国际购物公园定位于基于E贸易的O2O式跨境电子商务平台,是全国跨境电商综合试验区代表,采用B2B2C模式打造全品类的消费体验,精挑细选全球好货,涵盖进口母婴用品、美妆个护、服饰鞋包、生鲜美食、汽车等多种跨境商品,以满足一切购物需求。

【模式解析】

伴随着"一带一路"倡议和"网上丝绸之路"的推进,在跨境的红海之中,依靠其河南保税物流中心和E贸易的背景,2017年9月1日,中大门国际购物公园全新开幕,引入多业态和多商家,包括跨境电商小红书、聚美优品等,涵盖多种跨境商品品类并开设线下体验店。

【解决方案】

在后端通过全渠道ERP系统对接E贸易系统、"秒通关"的信息化系统大幅提升了海关报检和三单对接效率,为顾客跨境O2O提货加速。在前端体验中心,借助App自营馆搭建海量商品移动商城,进而打通PC端、门店端和移动端,构建全渠道O2O商圈平台。此外,基于秒通关技术,创新地引入"前店后仓"模式,实现跨境O2O线上下单、线下2分钟报关提货。

资料来源:中大门国际购物公园:"秒通关"带来市民购物新体验[EB/OL].(2020-06-17). https://www.sohu.com/a/402374673_426502.

? 思考讨论题

跨境电商新零售应该怎么做?

参 考 文 献

1. 张楚. 电子商务法教程[M]. 北京：清华大学出版社，2005.
2. 王芸. 电子商务法规[M]. 北京：高等教育出版社，2005.
3. 杨坚争. 电子商务法教程[M]. 3版. 北京：高等教育出版社，2017.
4. 中国互联网络信息中心（CNNIC）. 第41次《中国互联网络发展状况统计报告》[R]. http://www.cnnic.net.cn/.
5. 张继东. 电子商务法[M]. 北京：机械工业出版社，2011.
6. 温希波. 中国税制[M]. 北京：中国科学技术出版社，2000.
7. 彭波. 电子商务法草案提请二审为消费者提供更有力保护[N]. 人民日报，2017-11-01：06.
8. 中国消费者协会. 2017年"双11"网络购物价格、质量、售后服务报告[EB/OL]. （2018-02-07）. http://www.100ec.cn/home/detail--6436336.html.
9. 胡英，汤铭. 电子认证服务四大纠结[EB/OL]. （2010-06-30）. http://blog.sina.cn/dpool/blog/s/blog_62ac24a70100jjtb.html.
10. 彭万林. 民法学[M]. 北京：中国政法大学出版社，1999.
11. 最高人民法院. 人民法院充分发挥审判职能作用保护产权和企业家合法权益典型案例［EB/OL］. （2018-01-30）. https://m.sohu.com/a/220175113_100008073.
12. 吴秋余，李丽辉. 电商到底该如何缴税？[N]. 人民日报，2017-04-24：18.
13. 艾媒咨询. 2017—2018中国跨境电商市场研究报告[EB/OL]. （2018-02-06）. https://www.iimedia.cn/c400/60608.html.
14. 徐峰，沈雁. 全国互联网广告监测中心震慑作用显现[N]. 中国工商报，2018-02-09：1.
15. 姜忠利. 把握特点，准确定性——从一起互联网广告案看商业广告与商业信息的区别[N]. 中国工商报，2018-02-06.
16. 中国证券监督管理委员会. 2017年证监会稽查20起典型违法案例[EB/OL].（2018-01-23）. http://www.csrc.gov.cn/pub/newsite/jcj/aqfb/201801/t20180122_333010.html.